成语说史系列

刘 娟 ◎ 著

成语说

资治通鉴

5 两晋烽烟

人民文学出版社

图书在版编目(CIP)数据

成语说《资治通鉴》. 5，两晋烽烟/刘娟著. —
北京：人民文学出版社，2023(2024.8 重印)
(成语说史系列)
ISBN 978-7-02-017976-3

Ⅰ. ①成…　Ⅱ. ①刘…　Ⅲ. ①《资治通鉴》-少儿读
物　Ⅳ. ①K 204.3-49

中国国家版本馆 CIP 数据核字(2023)第 079811 号

责任编辑　**李　娜　邱小群**
装帧设计　**李苗苗**

出版发行　**人民文学出版社**
社　　址　**北京市朝内大街 166 号**
邮政编码　**100705**

印　　制　**上海盛通时代印刷有限公司**
经　　销　**全国新华书店等**

字　　数　**311 千字**
开　　本　**720 毫米×1000 毫米　1/16**
印　　张　**25.75**
版　　次　**2023 年 7 月北京第 1 版**
印　　次　**2024 年 8 月第 3 次印刷**

书　　号　**978-7-02-017976-3**
定　　价　**98.00 元**

如有印装质量问题，请与本社图书销售中心调换。电话：010 - 65233595

为响应国家关于"传承发展中华优秀传统文化，增强国家文化软实力"的伟大战略，将博大精深的中华传统文化普及到少年儿童群体中，我们倾力打造"成语说史"系列图书，最先推出的便是这套《成语说〈资治通鉴〉》。

《资治通鉴》是中国第一部编年体通史，共 294 卷，300 多万字，与《史记》合称"史学双璧"，是了解中国古代历史的必读书，虽已经司马光之手，"删削冗长，举撮机要"，但仍"网罗宏富，体大思精"，令人望而生畏。而成语是中国独有的语言资源，是连通文史的钥匙，短小精悍的形式承载着丰厚的历史文化内涵，体现了中华民族积淀千年的智慧和核心价值观。为了让孩子们读懂并喜欢上《资治通鉴》，了解成语背后的历史语境，从而更好地掌握和运用成语，我们精心制作了这套《成语说〈资治通鉴〉》。

《成语说〈资治通鉴〉》共 8 册，是一套连续的历史故事集，通过成语这个载体把卷帙浩繁的大部头史书变成 358 个引人入胜的故事，鲜活地演绎了从周威烈王二十三年（公元前 403 年）到后周世宗显德六年（公元 959 年）共 1362 年的朝代更替、历史兴衰、人事沧桑。

考虑到少年儿童的认知水平和阅读特点，在尊重历史的大前提下，这套书对史料进行了科学的剪裁，用通俗易懂的语言，通过大量的人物对话，模拟事件发生的场景，把历史上的重要人物和重大事件生动地呈现出来。在这里，历史不是一个个事件和人名组成的，而是有着丰富的细节。

为了避免让整个历史读起来碎片化，这套书尤其注重历史事件的连续性和系统性，按照时间的顺序，讲究由小故事串起大事件，用大事件演绎大时代。故事与故事之间，相互承传、次序分明，有条不紊地把历史推向纵深，帮助少年儿童真实、立体地感知历史发展的脉络，进而树立"通史"意识：历史是连贯的，有继承，有发展。

一千多个成语既是帮助读者打开厚重"通史"之门的钥匙，也是记录历史故事的载体，甚至是历史故事本身。"成语 + 通史"的组合，无疑是一种全新的探索，为中华优秀传统文化的传承提供了一种新颖的形式。

此外，这套书还针对重要的历史地名做了相应的注释，帮助少年儿童从空间坐标上更好地理解时间坐标上的历史。

简言之，这套《成语说〈资治通鉴〉》采用"点—线"结合的呈现方式，以成语为媒介，循序渐进地展现了中国古代历史的整体面貌。"点"是具体、生动的历史事实，"线"是历史发展的基本线索，以"线"穿"点"，以"点"连"线"，让孩子们在掌握历史事实的基础上，通过史事之间的相互关系，建立时序意识和时空观念，获得对历史发展的整体性认识。

历史不仅是一门学科，一类知识，更是一种定义，了解历史对个人乃至国家都具有重要意义。历史学家钱穆先生曾经说过这样的话："任何一国之国民，尤其是自称知识在水平线以上之国民，对其本国已往历史，应该略有所知。否则最多只算一有知识的人，不能算一有知识的国民。"

有鉴于此，我们希望通过这套《成语说〈资治通鉴〉》，帮助我们的孩子更好地了解中国历史，学习中国传统文化，做一个真正的中国人。

目录

〖 轻裘缓带 〗

《资治通鉴·晋纪一》

其始至也，军无百日之粮；及其季年，乃有十年之积。祜在军，常轻裘缓带，身不被甲，铃阁之下，侍卫不过十数人。

译　文

羊祜刚到荆州时，军队的粮食不足以维持百日，等到了后期，已经有了够吃十年的存粮。羊祜在军中，时常穿着轻暖的裘皮衣服，衣带宽松，不披挂铠甲。他办公的地方，侍卫也不过十几人。

对手也是朋友

消灭蜀国的第二年，晋王司马昭本想顺流而下，一举消灭吴国。谁知没等实现这个计划，司马昭就病死了，他的嫡长子司马炎继承了王位。几个月之后，司马炎逼魏元帝曹奂将皇位禅让给自己。

禅让仪式在洛阳城南郊一座新搭起的礼坛上举行。当时北风凛冽，万物萧瑟，文臣武将、北方少数民族的首领和无数百姓站在礼坛四周，观看这历史性的一幕。

十九岁的曹奂被寒风吹得衣衫凌乱，他神情有些呆滞，按司仪的提示一字一顿地念着退位诏书。跟着，司马炎郑重其事地宣读告天受禅祝文。之后，司仪便点燃薪火，献上祭品，祭祀天地，司马炎从礼官手中接过传国玉玺与印绶。围观的人群发出振聋发聩的欢呼。

四天之后，司马炎正式登基，建立晋朝，史称西晋，司马炎就是晋武帝。这一年，是公元 265 年。

武帝很想继续他父亲未完成的事业，灭掉吴国，做全天下的皇帝，可是他刚刚以晋代魏，国内政局也不稳定，加上兵疲民劳，水师不足，便没有立即出兵，而是派使者到吴国去结好。

这时吴景帝孙休已经去世，继位的是吴末帝孙皓。孙皓派五官中郎将丁忠回访西晋，丁忠回来后说："晋国没有做好战备，我们可以袭击并夺取弋阳。"孙皓询问群臣意见。

名相陆逊的族子、镇西大将军陆凯就说："北方刚灭了蜀国，派使者来求和，只是缓兵之计，他们想等力量更强大了再攻打我们。

不过，我们此时出兵，也占不到什么便宜。"孙皓听了，虽然没有出兵，却与晋国断绝了关系。

武帝就召来尚书左仆射^①羊祜，想和他秘密商量灭吴一事。羊祜出身名门世家，从他起往上数九代，羊家各代都有人担任朝廷高官，并且享有清正之名。羊祜不仅博学多才，还谦虚低调，当时的名士郭奕见了他，说："这就是当世的颜回啊！"后来羊祜到朝廷当官，一直掌管重要的部门，却不怀私心。凡是他参与谋划的事情，他都把草稿烧掉，不让世人知道内容。经他举荐而做了官的人，都不知道推荐自己的人是谁。羊祜常常说："朝廷授予他们官职，却让他们向你个人谢恩，这样的事情我是从来不敢做的。"因而武帝特别看重他。

对于伐吴一事，羊祜早就深思熟虑，见了武帝，他侃侃而谈："臣以为，可以在军事重镇荆州做文章。荆州位于长江中下游，北面与西面的部分地区归我国所有；沿江而下的大部分地区则在吴国的掌控之下。如果能在荆州找到突破口，灭吴国就容易了。"武帝赞同他的意见，说："朕需要一个得力的人管理荆州，我看非你莫属了。"

羊祜到任后，没有急着动武，而是安抚远近的百姓，在长江、汉水一带深得人心。他还将边境守军的人数减少了一半，让士兵们开垦了八百多顷农田，大量种植粮食作物，军中的粮草从一开始只够吃三个月，到后来足够吃十年。他在军中，时常轻裘缓带，不披挂铠甲，办公的地方，侍卫也不过十几人。对吴国人，他开诚布公，明确下令："凡是投降过来的吴人，想要离开的，可以自行离开。"

这些动作引起了吴国的警惕，孙皓就派陆逊的次子陆抗担任荆州都督。

---

① 为尚书省次官，辅助尚书令主持尚书省日常政务。有时单置左或右仆射，有时并置左、右。左仆射居右仆射上。

陆抗和父亲一样，忠直勤勉，很有军事才华，被认为是吴国的中流砥（dǐ）柱。他一到荆州，就向孙皓上书，说："荆州的形势很复杂，我们不要盲目迷信长江天险，应该认真备战。"并提出了十七条建议。但孙皓都没有采纳。

羊祜对陆抗的到来深感不安，于是一面加紧进行军事布置，一面向武帝上密奏，说："我们晋国陆军强大，缺少水军。要消灭吴国，只有凭借处于上游的地势，努力训练好水军，才有把握。"武帝就问他："你觉得让谁去训练水军合适呢？"羊祜回复说："我的参军王濬（jùn）有大才，如果给他机会，他一定可以大展拳脚。"武帝便任命王濬为益州刺史，负责造船，训练水军。

有了王濬的配合，羊祜信心倍增，但他没想到自己与陆抗的交锋会那么快来。

吴国凤凰元年（公元272年），孙皓突然召西陵^①守将步阐前往京城。步氏父子经营西陵多年，实力很强。步阐知道孙皓的猜忌心很重，担心有人在背后诽谤自己，便举城投降西晋。

西陵是吴国的西大门，丢掉西陵，则荆州不保，陆抗立即派兵围攻西陵。武帝闻讯，就让荆州刺史杨肇直接去西陵接应步阐，又命羊祜和晋将徐胤攻打江陵和建平，以分散陆抗的兵力。

陆抗到达西陵后，对内围堵步阐，对外防御晋军，还派了一支小分队破坏了江陵以北的道路，导致羊祜的军粮运输不畅。这样一来，晋军的计划全部被打乱，加上江陵城防坚固，吴军守将固守城池，阻挡了羊祜大军的前进步伐。后来杨肇又因为兵少粮缺，被陆抗击溃，羊祜与徐胤也不得不撤离。西陵城就此陷落，步阐被诛杀。

西陵救援失利后，羊祜进行了深刻的反思：吴国虽然国势衰退，

---

① 在今湖北宜昌市西北。

但是仍有一定的实力，特别是还有陆抗这样出色的大将在，消灭吴国不能操之过急。于是他向武帝上书，请求继续留在荆州，积蓄实力，争取民心。而陆抗仿佛知道羊祜的心思，也一直镇守荆州。

虽然是敌对的两方，但羊祜提倡道德信义。每次两军交战，羊祜都要跟对方约定日期，从来不搞突袭。有的将领觉得这样不行，打算向羊祜献诡计。羊祜总是热情招呼他说："来来来，边喝边说！"给他斟上醇厚的美酒，一杯又一杯地劝，直到他醉得连话都说不清楚，诡计自然无从提起。久而久之，大家都不再提要诡计的事情。

羊祜的军队外出在吴国境内行走，割了谷子做口粮，全都记下数量，回来后，羊祜就派人给吴军送去绢帛作为补偿。每次羊祜和部将在长江一带打猎，特别小心地只在晋国的领地活动，如果猎物先被吴人杀伤而被晋兵获得，他都要送还吴人。由于晋军秋毫不犯，吴国边境的百姓对羊祜都心悦诚服，称他为羊公。

对于羊祜这样做的目的，陆抗心中再清楚不过了，他常常告诫将士们："对方专门施行恩惠，以德感人，我们也不能只用武力，否则就输了。现在双方各自保住疆界就可以了，我们不要再想占对方的便宜。"因此，在很长的一段时间里，晋、吴两国的荆州边界都处于和平状态。

两位敌对国的主帅还经常互派使者，友好交往。一天，羊祜正在帐中读书，陆抗的两名使者送来一坛酒，对羊祜说："我家都督听说羊将军喜欢品尝美酒，特意送来一坛。"羊祜马上放下书，倒了满满的一碗，仰起脖子，"咕嘟咕嘟"地喝完，然后一抹嘴角，大声赞道："好酒！好酒！"

正所谓礼尚往来。有一次，羊祜得知陆抗生病了，连忙命人送去药物，说："这是我刚刚配制好的药，还没来得及服用，听说您

病了，就先送给您。"陆抗的左右很担心，都劝道："羊祜与我们毕竟是敌对关系，这个时候他送药过来，肯定不安好心啊！这药不能吃！"陆抗却哈哈一笑，马上服下，爽朗地说："你们看，我不是活蹦乱跳的嘛！"

孙皓听说荆州边境一片和谐，怀疑陆抗有异心，就派人去斥责他："你到底怎么想的？"陆抗回答说："一乡一镇都不可以不讲信义，更何况大国呢！我如果不这样做，正显扬了羊祜的恩惠，对晋国毫无损伤，却有损吴国的德威啊。"

羊祜与陆抗对峙了多年，彼此既是你死我活的对手，又是和睦相处的朋友，被后人称为"羊陆之交"。

两年后，陆抗病逝，吴国再无良将，羊祜觉得是时候夺取荆州了，就向武帝上书，请求攻打荆州。但武帝考虑到当时交趾作乱，牵扯了精力，所以不想发兵。羊祜不甘心，拖着病体入朝，再次陈述伐吴的计划，却遭到侍中贾充等人的反对，只有杜预、张华等大臣赞成，武帝因此犹豫不决。

羊祜叹道："天下不如意的事情，十之七八。现在上天赐给我们机会，却不去抓住，难道要等失去了再后悔吗？"

武帝受到触动，这才下了伐吴的决心。因为羊祜有病，不便一次次地面见武帝，武帝便派张华去羊祜那里询问伐吴的方案。

羊祜对他们说："孙皓暴虐无道，人心尽失，如果现在行动，我们可以不战而胜。假如孙皓死了，吴人再立一个贤明的君主，那么我们就算有百万之众，也跨不过长江天险！"

武帝就想让羊祜带病统率伐吴大军。可惜，没过多久，羊祜就离开了人世。那是一个寒冷的冬天，武帝得到消息，泪水止不住地往下流，沾在他的胡须和鬓发上，立刻结成了冰。荆州的百姓都痛哭流涕，就连吴国守卫边境的将士也为他流泪、叹息。

轻 裘 缓 带

缓，松；带，腰带。穿着轻暖的毛皮衣服，系着宽松的衣带。形容从容闲适的风度。

造　句：	只见场中人影一闪，一位轻裘缓带、雍容娴静的少年公子飘然而至。
近义词：	从容不迫
反义词：	惊慌失措

【 绳之以法 】

吴主爱姬遣人至市夺民物。司市中郎将陈声素有宠于吴主，绳之以法。姬诉于吴主，吴主怒，假他事烧锯断声头，投其身于四望之下。

译文

吴国皇帝孙皓的宠妾派人到集市上抢夺百姓的财物，管理市场的中郎将陈声一向受到孙皓的宠幸，他依法处理了这件事。那名宠妾向吴主诉说，孙皓勃然大怒，找了一个借口，烧红刀锯截断陈声的头颅，把他的身躯扔到四望山[①]下。

---

① 今江苏南京市西北旧定淮门外。

特等暴君孙皓

孙皓当上皇帝纯属偶然。他是吴国废太子孙和的儿子，被封为乌程侯。吴景帝孙休死时，恰逢蜀国灭亡，交趾叛乱不断，国内一片恐惧，想要一位年长的君主统治国家，而太子只有十岁，辅政大臣濮阳兴和张布就对是否拥立他犹豫不决。

左典军①万彧在乌程当县令时，和孙皓关系很好，这时他就对濮阳兴和张布说："乌程侯喜欢读书，遵奉法纪，可以与当年的长沙桓王相提并论，是合适的皇帝人选。"濮阳兴和张布就劝说太子的母亲朱太后立孙皓为帝。朱太后心里虽然不愿意，也只能答应。

孙皓于是成了东吴第四位皇帝。刚开始，他很珍惜这个来之不易的机会，就想干些实事收买人心。他虚心听取大臣的意见，体恤百姓，开仓赈贫，还把多余的宫女放回家，宫内养的珍奇异兽也给放归山林。吴国百姓以为国家从此有了明君，个个欢天喜地。

岂料，目的达到后，孙皓就露出他的真面目，变得粗暴骄横，又沉湎（miǎn）于酒色。朝臣们大失所望，濮阳兴和张布也很后悔，私下里叹息道："唉，只怪我们选错了君主！"这话传到孙皓耳中，他不顾这两人有拥立之功，毫不留情地将他们杀死，并诛灭三族。

为了巩固自己的地位，孙皓把很多孙氏宗亲流放到外地，孙休的四个儿子也被打发到远离京城的地方，其中两个年纪大一点儿的

---

① 三国时，吴国置中、左、右典军，掌宿卫禁军，为皇帝身边亲信之臣。

后来还被他杀了。

不仅如此，孙皓还专门设置了十名黄门郎，负责搜集大臣们的过失，罪行重的就直接处死，轻的也要剥皮、挖眼。对不合自己意的臣子，孙皓也是说杀就杀。

散骑常侍王蕃注重仪表，性格耿直，不懂得看人脸色行事，几次惹恼孙皓。一天，孙皓召集众臣进宫宴饮。王蕃醉得趴在桌上起不来，孙皓怀疑他装醉，派了辆车送他出去，过了一会儿，又召他回殿。这时王蕃稍稍清醒了一点儿，为了不失礼，他努力保持庄严的容貌，说话、行动都跟平时一样。孙皓怒不可遏，说："明明没喝醉，竟然欺骗我！"当场把王蕃杀了。孙皓还不解恨，亲自登上城西的一座山，让侍从抛掷王蕃的头颅，学着虎、狼那样争抢啃咬，头颅碎裂在地，脑浆四溅。一起去的大臣吓得大气都不敢出。

对于那些忠心耿耿的臣子，孙皓也不手软。有一次，孙皓出门游玩，万彧就和大将留平商量："如果皇上玩得高兴，今天不回宫，那我们就自己回去，不要耽误了处理国事。"孙皓怀疑他们有密谋，回宫后就宴请二人，让侍者拿毒酒给他们喝。侍者心生怜悯，悄悄地将毒酒减少了一半。留平有所察觉，提前服了解药。万彧回家后，腹中绞痛，才知道孙皓下毒，心灰意冷之下就自杀了。留平虽然没事，但是心情抑郁，一个多月后也病死了。

还有一个叫陈声的中郎将，负责管理市场贸易，一向受孙皓宠爱。有一天，陈声听手下人报告说，孙皓的宠姜派仆人到集市上抢夺百姓的财物，他便将那名仆人绳之以法。那名宠姜就向孙皓哭诉。孙皓勃然大怒，马上找了一个借口，用烧红的大锯锯断了陈声的头，场面十分惨烈。

太子的老师贺邵见孙皓实在太暴虐了，就上书劝谏。孙皓震怒不已，有人就趁机诬陷贺邵，说他与大臣楼玄在街上相逢，停下车子交头接耳，说了不少朝廷的坏话，结果二人都被逮捕入狱。可是查来查去，都查不到什么证据，孙皓便放了他们。贺邵一出狱就中风了，说不出话来，向朝廷请了几个月的假。孙皓心想："这个老家伙，是不是故意装病？我倒要看看你说不说话！"又命人把贺邵抓起来，押到酒窖里鞭打，每抽一鞭，就问他说不说。结果打了上千鞭，贺邵也无法说出一句话来。孙皓更生气了，恶狠狠地踹了他一脚，骂道："让你装！"随即杀了他。楼玄也被放逐到交趾。

孙皓不仅残暴，还非常迷信，总是根据望气、谶语之类的做重要决策。

有一个望云气的术士说："荆州有帝王之气，恐怕对扬州不利。"恰好西陵督步阐上书说："出于战略考虑，请将都城从建业迁到武昌。"孙皓就下令迁都。可是，武昌生产落后，朝廷所需的粮食、衣物等都需要从扬州运过去。而扬州在荆州的下游，老百姓逆流而上提供物资，费时费力，特别辛苦，孙皓又奢侈无度，因此民怨沸腾。老百姓还编了一首童谣说："宁饮建业水，不食武昌鱼；宁还建业死，不在武昌居。"

永安县^①的山贼施但趁机聚集了几千人，一路北上，攻到建业。由于施但的部众没有武器盔甲，也没有经过军事训练，最终被建业守将丁固和诸葛靓^②打败。孙皓让几百人敲锣打鼓、呼叫着进入建业城，扬言说："天子派荆州兵打败了扬州贼。"

杀了施但后，孙皓认为当初术士说的对自己不利的预言已经打破，而且武昌做国都确实不方便，就将国都迁回了建业。他嫌建

① 治所在今浙江德清。以县西有永安山而得名。
② 诸葛诞当年在寿春兵败被杀后，诸葛靓就投降了吴国。

业皇宫凋败，下令大修宫殿，朝中俸禄二千石以下的官吏，都要亲自进山督促伐木，又调集全国的能工巧匠，开辟苑林，兴建土山、楼台。

没过多久，孙皓就如愿住进了新宫殿。他觉得国内太平无事，就开始琢磨怎么对付西晋。

吴国宝鼎三年（公元 268 年），孙皓率军亲征西晋，却被打败。孙皓不甘心，第二年出兵打败了投降西晋的交趾，总算挽回了点儿面子。

又过了几年，有个叫刁玄的，伪造谶文说："黄色的旗帜、紫色的车盖，将出现于东南方向，最终得天下的，是荆、扬之地的君主。"孙皓大喜："这不就是说我要得天下嘛！"便带着太后、皇后及后宫佳丽几千人，再次出兵攻打西晋。谁知天公不作美，吴军在路上遭遇暴风雪，道路塌陷，将士们身披铠甲，手持兵器，一百个人拉着一辆车子，艰难前行。加上天气酷寒，几乎要把人冻死，兵士们都抱怨道："如果现在遇到敌兵，我们干脆投降。"孙皓害怕了，马上撤军。

此后，孙皓时不时发兵侵扰西晋的边境。陆抗很担忧，劝道："现在我们应当积蓄实力自保，将主要精力放在发展农业、安抚百姓上。不要为了追求功名而动不动就打仗，这样既耗费巨额的军费，又让士兵疲惫不堪，对国家没有好处。"孙皓却充耳不闻。

不久，陆抗病逝，临死前，他最后上书说："西陵、建平是国家的屏障，处于上流的位置，又与晋国接壤。如果敌人大量造船，顺流而下，那么就如风驰电掣。当年我父亲陆逊也说，西陵是吴国的西大门，如果守不住，那么整个荆州将不保。我曾经请求在西陵驻守三万精兵，主管官员没有答应。自从步阐叛乱，我军将士损耗很严重。如果有突发情况，仅凭现有的兵力很难应对。现在晋国对我们虎视眈眈，我请求朝廷给西陵补充兵源，加强防御。我死之后，请特别注意西方边陲的动态。"

失去了陆抗这样的国家栋梁，孙皓却一点儿危机感都没有，仍然听信术士的忽悠，迷信自己的"天命"，做着攻灭西晋、统一天下的美梦。

成语学习

绳 之 以 法

　　绳，木工用的墨线，校正曲直的工具，引申为制裁。根据法律制裁。

造　句：任何犯了法的人都不能逍遥法	
外，必须绳之以法，才能维护	
社会的正常秩序。	
近义词：严惩不贷	
反义词：逍遥法外	

【 迎刃而解 】

《资治通鉴·晋纪三》

预曰:"昔乐毅藉济西一战以并强齐,今兵威已振,譬如破竹,数节之后,皆迎刃而解,无复著手处也。"遂指授群帅方略,径造建业。

译 文

杜预说:"从前乐毅凭借济西一战,一举吞并强大的齐国。现在我军士气正盛,这就好比破竹,破开头上数节之后,下面的顺着刀口自己就裂开了,不会再有吃力的地方了。"便指点传授众将领攻打吴国的计策,晋军顺利攻到建业。

王濬楼船下益州^①

"瞧！水里有木片呢，捞回家晒干了当柴烧！"建平城的一艘小渔船里，一个渔妇指着江面，对身边的渔夫说。

渔夫顺着她的手指望去，见宽阔的江面上漂来了不少长短不一的木片，便取了长竹竿，钩住几块，惊讶地说："这些木片都是用刀削过的。"他越想越不对劲，便报告了建平太守吾彦。

吾彦连夜进京向孙皓禀报："晋国人正在造船，准备攻打我国，我们应当在建平增派兵力。"

孙皓傲慢地说："我们有长江天险，还有强大的水军，有什么好怕的！"

吾彦无奈，回去后只好制造巨大的铁锁横拦江面，以阻断江上通道。

原来，王濬当了益州刺史后，听从部属何攀的建议，从各郡召集了一万多名士兵，砍伐上好的木料，又精选能工巧匠，建造大战船。不久，第一艘巨大的楼船建好了。船身长达一百二十步，能容纳两千多人，还可以骑着马来回奔跑，船的四面开了可以进出的门，中间还有一个高高的瞭望台。王濬上上下下跑了一遍，非常满意，让工匠按照这种规格，日夜不断地造大楼船。

从那以后，江面上不断有木片漂下来，吴国人虽然知道王濬在

---

① 出自唐代诗人刘禹锡的《西塞山怀古》："王濬楼船下益州，金陵王气黯然收。千寻铁锁沉江底，一片降幡出石头。人世几回伤往事？山形依旧枕寒流。今逢四海为家日，故垒萧萧芦荻秋。"描述了西晋灭吴国的历史。

造船，但是仗着长江天险，加上铁锁横江，觉得晋国人打不过来。

西晋方面也知道，仅造楼船、练水师是不够的，还得设法打开西陵这扇吴国的西大门，让益州的水师顺流而下，纵横荆州。但是，西陵守将张政是吴国名将，实力不容小觑。接替羊祜的荆州都督杜预便想出一个反间计，他派了一支精锐队伍偷袭了张政，缴获大量物资。张政冷不丁吃了败仗，觉得羞耻，不敢向孙皓报告实情。杜预就大张旗鼓地送还张政的物资。孙皓果然中计，撤回了张政。

杜预见计策成功，便向晋武帝上书，请求攻打吴国，可侍中贾充等人还是像当初反对羊祜一样，不赞成出兵。杜预等了一个月，没有收到武帝的回复，就再次上书请求伐吴。奏书送来时，武帝正在和中书令张华下棋，他埋头盯着棋局，不发一言。张华急了，毅然推开棋盘，说："现在是伐吴的最佳时机，请陛下别再犹豫了！"

恰在此时，王濬也写来一封信说："孙皓凶暴无比，早就丧失人心，我们应当迅速地征讨他。一旦他死了，吴国重立一个贤明的君王，就会成为我们的强敌。我在益州造船已经七年了，每天都有船因腐烂而毁坏，实在不能再等了。我今年已经七十岁，估计没有多少日子可活了。以上三点只要有一点失误，伐吴的大计就难以实现，希望陛下不要错失良机。"

武帝又想起了羊祜，决定出兵，他命张华为度支尚书[①]，负责运输粮草，任贾充为元帅，指挥大军作战。贾充仍反对出兵，说："这个时候出兵不利，而且我年纪大了，当不了元帅。"武帝气极了，撂下一句狠话："你去不去？你不去，我就亲自去！"贾充吓得赶紧调集军队出征。

西晋咸宁五年（公元 279 年）十一月，杜预、王濬、王浑等将

---

① 掌管全国贡税租赋的统计、调拨、支出等事，类似现在的财政部长。

领率领二十万大军，分六路攻打吴国。

王濬的军队从蜀地出兵，很快拿下沿江各座城池，唯独遭到建平太守吾彦的顽强抵御。王濬攻克不下，就绕过建平，继续沿江向东挺进，刚入吴国境内，就活捉了丹阳的地方官，顺利进入西陵峡。可是，没走多久，打头阵的几艘楼船竟然一动不动地趴在江面上。

原来，吴国人害怕晋军顺江而下，就学习吾彦的做法，把江边浅滩上的要害区域，用巨大的铁锁拦住，还打造了一丈多长的大铁锥放进江里。当王濬的楼船通过时，大铁锥就扎入船底，导致楼船无法通行。

王濬很快就有了办法，他命人造了几十只大木筏，让水性好的人坐木筏走在前面，遇到铁锥，铁锥就扎到木筏上，被木筏带走了。他又让人做了许多大火把，每个火把长十几丈，放在船头，遇到铁锁就点燃火把，铁锁就会被烈火熔断。各种障碍扫除后，王濬的楼船便畅通无阻，很快攻克了西陵、荆门、夷道等地。

其他五路人马也攻无不克，节节胜利。然而，晋军将领内部却对要不要继续作战有了分歧。元帅贾充认为应当见好就收，而张华坚决反对，主张继续进军。

贾充十分恼火，气急败坏地向晋武帝上书说："现在是夏季，长江、淮水下游地区潮湿，必然会发生瘟疫，应当把各路军队都召回，以后再做打算，否则我军将损失惨重，到那时，即使把张华腰斩了，也不足以向天下人谢罪。"

之前杜预的部下也提出过等冬天再举兵的建议，当时他就说："从前，乐毅凭借济西一战，一举吞并了强大的齐国。现在我军士气正盛，这就好比破竹，头上几节破开之后，后面的就都迎刃而解，不会再有吃力的地方了。"如今，他听说贾充上奏请求停止进兵，急忙也向武帝上表，坚决主张彻底消灭吴国。武帝于是下达了总攻的命令。

各地战败的消息传来，孙皓终于从统一天下的美梦中醒来，他命令丞相张悌（tì）、丹阳太守沈莹、护军孙震、副军师诸葛靓率领三万精锐渡江迎战。军队到达牛渚①时，沈莹建议集中全部兵力，在当地迎战。张悌不同意，说："我们应当渡江和敌人决一死战。如果失败了，一同为国而死，没有什么可遗憾的；万一取胜，敌人奔逃，我们就乘胜追击，彻底击破他们。按照您的计策，恐怕我们只能坐以待毙，最终君臣都投降。一个国家没有一个人战死，是多大的耻辱啊！"说完便率军渡江，却一下子被晋军击溃。

诸葛靓带着几百人逃出重围后，又回去接张悌。张悌不肯离开，诸葛靓亲自上前拉他。张悌再次拒绝，诸葛靓气得直跺脚："存亡都是天意，哪是你一个人能改变的，为什么一定要自己求死呢？"

张悌流着泪说："今天就是我的死期。我有幸得到你家丞相的赏识和提拔，常常害怕死得没有意义，辜负了名贤对我的照顾。今天我能以身殉国，还有什么可说的呢！"

诸葛靓只好流着眼泪放开手，走了一百多步，他回过头看，张悌已经被晋兵杀了。同时被杀的，还有孙震、沈莹等人。

此时，王濬已经攻下了武昌，向建业进逼。孙皓只好派大将张象率领一万水军抵抗。没想到，张象的将士一见到王濬军队的阵容就傻眼了：楼船一艘挨着一艘，相连百里，每艘楼船上密密麻麻地站满了晋兵，一个个身披铠甲，斗志昂扬。张象立即投了降。

吴国人异常恐惧。孙皓就对大将陶濬说："你召集各处水军抵挡一阵。"谁知水军召来后，他们因为痛恨孙皓的残暴，不肯为他卖命，当天晚上就全都跑光了。

---

① 在今安徽马鞍山市西南长江边，为牛渚山北部突出于长江中的部分，又名采石矶，是沟通大江南北的重要津渡。

第二天，王濬的八万士兵乘着楼船，擂鼓呐喊着冲向石头城。孙皓知道大势已去，只好出城投降。

武帝让人把孙皓带到京城。孙皓登上大殿，"咚咚咚"干脆利索地向武帝磕了几个响头。

武帝哈哈一笑，指了指臣子的位置，对他说："朕早就为你设了这个位子，等你很久了。"

孙皓虽然成了阶下囚，倒也挺有骨气，大声说："我在南方也设了这样一个位子，等待陛下您。"

贾充见孙皓嘴硬，就讥讽道："听说你在南方挖人的眼睛、剥人的脸皮，你这是用的哪个等级的刑法呀？"

孙皓瞟了他一眼，淡淡地说："如果一个做臣子的，杀了他的君王，就要处以这种等级的刑法。"

显然孙皓是指当年贾充唆使部将杀害魏帝曹髦一事。作为罪魁祸首，贾充遭到天下正直之士的唾弃，所以他顿时满脸通红，而孙皓泰然自若。经过这次交锋，西晋的君臣都觉得孙皓不是好惹的主儿，此后便不敢随意羞辱、讥讽他。最终，孙皓与那位乐不思蜀的后主刘禅一样，被武帝闲养到死。

吴国的灭亡，意味着魏、蜀、吴三国鼎立的局面结束了，东汉末年以来分裂数十年的中原终于再次统一。

迎，正对着；刃，刀口；解，分开。像劈竹子时，头上几节一破开，下面的顺着刀口自己就裂开了。比喻处理事情、解决问题很顺利。

造　句：	我梦见自己拥有了超强大脑，
	任何棘手的事情，都能够在我
	这里迎刃而解。
近义词：	易如反掌、顺理成章
反义词：	事与愿违

【 欲言又止 】

《资治通鉴·晋纪二》

是时，朝野咸知太子昏愚，不堪为嗣，瓘每欲陈启而未敢发；会侍宴陵云台，瓘阳醉，跪帝床前曰："臣欲有所启。"帝曰："公所言何邪？"瓘欲言而止者三，因以手抚床曰："此座可惜！"帝意悟，因谬曰："公真大醉邪？"瓘于此不复有言。

译　文

当时，朝廷上下都知道太子愚蠢，不能担负起皇位继承人的重任，卫瓘每次想向晋武帝陈说这件事，却都没敢开口。有一次，卫瓘陪武帝在陵云台宴饮，卫瓘假装喝醉了酒，跪在武帝的床前说："我有话要说。"武帝说："你想说什么？"卫瓘想说又不说，一共三次，最后他用手抚摸着御座说："这个座位可惜了。"武帝明白了，也顺着他的话说："你真的喝多了？"卫瓘从此就不再说了。

太子是一个傻子

晋武帝司马炎刚登基时，吸取曹魏奢侈腐败的教训，推崇节俭，要求百官廉洁。

有一次，太医程据搜集野鸡头上的毛，精心编织成一件五彩裘衣献给武帝。大臣们第一次见这么光彩夺目的裘衣，都啧啧称奇。武帝却说："朕在全国禁止铺张浪费，不能带头违反规定，马上将这件衣服烧掉！"在一片惋惜声中，裘衣被烧了。武帝又下诏说："从今往后，凡是进献用特殊技法制作的奇装异服，一律判罪。"

武帝带头"焚裘示俭"，晋朝便流行起节约之风，渐渐地，财富越攒越多，老百姓的日子也越来越舒服。因为武帝的年号是"太康"，后世便称这个时期为"太康盛世"。

等到平定吴国以后，武帝就松懈下来了，节俭的事也不提了，有官员要送礼谋升官，他也照单全收。不仅如此，武帝还沉迷于女色和吃喝上。因为后宫妃嫔接近一万人，他也搞不清谁是谁，便想了一个法子，坐着羊拉的车子，羊走到哪里，他就在哪里喝酒、睡觉。嫔妃们为了争宠，都把羊爱吃的新鲜竹叶插在门上，用盐水洒地，诱使羊把车子拉到自己门前。

一些耿直的大臣见武帝前后判若两人，就想管一管。有一回，武帝到南郊祭祀列祖列宗。典礼结束后，他问司隶校尉刘毅："爱卿，你看我可以和汉朝的哪一位帝王相比？"

刘毅冷冷地说："桓帝、灵帝。"

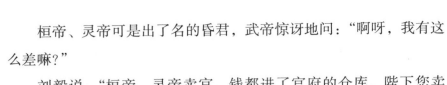

　　桓帝、灵帝可是出了名的昏君，武帝惊讶地问："啊呀，我有这么差嘛？"

　　刘毅说："桓帝、灵帝卖官，钱都进了官府的仓库，陛下您卖官，饱的却是个人的腰包，从这点上说，您还不如他们二位呢。"

　　武帝只好自己找了一个台阶下，说："桓、灵二帝的时代，听不到刚才这样的话，现在朕有您这样正直的臣子，说明朕比桓、灵二帝强太多喽！"

　　所谓上行下效，大臣们也放开胆子敛财享受，有的还变着法子炫富、斗富。后将军王恺是外戚，侍中石崇是名将石苞的儿子，这两人家世好，官位高，家里的财富更是数不清，他们最喜欢相互攀比。

　　王恺家里用糖膏刷锅，石崇就用蜜蜡当柴烧；石崇用珍贵的花椒粉和泥涂房屋，王恺就用更珍贵的赤石蜡涂墙。有一次，王恺用紫色的蚕丝作路两旁的帷幕，长达四十里，石崇轻蔑地笑了："那有什么？他用蚕丝，我们就用锦！他长达四十里，我们比他多个十里！"

　　两人斗来斗去，分不出高下，王恺就来找武帝帮忙。武帝仿佛早有准备，笑眯眯地说："你瞧，我给你准备了一件宝物，保准能赢。"然后让人抬出一株二尺多高的珊瑚树。

　　王恺兴奋极了，马上邀请石崇到家中，得意扬扬地说："让你见识一下真正的宝贝！"没想到，石崇却操起身边的铁如意把那株珊瑚树击碎了。

　　王恺大怒，说："你这是忌妒！"石崇淡淡地说："一件无足轻重的小东西，哪值得你生这么大的气哟；不就是珊瑚嘛，我现在就还给你。"他扭头对自己的仆人说："去把家中的珊瑚树全都抬过来！"一会儿工夫，石崇家的珊瑚树就摆满大厅，高达三四尺的就有六七棵。

王恺失落极了，又去找武帝。这回，武帝也没心思管了，因为他正为太子司马衷的事发愁呢。

武帝有二十多个儿子，其中皇后杨氏生了三个儿子：司马轨、司马衷、司马柬（jiǎn）。由于长子司马轨早夭，次子司马衷当了太子。可是，司马衷从小智商低下，大臣们都担心坏了，万一武帝驾崩，由傻子治理国家，这天下得乱成什么样子啊。

侍中和峤直言不讳地对武帝说："皇太子本性纯厚，但是乱世多奸诈之人，恐怕他不能处理好陛下的家事。"

武帝没吭声。过了几天，他对和峤说："有人说太子最近进步挺大的。你带几个人去看看，可以问他一些问题。"

和峤等人很快就回来了，同去的几人都称赞道："太子聪明有见识，气度不凡，确实如皇上说的那样。"武帝正满心欢喜，却听和峤说："太子的资质和原来一样啊。"

这话犹如一盆冷水，浇灭了武帝心中的希望，他便和杨皇后商量，想另立一个太子。可杨皇后死活不答应，换太子的事就只好搁置。

一转眼，太子十几岁了，武帝和杨皇后就开始操心他的婚姻大事。武帝看中了太子老师卫瓘的女儿，杨皇后却想与权臣贾充联姻。

武帝就对杨皇后说："卫公的女儿有五大优点：卫家家风好、后代多、容貌出色、身材修长、皮肤白皙；贾公的女儿有五大缺点：爱忌妒、贾家少子女、容貌丑陋、身材矮小、皮肤黝黑。"但是杨皇后坚持纳娶贾充的女儿贾南风，加上中书监荀勖（xù）、侍中冯纨（dǎn）等人不停地称赞贾南风，说她聪明美丽，德才兼备，武帝便答应了。

杨皇后总算松了一口气，可没过几年，她就得了重病。这时，

武帝宠爱镇军大将军胡奋的女儿胡贵嫔，杨皇后担心他们会威胁太子的地位，便头枕着武帝的膝，流着泪说："我叔父杨骏的女儿杨芷，既有德，又有容貌，我死以后，请陛下选她入宫。"武帝流着泪答应了她。

杨皇后去世后，武帝虽然没有换太子，可一直有个心结。一天，他召来尚书张华、荀勖、冯纨，问道："我百年之后，可以将后事托付给谁呢？"

大家都不吭声，张华却直言不讳地说："没有人比齐王更合适了。"武帝一听，脸色大变。

齐王司马攸是武帝的亲弟弟，姿容出众，孝顺慈悲，多才多艺。当初，晋王司马昭很喜爱司马攸，想传位给他，却遭到贾充等大臣的反对，最终还是传给了武帝。

每当想起这件事，武帝的心中就不能平静。荀勖和冯纨忌妒张华的名望，他们知道武帝的心病，就悄悄地劝武帝说："齐王在朝中，张华等人都支持他，这对太子不好。"武帝就下诏让司马攸回封国，又将张华调到幽州。

司马攸又气又怨，生起了病，武帝派太医给他治病。那些太医为了迎合武帝，都说司马攸没生病。武帝很生气，便催促司马攸赶紧上路。司马攸受了冤屈，气得直吐血，没几天就病死在回封国的路上。

卫瓘早就知道司马衷不适合当太子，可是他见武帝逼死了齐王，赶走了张华，吓得不敢明说。一天，武帝在陵云台宴请大臣，卫瓘假装喝醉了，跪在武帝面前说："臣有话要说。"武帝问："您想说什么呢？"卫瓘欲言又止，连着三次，都无法说出口，只好用手抚摸着御座，说："这个座位可惜了！"武帝恍然大悟，不悦道："您喝多了吧？"从那以后，卫瓘再也没有提过这件事。

不过，武帝心里始终不踏实，担心祖宗开创的基业真的毁在司马衷手上，便亲自出了几道题想考考太子，并限他在三天内上交答卷。

司马衷一个傻子，哪里会答题呀，好在太子妃贾南风虽然长得奇丑无比，却十分精明，知道如果题答得不好，司马衷的太子位就保不住了，便请来几位有学问的人替司马衷作答。这些人答题时引用了很多古义，显得很高深。

贾南风让亲信大臣张泓审核。张泓看了后说："太子不好学，陛下是知道的。这份答卷引用了许多古义，陛下肯定会怀疑是他人代答的，这样一来太子的缺点就更多了，倒不如直截了当回答。"

贾南风说："那你就给我好好地重新答一遍，只要太子平安无事，将来登基了，少不了你的荣华富贵。"

张泓立即重新写了一份答案，让太子抄写一遍才交上去。武帝看了，非常高兴，拿给卫瓘看，欣慰地说："太子还是明白事理的。"卫瓘知道是怎么回事，见武帝看着自己，便打着哈哈道："真不错！"

武帝之所以坚持让傻儿子司马衷做自己的继承人，除了他不想让杨皇后伤心，还因为他很喜欢司马衷的儿子司马遹（yù），希望通过传位给司马衷，确保皇位最终可以传给这个皇孙。不过，司马遹继位的路上有一只拦路虎，那就是太子妃贾南风。她可不是省油的灯，更要命的是她并非司马遹的亲生母亲，将来极有可能做出对司马遹不利的事情。

对此，武帝心里跟明镜似的。其实，为了巩固皇权，早在立国之初，他就一口气分封了二十七位同姓王，让他们以郡为国。他的想法很简单：血浓于水，打断骨头连着筋，将来如果皇室有难，这么多姓司马的亲王一定会出手相救。

可让武帝万万没想到的是，太子妃贾南风还没露出狐狸尾巴，自己的第二任皇后杨芷的父亲杨骏却迫不及待地走上了擅权之路。

欲言又止

原文为"欲言而止"。欲，想要；言，言语。想说又停止不说。形容有难言的苦衷。

造　句：	林丽丽很想买一台笔记本电脑，
	可是她知道父母赚钱不容易，
	几次欲言又止，张不开口。
近义词：	闪烁其词、吞吞吐吐
反义词：	快人快语、畅所欲言

---

① 这个故事的原文里还有成语"羊车望幸"（希望得到别人的重视或者宠爱）。

〖 同恶相济 〗

《资治通鉴·晋纪四》

　　贾后矫诏，使后军将军荀悝送太后于永宁宫，特全太后母高都君庞氏之命，听就太后居。寻复讽群公有司奏曰："皇太后阴渐奸谋，图危社稷，飞箭系书，要募将士，同恶相济，自绝于天。"

译　文

　　贾皇后诈称皇帝诏书，派后军将军荀悝送杨太后去永宁宫居住，特别保全了太后的母亲高都君庞氏的性命，同意她和杨太后住在一起。不久，贾皇后还劝说群臣通过有关部门上奏说："皇太后早就在暗中进行邪恶的谋划，企图危害国家，用飞箭传书，招募将士，与邪恶的人狼狈为奸，自动与天相绝。"

贾南风一箭三雕

晋武帝在杨皇后去世后，又立她的堂妹杨芷为皇后，并重用杨芷皇后的娘家人，将国家大事交给她的父亲杨骏和叔父杨珧（yáo）、杨济等人处理，时人称他们为"三杨"。"三杨"大量起用亲朋好友，疏远、贬退旧臣。负责铨选官员的大臣山涛不愿意用他们推荐的人，还多次劝武帝要管管此事。武帝心里也明白，就是改不了。

过了近十年的放纵生活，武帝的身体越来越差，好几次差点儿病死。杨骏平时没有什么威望，担心武帝死后自己的地位不保，就趁武帝病重，逼迫自己平时忌妒的武帝的叔父、汝南王司马亮离开京城。

这还不算，杨骏又想赶走武帝的宠臣卫瓘。当时，卫瓘的儿子卫宣很受武帝器重，娶了繁昌公主为妻。可是卫宣贪杯，经常因为喝酒误事。杨骏就和宦官串通，说卫宣的坏话，劝武帝准许公主离婚。卫瓘非常害怕，以年纪大了为由，请求退职。武帝正病得糊里糊涂，便批准了。

有功绩的旧臣们大多死去，活着的又遭到排挤，杨骏便独自在宫中侍候武帝，不让别的臣子靠近，他还把武帝身边重要的侍从都换成了自己的心腹。

一天，武帝稍稍清醒了一点儿，发现除了杨骏，其他全都是陌生的面孔，就不满地对杨骏说："你，你，你怎么能这么做呢？"趁脑子还清醒，武帝让中书省的官员写下诏书，命司马亮与杨骏共同辅政。杨骏就跑到中书省借诏书观看，看完后顺手收在袖子里就走了。中书监华廙（yì）非常害怕，就去索要诏书，杨骏却不肯还给他。

之后几天，武帝又好几次昏迷，每当他清醒过来，就催促让司马亮进宫，想把后事托付给他。但武帝身边的侍从全都是杨骏的心腹，口头上答应着，实际上却拖着不办。一次，武帝觉得精神稍好一些，便问身边的侍从："司马亮来了吗？"侍从回答："还没呢！"

这时，杨芷皇后走了进来，请求武帝下诏让杨骏做辅政大臣，武帝答应了。杨皇后立即让人写下遗诏，任命杨骏为太尉、太子太傅。写完后，他们把诏书呈给武帝看。武帝睁大眼睛找了半天，没找到司马亮的名字，气得浑身发抖，说："你，你们……"话没说完，便咽了气。

公元290年，太子司马衷即位，这就是晋惠帝。他尊杨芷为皇太后，立贾南风为皇后，司马遹为皇太子。

司马衷没有治国能力，司马亮因为年纪大了，不想卷入权力纷争，便离开了京城。尚书左丞傅咸一向直言敢谏，这时站出来劝杨骏说："为了国家安定，外戚与皇族应当相互依赖，请您将汝南王召回京城，共同辅政。"

杨骏不听，为了收买人心，他给大臣们普遍加官晋爵。左军将军傅祗（zhī）觉得这样不妥，就对杨骏说："哪有帝王刚死，就给臣下论功行赏的！"杨骏也不理。

杨骏为人专断固执，颁布的法令严厉而琐碎，招致朝廷上下的怨恨。冯翊太守孙楚就提醒杨骏："您以外戚的身份，担当国家重任，应当公正无私、谦虚平和。现在皇族的力量强盛，可是您却拒绝他们参与日常政务，对他们猜疑忌妒，这样下去将大祸临头啊！"杨骏还是充耳不闻。

不过，杨骏虽然排挤皇族、重臣，独自掌控了朝权，可他心中还是忌惮一个人，那就是精于操弄权术的皇后贾南风。为此，杨骏任命亲信掌管宫中机密要事，凡有诏命，都绕过贾南风直接给惠帝看，接着呈给杨太后，再实行。

贾南风想让贾家的人掌权，却处处受到杨骏的阻挠，心里恨透了，便勾结宦官董猛，宫中护卫官孟观、李肇等人，要他们联合司马亮，铲除杨骏。司马亮只想明哲保身，没有答应。李肇又邀请武帝的第五子、楚王司马玮加入计划。

一天夜里，孟观、李肇故作慌张地向惠帝禀告："不好啦，杨骏要谋反！"

惠帝虽然弱智，倒也知道谋反是一件天大的事，就说："啊！快把他抓起来！"让东安公司马繇带领四百武士去讨伐杨骏。司马玮听到风声，事先带兵驻守在皇宫的外门。

杨太后担心杨骏的安危，就拿来一块绢帛，写上"救太傅者有赏"，用箭射出城外。贾南风截获绢帛，趁机宣称："杨太后与杨骏一起谋反啦！"

杨骏没想到事情牵连上杨太后，立刻召集心腹商议对策。他的亲信朱振说："最好的办法是放火烧云龙门，制造混乱，吓吓贾皇后，然后我们带兵进宫，和皇太子一起捉拿恶人。"

朱振想引来皇太子司马遹对抗贾南风，这样就师出有名，可以争取朝臣的支持。不料，杨骏犹豫了半天才说："云龙门是明帝时建造的，花了好多钱呢，把它烧了太可惜了吧？"

生死关头，竟然说出这种话！杨骏的亲信们大失所望，纷纷找借口逃离。当晚，司马繇带兵包围了杨府，往里面不停地射箭、扔火把。一时间，火光冲天，箭如雨下，杨府成了火海，哭喊声响成一片。杨骏几次突围，都没有成功，最后被冲进来的士兵杀死。

贾南风又将矛头对准杨太后，让亲信大臣上奏说："皇太后早就在暗中进行邪恶的谋划，企图危害国家，用飞箭传书，招募将士，同恶相济，自动与天相绝。"杨太后于是被废为庶人，并被赶到金埔（yōng）城①居住，同去的还有十几名侍从。没过几天，贾南风就把侍从全都弄走，杨太后恐惧之下，绝食而死。贾南风仍不罢休，她担心杨太后的灵魂会向晋武帝诉说冤情，竟然将她面朝土地埋葬，还压上了镇邪驱鬼的文书、药物等。

杨骏倒台后，司马玮趁机控制了禁军，成为朝廷里最有威势的人。贾南风的心里很不平衡，发狠道："我不会让你得意太久！"经过一番观察，她发现司马亮、卫瓘都讨厌司马玮，决定给他们来个一箭三雕。

她哄着惠帝写了一份密诏，上面说："司马亮与卫瓘谋反，快采取行动。"然后派宦官给司马玮送去。

事情来得太突然，司马玮起了疑心，就问送诏书的宦官："能不能回去跟皇后确认一下？"

宦官拒绝了，说："这是密诏，你这样问来问去，一旦泄密，罪可大了。"

司马玮只好按诏书上说的去做。本来密诏上没有说要杀死司马亮、卫瓘二人，但司马玮想到平日里这两人对自己的态度不好，打算公报私仇，便又诈称皇帝的诏命，召集朝廷内外各军，诛杀了司马亮、卫瓘及其全族人。

司马玮的心腹劝他："趁现在军队的气势正盛，顺便除掉贾南风等奸人，以扶正皇室，安定天下。"司马玮却犹豫不决。

这时，已经回京担任太子少傅的张华见京城内外兵乱四起，人

---

① 三国魏明帝时建造，是当时洛阳城（在今河南洛阳市东）西北角的一个小城。魏晋时被废的帝、后，都安置在这里。

心浮动，朝臣们手足无措，就托人劝贾南风说："现在楚王杀了二公，将天子的权力握在手中，这样下去，君王还怎么自保呢？我认为应当以专擅杀人的罪名惩处楚王。"

贾南风早有此意，只是苦于没有人出来主事，现在德高望重的张华能够站出来，真是再好不过了。

张华便派禁军将领王宫拿着驺（zōu）虞幡^①，对各支军队的首领说："司马玮诈称皇帝的命令，大家不要听他的。"众将士便一哄而散。

司马玮这才意识到大事不妙，便掏出贾南风的密诏，一字一句地读了一遍，顿时感到脊背冰凉。他一个人呆呆地站在院内，很快束手就擒，被押去处死。临死前，他拿出那份青纸密诏，递给监斩官看，泣不成声地说："我幸运地生在帝王之家，却蒙受了如此不白之冤啊！"

贾南风一箭三雕，除去心腹大患，从此大权独揽。不过，贾南风狠毒有余，治国才能不足，急需一个可靠的人为她处理政务。而张华有谋略，且对君王没有威胁，是众望所归之人，贾南风就让他总摄朝政，对他非常敬重。

张华很珍惜这个施展抱负的机会，便尽忠国事，弥缝其阙，和贾南风的族兄贾模，名臣裴颎（péi wěi）、王戎、裴楷等人同心合力，辅佐朝政。因此，此后几年里，虽然傻子当皇帝，贾南风掌权，但是朝野上下风平浪静。

---

① 驺虞是传说中的仁兽，驺虞幡就是绘有驺虞图像的旗帜，用于危急时传旨解兵罢战。

成语学习①

同 恶 相 济

同恶，共同作恶的人；济，帮助。坏人互相勾结，共同作恶。也作"同恶共济"。

造　句：	东汉末年，赵忠、张让、侯览
	等宦官同恶相济，坏事做绝，
	导致天下人心思乱，盗贼四
	起，最终将汉朝推向灭亡。
近义词：	狼狈为奸、同流合污

---

① 这个故事的原文里还有成语"众望所归"（指得到群众的信任）、"弥缝其阙"（补救行事的过失）。

〖 砥节砺行 〗

《资治通鉴·晋纪二》

　　乃入山求虎，射杀之，因投水，搏杀蛟；遂从机、云受学，笃志读书，砥节砺行，比及期年，州府交辟。

译　文

　　于是，周处进山搜寻老虎，将它射死；又跳进河里，与蛟龙搏斗，杀死蛟龙；接着去拜访名士陆机、陆云兄弟，向他们求学，专心致志地读书，磨炼自己的操守与德行。过了一年，周处就像换了一个人似的，州郡官府争相征召他做官。

周处浪子回头

晋武帝司马炎的叔叔、赵王司马伦被朝廷任命为征西大将军。司马伦胸无大志，打算在关中安安稳稳地当个"土皇帝"，可他的心腹谋士孙秀不这么想。孙秀仗着有司马伦撑腰，处理公务时，刑罚与奖赏极不公平，激起了民愤，当地的羌人、氐人趁机造反。

司马伦不但没有平定叛乱，还和雍州刺史解系发生争执，造成恶劣的影响，朝廷就把司马伦召到京城洛阳，以示惩罚，另外任命梁王司马肜为征西大将军，负责平定叛乱。

司马伦已经六十多岁了，面对繁华的京城、陌生的官场，真有点儿不知所措。孙秀就劝他四处打点，用心结交贾南风。这招果然管用，司马伦很快成为贾南风的亲信，当上了右军将军，重新威风起来。

解系很愤怒，上表说："孙秀是祸乱的根源，必须诛杀他，向氐人、羌人谢罪。"张华就让司马肜杀了孙秀，但司马肜没有照办，秦、雍地区①的氐人、羌人因此全都叛变了，还立氐帅齐万年为皇帝，四处攻打晋朝的城池，兵锋直指长安。

告急文书如雪花一般飞到京城，朝廷打算派一名得力干将前去征讨，有人就推荐了御史中丞周处。

周处是吴国名将周鲂的儿子，年轻时勇猛好斗，经常骑着马四

---

① 今陕西、甘肃、宁夏一带。

处围猎，乡里的百姓都把他当成祸患，一见他就吓得躲起来。周处很奇怪，就问一位老人："现在风调雨顺、丰衣足食，为什么你们成天担惊受怕的？"

老人叹道："三害没有除掉，我们怎么高兴得起来呢？"

周处问："三害是什么？我怎么不知道？"

老人犹豫了半天才说："南山的白额虎，长桥的蛟龙，再加上你，就是三害。"

周处十分惭愧，说道："如果百姓担忧的只是这三害，那我就把它们给除了。"他便进山搜老虎，将它射死；又跳到河里，与蛟龙搏斗，并杀死了它。接着，他去拜访名士陆机、陆云兄弟。

陆机和陆云都是吴国名将陆抗的儿子，因写得一手好文章而闻名江南，被人们称为"二陆"。

周处把自己被乡亲们憎恨的事告诉他们，并诚恳地说："我想向您二位学习儒家学术，修养品德，又怕自己年纪大了来不及。"陆云激励他说："古人说，早晨明白了道理，就算晚上死了也甘心，哪里会来不及呢？"

　　从此，周处浪子回头，跟着陆氏兄弟学习，专心致志地读书，砥节砺行。过了一年，周处像换了一个人似的，州郡的长官争相征召他做官。周处拒绝了，仍然跟着"二陆"学习。

　　吴国被西晋灭亡之后，"二陆"退居家乡吴郡，闭门勤学十余年。陆机写下了两部轰动一时的作品，一部叫《文赋》，另一部叫《辨亡论》。后来，他们想建功立业，维持家族门第，就北上洛阳，拜访名臣张华。

　　张华早就倾慕他们的才华，见了面，更是赞不绝口，将二人郑重推荐给洛阳的名人，还说："灭掉吴国，最大的收获是得到两名青年才俊。"经他这么一宣扬，"二陆"声名大噪，风头盖过名动京城的文学家"三张"，即张载、张协、张亢兄弟。所以，当时有"二陆入洛，三张减价"之说。

　　可是，并不是所有的西晋官员都像张华这样客客气气地对待"二陆"。尚书郎卢志出身于北方世家大族，他的曾祖父卢植是蜀汉皇帝刘备的老师，祖父和父亲是曹魏的司空卢毓、卫尉卢珽。卢志仗着家世高贵，看不起"二陆"等亡国的南方人，一次，他当着众人的面问陆机："陆逊、陆抗是你的什么人？"古人讲究礼仪，当面直呼别人的祖父、父亲的名字是一种赤裸裸的挑衅。

　　性格刚毅的陆机马上怼了回去，说："就好像你和卢毓、卢珽那样的关系。"卢志被呛得说不出话来，从此恨上了陆机。

　　陆云的性格比较温和，事后责怪陆机说："这里远离江南，他们不熟悉我们的祖父辈也不稀奇，你为什么要跟他们计较呢？"

　　陆机却铿锵（kēng qiāng）有力地说："我们的祖父、父亲名扬四海，天下谁不知道呢？"

　　陆机兄弟这样的遭遇，紧随其后来到京城的周处也经历了。

　　一天，灭吴大将王浑在建邺宫饮酒时，对在场的吴国人说："各位，吴国没了，你们这些吴国人却还在，难道心中没有一点儿忧伤吗？"

大家都低头不语，周处却说："汉朝末年分崩离析，魏、蜀、吴三国鼎立，蜀国最先灭亡，魏国次之，吴国最后灭亡，亡国的忧伤，哪里是吴国人独有的呢？"

周处说得没错，魏国早被西晋取代了，可是曾经在魏国为将的王浑却当起了西晋的高官。王浑有点儿惭愧，对周处的态度也客气起来。

后来，周处当上了新平太守，他采用怀柔政策，使叛乱的羌人前来归附。朝廷赏识他，调他到广汉郡当太守。郡里有很多悬而未决的案件，有的甚至过了三十年还未判决，周处上任后认认真真地查办，全都作了判决。后来，周处因为要照顾年迈的母亲，就辞官回到家中。楚地的长官得知，就征召他当内史，还没上任，他又被朝廷拜为散骑常侍。大家都劝周处直接去做职位更高的散骑常侍，他却说："古人辞大官不辞小职。"便先去了楚地，处理完当地紧急事务，才进京城。

周处的性格刚直，眼睛里容不得沙子，京城里的皇亲国戚犯了罪，他也照章办事，得罪了不少人。有一次，梁王司马肜触犯了法律，周处审查后，毫不留情地揭发了他。司马肜从此对周处怀恨在心。

到齐万年造反时，一些心怀怨恨的人就向朝廷推荐周处，希望借齐万年之手除掉他。朝廷便任命周处为建威将军，与振威将军卢播一起讨伐齐万年。因为周处与卢播都归安西将军夏侯骏管，而夏侯骏又听命于司马肜，中书令陈准就很担忧，向朝廷进言说："夏侯骏和梁王都是皇帝的亲族，并不是将帅之才，他们进不求名誉，退又不怕犯罪。周处本是吴地人，忠诚正直，和梁王又有过节。应当

命令大将孟观率领一万精兵担任周处的前锋，不然梁王肯定会让周处当前锋，一旦出现危情，梁王不但不会发兵援救，反而会陷害他。那样的话，打败仗是肯定的了。"但朝廷没有采纳他的意见。

朋友们也觉得周处此行凶多吉少，就劝他说："你家中有老母亲，可以用这个理由拒绝出征。"周处却说："自古忠孝难以两全，朝廷需要我，我怎么能够推辞呢？"

齐万年听说大名鼎鼎的周处来了，对手下说："周处能文能武，是个人才。这次如果他独自统军，就会锐不可当；如果他听命于别人，那我就能捉住他。"

周处抵达前线后，司马肜与夏侯骏对他说："你率领五千士兵为前锋，明天先去进攻。"

周处说："如果不给我们安排后援，这仗就没法打。一旦失败，不仅关系到将士们的性命，还会给国家带来耻辱。"

司马肜、夏侯骏不接这话头，只是一个劲儿威逼道："军令如山，你们明早就出发！"司马肜见周处不吱声，又哄骗说："你放心去，援军我们自会安排。"

周处心想，征讨齐万年是国家大事，司马肜应该不会为了私怨而不顾大局，便和卢播带着五千将士前往六陌①。第二天早上，周处的将士们还没吃饭，司马肜就催促他们进攻。战斗从早上一直持续到晚上，周处带着将士们拼命冲杀，最后弓也断了，箭也用完了，但援军的影子都没见。

周处的部将就说："援军不会来了，我们马上撤退还能保住性命。"

周处拒绝了："这仗要打，否则敌人威势大涨，会影响朝廷大

---

① 在今陕西乾县东。

局。"他抚摸着长剑，又对大家说道："这正是我们报效国家的日子。"说完带头冲入敌阵，奋力搏杀，直到战死。

朝廷虽然责备司马肜等人救援不力，却也没有治他们的罪。齐万年更加嚣张，日夜侵扰边境。张华和陈准非常愤怒，派孟观率领大军讨伐他。经过大大小小十几次战斗，孟观终于杀死了齐万年，平定了叛乱。

朝野上下欢欣鼓舞，一些有识之士却开始担忧，大臣江统特地写了一篇《徙戎论》，建议朝廷将关中的少数民族迁到关外，断绝根源，以免他们祸乱中原。可是沉浸在喜悦中的大臣们都说："这个江统，危言耸听哪！"贾南风便没有采纳。

成语学习

砥 节 砺 行

　　砥，细的磨刀石；砺，粗的磨刀石。比喻磨炼节操和德行。

造　句：	每一名共产党员都要牢记入党时的誓言，立足艰苦的岗位，砥节砺行，不辱使命。
近义词：	砥砺廉隅
反义词：	放荡不羁

【 望尘而拜 】

《资治通鉴·晋纪四》

崇与岳尤谄事谧，每候谧及广城君郭槐出，皆降车路左，望尘而拜。

译 文

石崇和潘岳两个人，对贾谧格外地谄媚，每次等到贾谧以及广城君郭槐出来了，就赶紧从车子上下来，站在道路的左边，望着他们车后扬起的尘土，恭恭敬敬地行跪拜礼。

傻皇帝的聪明儿子

晋惠帝司马衷即位后，由于智商低，闹了不少笑话。一天，他在华林园游玩，听到蛤蟆的叫声，就问左右随从："这叫的东西是为公事叫呢？还是为私事叫？"众人面面相觑，好在一名随从机灵，答道："在公家叫，就是为公事；在私家叫，就是为私事。"

当时天下闹饥荒，不少百姓都饿死了，惠帝听到大臣的奏报，问道："这些百姓为什么不吃肉粥呢？"大臣哭笑不得，老百姓连饭都吃不上，哪来的肉粥？

摊上这么个蠢皇帝，他身边那些小人是最开心的。他们把持权力，以致不同部门发布不同政令。那些有权势的人家则互相推举，如同市场交易。皇后贾南风的亲属更是肆意妄为，公然收受贿赂。有个叫鲁褒的就写了一篇《钱神论》来讽刺这种现象，文中说："铜钱的形状，像天地一样有圆有方，人们把它当成兄弟，亲它爱它，尊它为'孔方'。有了孔方兄，没有美德也可以倍受尊崇，没有权势也能出入宫廷高门；有了孔方兄，可以转危为安，起死回生，变尊贵为卑贱，置活人于死地。所以，京城的皇亲国戚，权贵要人，个个敬爱孔方兄，紧抱着它不松手。如今世人的心中也只有孔方兄。"

贾南风可没空看这种文章，她忙着纵情享乐。她先是借看病的名义，和太医程据私通，后来让人把大街上的清秀少年装进竹箱，偷偷地带入宫中鬼混，事后又怕这些少年说出去，就把他们都杀掉。

事情传得沸沸扬扬，贾南风的族兄贾模怕牵连自己，就和裴颜、张华商量，打算废黜贾南风，改立太子司马遹的生母谢淑妃为皇后。

张华听了直摇头，说："皇帝自己并没有废黜皇后的想法，我们擅自做这件事，要是皇上不同意，该怎么办？再说了，各地的藩王实力强大，这事如果没成，招致大祸，到那时，恐怕不仅是我们几个人掉脑袋，国家也将陷于危难的境地。"

裴頠皱着眉头说："可是皇后的行为实在太过分了……"

张华想了想，说："你们二人都是皇后的亲戚，你们的话，她应当听得进。希望你们多劝劝她，让她收敛一些。如果她能听进去，天下就不会乱，我们也能多过几天安稳日子。"

贾模也没有别的办法，只好不断地劝说贾南风，可是她不仅听不进，还觉得贾模故意诋毁自己，慢慢地就疏远他。贾模非常抑郁，很快就病死了。裴頠只好去找贾南风的母亲广城君郭槐，让她规劝贾南风。广城君也觉得影响不好，就劝贾南风收敛一些，还说："你没有生儿子，要对太子多加关爱，否则，将来你可以依靠谁呢？"

广城君不提太子还好，一提太子，贾南风就感到巨大的威胁。也不知道怎么回事，惠帝这个傻子，竟然生出司马遹这样聪明伶俐的孩子。

司马遹五岁时，有一天晚上宫中失火，武帝站到楼上眺望。司马遹拽着武帝的衣角，请求他到暗处。武帝奇怪地问："孩子，怎么啦？"司马遹说："晚上突然发生火灾，应该有防备之心，不应当让火光照见陛下。"武帝十分惊讶，想不到他小小年纪竟有这般见识。

还有一次，司马遹随武帝去游玩，看到猪圈里的猪又肥又大，就说："好肥的猪啊，为什么不杀了犒劳将士，反而在这里浪费粮食呢？"武帝马上让人照办，并当着群臣的面称赞司马遹像他的高祖父司马懿。

眼看着司马遹一天天长大，贾南风又一直没有生儿子，她就有了心病：一旦将来司马遹即位，哪还有她贾南风说话的份哦。

贾南风便收买宦官引诱司马遹，让他变得不爱学习。司马遹每天和侍从玩耍嬉闹，常常割断马鞍的束带，命左右侍从骑马奔跑，看着这些人从马上掉下来，他乐得哈哈大笑。

成天沉湎于玩乐，花销自然就大。司马遹作为太子，每个月有五十万钱的俸禄，他经常预支两个月，却还不够花，只好想办法赚钱。他让人在西园搭起店铺，出售蔬菜、鸡、肉、面粉等物品。他还学着市井小贩叫卖，引来一堆宫女、太监围观。他亲自称肉，对重量的判断极准，只要用手掂一掂，就能准确地说出几斤几两。

太子的属官杜锡担忧太子地位不稳，就对司马遹说："您将来是要做皇帝的，千万要爱惜自己的名声啊！"说得次数多了，司马遹听得耳朵都快起茧子了，便偷偷把几枚针插在杜锡经常坐的毡子中。杜锡进来后，像往常一样一屁股坐下去，结果被针扎得鲜血直流，转头却见司马遹正使劲憋住笑，顿时明白是怎么回事，气得不再劝谏了。

贾南风听说了司马遹的种种荒唐行为后，得意地想："这下我就有废黜太子的理由了。"正盘算着，她的外甥贾谧来了。

贾谧承袭了外祖父贾充的爵位，又有贾南风的宠爱，权倾一时，骄奢无比。他爱好文学，喜欢结交士大夫，有才华的文士都归于他的门下，著名的有潘岳、王粹、牵秀、陆机、陆云、石崇、左思、刘琨等二十四位。他们经常聚集在石崇的别墅洛阳金谷园中，谈论文学，吟诗作赋，人称"金谷二十四友"。石崇和潘岳对贾谧格外谄媚，远远地看到贾谧和广城君出来了，就赶紧从车子上下来，站在道路的左边，望尘而拜。

贾谧和司马遹差不多年纪，两人经常在一起玩。可是贾谧仗着有贾南风撑腰，样样要压倒司马遹，文采比他高，娶的妻子比他漂亮，就连下棋，他也要争第一。司马遹很恼火，之后贾谧再来东宫找他玩，他就把贾谧撇在一边，自己到园中游玩。太子属官裴权劝司马遹说："贾皇后很宠她这个外甥，您却对他不理不睬，一旦他在贾皇后面前进谗言，那您的处境就危险了。"司马遹不以为然。

果然，贾谧在司马遹那里碰了几次钉子后，非常恼怒，就跑来向贾南风进谗言："如果皇帝驾崩，太子登上皇位，您的好日子恐怕要到头了。您要早做打算，重新立一个听话的太子。"

这番话坚定了贾南风废太子的决心，她四处宣扬司马遹的短处，还假称自己已经怀孕。过了几个月，贾南风暗中接她妹妹的儿子韩祖慰进宫抚养，计划立他为太子。

朝野上下都看出贾南风有谋害太子之心，中护军赵俊就劝司马遹除掉贾南风，可司马遹没当回事。

太子的护卫官刘卞很不安，就跑去问张华贾皇后是不是想害太子。结果，张华慢吞吞地说："我不知道。"

刘卞急了，说："我本是一名小官吏，得到您的提拔才有今天，我感念您的知遇之恩，才对您言无不尽，没想到您不相信我。"

张华这才反问他："如果贾皇后真有这个打算，您想怎么应对？"

刘卞胸有成竹地说："太子身边有一批文武兼备的人才，东宫也有一万精兵。您现在身居要职，主持国政，只要您一声令下，太子就能够入朝总领尚书台事务，废黜贾皇后。"

张华叹了一口气，说："现在天子在治理国家，太子是他的儿子，如果我没有得到天子的旨意，就匆匆地与太子干这种事，等于向天下人展示我目无君父的举动。何况，有权势的外戚充斥朝廷，你这样做一定能成功吗？"

当时，贾南风经常派亲信窥探朝官们的动静，打听到刘卞的话后，就将他贬官了。她怕夜长梦多，决定提前动手，便假称惠帝身体不舒服，召司马遹入见。

司马遹来了后，还没见到惠帝，就被宫女引进一个房间。他正要开口询问，一个宫女端着酒走进来说："殿下，皇上赞扬您的孝心，特意赐您三升酒。"

司马遹没有多想，接过来"咕咚咕咚"喝了一升后，就停了下来。

宫女劝道："这酒是天子的赏赐，您要全部喝掉。"

司马遹推辞道："我酒量浅，喝不了三升。"

宫女语带威胁地说："这是大不孝呀！天子赐酒而您却不喝完，难道怀疑酒里有毒？"

司马遹硬着头皮把酒喝完，醉得一塌糊涂。这时，贾南风走了出来，她拿出黄门郎潘岳写好的一封信，对他说："皇上有旨，命你照着抄写。"

司马遹就照着那封信抄了起来："陛下应当自己了断，如不自己了断，我就要进宫替您了断。皇后也应该尽快自己了断，如不自己了断，我当亲手来了断……"信中还有与谢淑妃约定，到时候一起举事等内容。但司马遹根本不知道自己抄的是什么，好不容易照抄完，便丢开笔，打起了呼噜。

贾南风见有的字抄得不太清楚，就亲自执笔描补。随后，她拿着信去找惠帝，哭哭啼啼地说："陛下，太子要谋反哪！"

惠帝便召集文武百官，怒气冲冲地说："太子大逆不道，现在赐死！"

大臣们面面相觑，不知道发生了什么事情。贾南风就拿出司马遹抄的信，命大臣们传看。大家看了都不吱声，只有张华挺身而出，说："自古以来，废黜太子导致祸乱的事太多了。再说，我朝拥有天下的时间还不长，这个时候废太子不妥。希望陛下仔细考虑！"

惠帝不知道怎么办，就希望贾南风说句话，却见她黑着脸，便不理张华。

裴頠也站了出来，说："应当先审问传递这封信的人，再核对一下太子平日的笔迹，不然，恐怕其中有失实的地方。"

贾南风便拿出司马遹平时写的十几张文书，众人比对字迹后，没有人敢说不一样。贾南风就对惠帝说："这件事要尽快决断，对于那些反对诏令的大臣，应当按军法处置。"

惠帝听得头都要炸了，让大臣们赶紧商议。可是，大臣们商议到太阳下山，仍没拿定主意。贾南风见张华等人态度坚决，害怕事情有变化，就提议贬黜太子为平民。惠帝同意了，把司马遹幽禁在许昌宫。

望尘而拜

　　指迎候有权势的人，看见他们的车扬起的尘土就下拜。形容卑躬屈膝的神态。

造　句：	西晋的文学家潘岳，虽然英俊
	潇洒，才高八斗，但他对权贵
	卑躬屈膝、望尘而拜的嘴脸，
	实在令人不齿。
近义词：	望尘拜伏

---

① 这个故事的原文里还有成语"宾客盈门"（指来客很多）、"优游卒岁"（指悠闲度日）。

〖 狗尾续貂 〗

《资治通鉴·晋纪六》

　　以梁王肜为宰衡，何劭为太宰，孙秀为侍中、中书监、骠骑将军，仪同三司，义阳王威为中书令，张林为卫将军，其余党与，皆为卿、将，超阶越次，不可胜纪；下至奴卒，亦加爵位。每朝会，貂蝉盈座，时人为之谚曰："貂不足，狗尾续。"

译 文

　　司马伦任命梁王司马肜为宰衡，何劭为太宰，孙秀任侍中、中书监、骠骑将军，仪同三司，义阳王司马威为中书令，张林为卫将军。其余党羽都封了各种名目的将军，任意越级提拔的人，数不胜数。连曾经服侍过他们的奴仆、士兵，都封官加爵。当时流行用珍贵的貂尾装饰官帽，由于司马伦封的官实在太多，每当朝会时，戴插貂尾、蝉羽的人充斥席位。后来貂尾不够用，只好用狗尾代替。老百姓便编了一则谚语，讽刺道："貂尾不足，狗尾来凑数。"

过把皇帝瘾就死

太子司马遹遭到废黜，群情激愤。东宫的属官司马雅、许超就聚在一起商量怎么扳倒贾南风，恢复太子的地位。可是，主政的张华、裴頠不肯合作，该找谁来帮忙呢？一番讨论后，大家都觉得赵王司马伦手握兵权，又贪婪冒进，可以借助他的力量实现目的。于是，司马雅派人游说司马伦的谋士孙秀，让他说服司马伦背叛贾南风。司马伦答应了。

行动之前，精于算计的孙秀忽然犹豫起来，对司马伦说："太子一向聪明过人，假如我们这次行动成功，太子重新回到东宫，一定不肯接受别人的约束。"

一句话点醒了司马伦，他连连点头说："这也是我所担心的。"

孙秀又说："大家都知道您是贾皇后的人，即使这次您为太子重回东宫立下大功，太子也只会说您是迫于压力才这么做的。到那时，即使您忍气吞声不去计较，太子也不一定会感激您，何况这次行动我们也没有百分百的胜算，一旦出现纰漏，恐怕连命都保不住。"

司马伦害怕起来，问："那……那怎么办？"

孙秀呵呵一笑，说："派人散布消息，说有人图谋废黜皇后、重立太子。贾皇后听到后肯定会对太子下手，那时您再出来废黜皇后，为太子报仇，将大权抓在手中。"

果然，贾南风听到各种传言后，命令太医程据配制毒药，假造惠帝的命令，让看守司马遹的宦官孙虑毒死司马遹。可是，司马遹自从被废，就担心有人下毒，每天自己烹煮食物。孙虑找不到下毒的机会，索性将司马遹锁进一个小房间，打算饿死他。

几天后，孙虑打开房门，却见司马遹活蹦乱跳的，顿时傻眼了。原来，司马遹平时对身边的人不错，一直有人偷偷送食物给他吃。孙虑怕贾南风怪罪，便威逼司马遹服毒。可司马遹怎么也不肯吃，孙虑火冒三丈，趁他转身上茅厕时，用木棍打死了他。

消息传来，孙秀让司马雅连夜去见张华，对他说："赵王打算与您一起扶助朝廷，为天下除害，派我来通知您。"张华用沉默拒绝了他。司马雅生气地说："刀都要架在脖子上了，还不答应！"说完头也不回地走了。

当天夜里，司马伦假传皇帝的诏书，骗开宫门，把禁军安排在路的南侧，又联合在宫中担任护卫工作的齐王司马冏（jiǒng），让他带领一百名兵士，将惠帝接到东边的小屋，之后召贾谧进殿。

贾谧也不知道发生大事，屁颠颠地来了，他前脚刚踏进大殿，旁边的士兵就将刀架在了他的脖子上。贾谧大惊，撒腿就往外跑，一边跑一边大声呼救："皇后救我！"话音刚落，人头落地。

紧接着，司马冏来到贾南风的中宫。贾南风吃惊地问："你来这儿做什么？"

司马冏说："皇上要废黜您。"

贾南风的脸"唰"的一下变得惨白，尖叫道："不可能，诏书一向从我这儿发出，你们哪来的什么诏书！"然后狂奔而出，打算向惠帝问个明白。一进小屋，她就抱住惠帝的腿，哭着说："陛下，您的妻子让人废黜，也就等于您自己将要被废黜。您赶紧下令阻止呀！"

惠帝呆呆地看着披头散发的贾南风，不敢说话。关键时刻，这个白痴丈夫根本指望不上。贾南风绝望地转过头，问司马冏："这事

是谁策划的？"

司马囧淡淡地说："赵王。"

没想到一直以来像狗那么温顺的司马伦竟然是主谋，贾南风沮丧极了，叹道："应该把绳子系在狗的脖颈，我却系在狗的尾巴上了，所以落得这样的下场啊！"最终，贾南风被废，没多久就自杀了。

司马伦见事情进展顺利，十分得意。这时，孙秀附在他耳边说："事情做到这一步了，不如……"他朝皇帝的宝座指了指。司马伦被他这么一撺掇，就动了篡位的念头。而要当皇帝，必须先除掉张华、裴頠等正直的大臣。司马伦就命大臣张林把张华、裴頠等人逮捕，押到大殿来。

张华问张林："为什么抓我们，你想谋害忠臣吗？"

张林奸笑道："皇上让我问你，你是当朝宰相，太子被废黜，你却不能为气节而死，这是为什么呢？"

张华据理力争："当初就在这里，我曾力劝皇上不要废黜太子，整个过程全都记录在案，你可以去查。"

张林步步紧逼："劝谏没被采纳，你为什么不辞职？"张华这下无言以对了。

司马伦杀了张华等人后，又假传圣旨，封自己为相国，把兵权、政权都抓在手里，对一直为自己出谋划策的孙秀也大加封赏。司马伦平庸无能，事事都向孙秀讨主意，朝权就被孙秀掌控，大臣们都遵从他的指令，并不请示司马伦。

统领禁军的淮南王司马允觉察出司马伦有篡位的心思，便招募死士，打算征讨他。孙秀就任命司马允为太尉，想借机夺取他的兵权。司马允假装生病，不接受任命。孙秀很生气，派御史刘机带着诏书逼迫司马允。司马允发现诏书上的字是孙秀的笔迹，勃然大怒，道："这些人竟敢假传圣旨，都给我绑了！"混乱中，刘机逃了回去，将事情报告给司马伦。

司马允立即召集平时豢养的死士，对他们说："赵王司马伦图谋篡位，大逆不道，我要和他拼个你死我活！"说完带着众死士杀向赵王府。双方激战起来。

中书令陈准和司马允关系好，打算帮他，便从惠帝那儿求来白虎幡，交给将领伏胤，叮嘱道："你马上率领四百禁兵，拿着白虎幡出宫，为淮南王助战。"

有了白虎幡，即如同皇帝亲临，伏胤带兵急急赶到赵王府。司马伦的儿子司马虔见到伏胤，料到会对自己父亲不利，就把他拉到一边，低声道："您如果能够帮助我父亲，今后荣华富贵享受不尽！"

伏胤受了诱惑，决定临阵倒戈，便振臂高呼："奉天子诏令，特来相助淮南王！"

司马允没想到其中有诈，喜不自禁地前去迎接，结果被伏胤一刀砍死。司马允的死士们悲愤不已，更加不顾一切地搏杀，然而终究寡不敌众，一个个倒在了血泊中。

在追查司马允同党时，孙秀借机报复得罪过自己的人。他在黄门郎潘岳手下当过小官，潘岳曾经鞭打、辱骂过他。而卫尉石崇自从斗富出了名，就被孙秀惦记上了。石崇有一个爱妾叫绿珠，孙秀垂涎她的美貌，曾上门索要，遭到石崇拒绝。这会儿，孙秀就诬陷石崇、潘岳是司马允的同伙，派人拘捕了他们。石崇感叹道："孙秀这个奴才，为的是我的财产呀！"来拘捕他的人反问："知道钱财会招来灾祸，为什么不早点儿散掉呢？"石崇无言以对。就这样，潘岳与石崇都被杀头灭族，石崇的家产也被没收。

孙秀认为朝中没有谁能与司马伦抗衡了，就劝他尽快称帝。司马伦立刻派义阳王司马威去抢皇帝玉玺。惠帝死死地抱住玉玺，嘴里不住地嚷道："玉玺是朕的！"司马威也不和他啰唆，上前掰开惠帝的手，结果被咬了一口，两人扭打在一起。最终，司马威将玉玺抢到手，转身离去。惠帝一屁股坐在地上，号啕大哭。

司马伦如愿当了皇帝，便大肆封赏，任命梁王司马肜为宰衡，何劭为太宰，孙秀任侍中、中书监，司马威为中书令，张林为卫将军。其余党羽都封了各种名目的将军，超阶越次的，数不胜数，连曾经服侍过他们的奴仆士兵，都封官加爵。当时流行用珍贵的貂尾装饰官帽，由于司马伦封的官实在太多，貂尾不够，只好用狗尾代替。老百姓便编了一则谚语，讽刺道："貂不足，狗尾续。"

司马伦哪是做皇帝的料，朝政自然就被孙秀把持。孙秀本是奸佞小人，得势后更加恣意妄为，连司马伦下的诏令都敢随意改动，甚至还自己写诏书，经常朝行夕改，百官像流水一样换来换去。

齐王司马冏、成都王司马颖、河间王司马颙（yóng）实在看不下去了，就联合出兵讨伐司马伦。

司马伦非常惶恐，派了几路军队前去抵御后，就和孙秀一起日夜祈祷，请求鬼神降福保佑他们打胜仗，又让人穿上羽衣到嵩山，乔装打扮后自称是传说中的仙人，说司马伦的帝位定会长久，想以此迷惑众人。没想到，派出去的军队都打了败仗。孙秀不肯接受现实，四处造谣说："朝廷军队已经击破叛军，活捉了司马冏，大家赶紧都来庆贺。"

大家都不相信他的话，因为成都王司马颖的军队已经长驱直入，渡过黄河。孙秀害怕极了，与部下商议对策，有的建议逃跑，有的认为应该继续战斗，最终没有商议出结果。孙秀更加惶惶不安，整天躲在中书省不出来。

左卫将军王舆和广陵公司马漼（cuǐ）早就对孙秀一肚子怨气，

便带领七百多名士兵，冲进中书省杀死了他，然后召集文武百官，逼司马伦下诏说："我被孙秀等人所迫，激怒了三位亲王。现在已经诛杀孙秀，要迎接太上皇回宫，我马上回乡养老去。"

西晋永宁元年（公元 301 年），惠帝被迎回宫中，恢复皇位。过了把皇帝瘾的司马伦则被押到金墉城，自杀而死。临终前，他用手巾遮脸，连声说："孙秀害我！孙秀害我！"①

---

① 司马伦虽然死了，但他打开了皇室宗亲篡夺皇位的大门，此后十几年间，各位藩王为了登上权力的顶峰，互相间展开殊死混战，导致天下大乱、流民遍野，西晋王朝迅速走向衰亡。

成语学习①

狗 尾 续 貂

　　拿狗尾巴来替代貂尾。原指官爵太滥。比喻拿不好的东西补接在好的东西后面，前后两部分非常不相称。多指文学作品。有时也表示自谦。

造　句：	小林这篇文章结束得恰到好处，
	可是小张非要帮他补上几句，
	实在是狗尾续貂，破坏了文气。
近义词：	佛头着粪、鱼目混珠
反义词：	精益求精、锦上添花

---

① 这个故事的原文里还有成语"超阶越次"（指越级提升官吏）、"朝行夕改"（形容政令无常，局势混乱）。

【 亢龙有悔 】

《资治通鉴·晋纪六》

今河间树根于关右，成都盘桓于旧魏，新野大封于江、汉，三王各以方刚强盛之年，并典戎马，处要害之地，而明公以难赏之功，挟震主之威，独据京都，专执大权，进则亢龙有悔，退则据于蒺藜（jí lí），冀此求安，未见其福也。

译 文

现在河间王司马颙在关右地区培植自己的势力，成都王司马颖固守在当年曹魏的属地，新野王司马歆在江、汉地区占据大片封地，这三个亲王年富力强，手握重兵，把持险要之地，而您靠难以再赏赐的大功，凭震慑君主的威势，独自控制京都，总揽朝政。再进一步，则至高至尊者也有懊恼的事，所谓盛极必衰；退一步，就将处于荆棘之中。在这种情况下谋求安稳，看不出有什么好结果。

成都王很低调

　　晋惠帝复位之后，朝权落入齐王司马冏等人手中，西晋王室似乎恢复了平静。但是，一些头脑清醒的人预感到：平静是暂时的，祸乱并没有就此停息。

　　在讨伐"百日皇帝"司马伦时，西晋宗室司马歆立了功，被封为新野郡王，负责荆州的军事事务。离京任职前，司马歆对司马冏说："司马颖是天子的异母弟弟，与天子关系最亲，又与您一起铲除了司马伦，应当留下他和您一起辅政。否则，就要剥夺他的兵权，免生祸患。"

　　司马冏便邀请司马颖共同辅政。司马颖犹豫不决，整晚都在院子里踱步，他的心腹谋士卢志见了，就说："司马伦篡位，人神共愤，所以几位亲王共举义兵讨伐他。齐王司马冏虽然号称有百万兵力，立下的功劳却没有您大，可是他自不量力，竟然邀您和他共同辅佐朝政。俗话说，两雄不能并存，现在您应当以退为进，趁太妃生病，请求回封国侍奉母亲，把大权让给齐王。这样一来，天下人都会赞颂您。"

　　几天后，司马颖去见惠帝。惠帝一个劲儿地夸赞司马颖的功劳，他却谦逊地说："这都是齐王的功劳，我并没有做什么。"说完就递上表章，称赞司马冏的美德，请求将天下大事交与他处理，还以母亲程太妃生病为由，要求回自己的封地。惠帝只好答应。

　　司马颖从宫里出来，立刻启程回封地，并派了一名信使向司马冏辞别。司马冏非常意外，骑上快马就追，过了好一会儿才追上。司马颖缓步走下车，流着泪对司马冏说："母亲突然生病，我心中实在担忧，恨不得马上飞到她身边侍奉，所以顾不上当面向您辞行。"司马冏深受感动。

司马颖一走，司马冏便独掌大权。为了笼络人心，他召了不少吴地的名门望族之后进京任职，包括孙惠①、顾荣②、张翰③等人；又把立过功的将领葛旟（yú）、路秀、卫毅、刘真、韩泰都封为县公，作为心腹，号称"五公"。

而司马颖回到封地后，采纳卢志的建议，请求朝廷封赏讨伐司马伦时的功臣，然后又自掏腰包打造了八千多副棺木，厚葬了阵亡的将士，给他们的家属发放了高额的抚恤金，甚至派人掩埋了司马伦手下的一万多名死难将士，一时美名远扬。朝廷便再次让司马颖入朝辅政，要他接受九锡的礼仪。司马颖都推辞了。

越来越多人说司马颖的好话，司马冏听了，真是既忌妒又害怕，因为惠帝的同母弟弟司马柬死了，惠帝的子孙也都死了，按照皇位的继承次序递补，司马颖很有可能成为皇位继承人。为了消除这个隐患，司马冏便立惠帝的侄子、清河王司马覃（tán）为皇太子。

司马冏以为大权稳固了，便大肆修建住宅，格局与规模竟然与西宫④相当，朝廷内外议论纷纷。侍中嵇绍⑤就写信规劝司马冏："当初，尧、舜住着没有修剪过茅草的破屋子，却对老百姓嘘寒问暖；夏禹睡在低矮的宫室里，却致力于兴修水利。现在您大兴土木，为自己建造房舍，难道这是当今最紧急的事情吗？"

司马冏诚恳地向嵇绍认错："哎呀，要不是你，我哪能听到这样

---

① 吴国皇帝孙权的堂兄孙贲的孙子。
② 吴国丞相顾雍的孙子。
③ 吴国大鸿胪张俨的儿子。
④ 古代帝王的妃嫔住的地方。
⑤ "竹林七贤"之一嵇康的儿子。

中肯的批评呀。"不过，认错归认错，认完了他坚决不改。

除了大兴土木，司马囧还沉湎于宴饮嬉乐，不到朝堂上去，而在自己家里接受百官的叩拜。他任用官吏不讲原则，使宠信的小人得以掌握权力。孙惠便规劝他说："您应该考虑功成身退，把重任交给长沙王和成都王，自己谦逊地返回封地，才能够保住富贵。"

司马囧正享受着权力带来的快乐，哪里听得进这种话。孙惠担心惹祸上身，就称病辞职。同样来自吴地的张翰与顾荣受到触动，聚在一起聊天时，恰好一阵秋风吹过，落叶萧萧而下，张翰想起故乡的菰（gū）菜、莼（chún）羹、鲈鱼脍（kuài）等美味，便感叹道："人生在世，最难得的是舒服自在，富有和显贵有什么用？我打算回江南了。"他告别顾荣，收拾行李回到家乡，连招呼都没和司马囧打一个①。

张翰潇洒一走，顾荣也萌生退隐之心，便故意酗酒，经常喝得烂醉，不处理府中事务。有人向司马囧打小报告，司马囧就将顾荣贬官了。

孙惠、张翰、顾荣的惶恐不安很快影响到其他人。颍川隐士庾（yú）衮听说司马囧一整年都没有上朝，慨叹道："晋朝衰落了，祸乱将兴起！"也带着妻儿逃到山中。

当然，司马囧手下也有预感到大厦将倾，却以死相谏的官员。王豹在司马囧府中掌管文书，经常担忧司马家的王侯们会闹出乱子，就请求司马囧将藩王们的封国进行调换："现在河间王司马颙在关右地区培植自己的势力，成都王司马颖固守在当年曹魏的属地邺城，新野王司马歆在江、汉地区占据大片封地，这三位亲王年富力强，手握重兵，把持险要之地，而您独自控制京都，总揽朝政，再进一

_____

① 后人从张翰的故事中，提炼出成语"莼鲈之思"，表达怀念故乡的心情。

步则亢龙有悔，盛极必衰，而退下来又将处于荆棘之中。在这种情况下，恐怕很难获得真正的安稳。"

司马冏觉得王豹还挺忠心，就客客气气地回复他。长沙王司马乂（yì）却很愤怒，如果调换封国，必将损害他的利益，因此便对司马冏说："王豹这小子太混账了，竟然挑拨离间我们的骨肉亲情，为什么不把他在铜驼①下打死！"

为了安抚司马乂，司马冏向惠帝上奏说："王豹离间朝内外官员，不忠不义，应该用鞭子抽死。"

王豹临死前，大义凛然地说："把我的头悬挂在齐王府的门前，我要亲眼看着兵士们攻打齐王！"

王豹的预言很快应验。河间王司马颙曾经依附过司马伦，司马冏对此耿耿于怀。司马冏的下属皇甫商、赵骧又与司马颙的部属李含关系不好。李含就对司马颙说："成都王司马颖是天子的弟弟，立了大功却退居封地，很得人心；齐王司马冏独揽朝政，朝廷上下对他极为不满。您不如给新野王司马歆发份檄文，让他在荆州起兵讨伐司马冏，再让留在京城的长沙王司马乂当内应。司马乂兵力较弱，一定会被司马冏诛杀。到那时，您就有理由讨伐司马冏了。事情成功后，再拥立成都王，使国家安定，您也会因为又立大功而享受特殊的待遇。"

司马颙动了心，立即写信邀请司马颖入朝辅政，又发兵点将，率军急赴洛阳。司马颖觉得机会不容错失，不顾卢志的苦劝，亲自带兵响应。

司马冏得到报告，惊慌失措，问文武百官："两位亲王听信谗言，起兵发难，怎么办呢？"

---

① 铜铸的骆驼，多置于宫门、寝殿之前。

大臣王戎说："当初讨伐司马伦，您的功勋是很大，可事后您该赏的不赏，人们这才怀有二心。现在两位亲王兵力强盛，势不可当，硬碰硬恐怕没有好结果。如果您能够谦虚地将权力交出，应当可以保住平安。"

司马冏还没表态，葛旟就跳出来斥责王戎："你说的什么混账话！没有及时赏赐将士们，责任不在齐王。两位亲王听信谗言发起叛乱，应当诛杀，怎么反而让齐王交权呢？再说，自古以来，你们见过哪位退隐的王侯最后能保全性命的？提这个建议的人应该杀头！"王戎吓得脸色惨白，只得借上厕所的机会溜了出去，又假装药力发作掉到厕坑，这才得以逃命。

永宁二年（公元 302 年）十二月，长沙王司马乂带领一百多人攻打齐王府。齐王司马冏也亲自领兵迎战，他让人振臂高呼："长沙王司马乂伪造圣旨。"司马乂也让手下人大喊："齐王司马冏谋反。"

这一夜，洛阳城内箭飞如雨，火光映天，双方没有分出胜负。一连打了三天，最终司马冏惨败投降，被押去处斩，惠帝心里很忧伤，想救他一命，司马乂却不理会。司马冏被押出去斩首时，还再三回头看向惠帝，希望他能开口说情。惠帝急得想哭，却无能为力。

亢 龙 有 悔

亢，至高至尊；龙，象征君主。至高至尊者有懊恼的事。指身居高位而不知谦退，则盛极而衰，不免有败亡之悔。比喻盛久必衰。也作"亢龙之悔"。

造　句：	亢龙有悔，盛极必衰，可惜很
	多权贵都不明白此理，或者明
	白了也不肯放手，等到身败名
	裂时才追悔不已。
近义词：	物极必反、乐极生悲

---

① 这个故事的原文里还有成语"人神共愤"（形容民愤极大）、"功成身退"（指大功告成之后，自行隐退，不再复出）。

【 华亭鹤唳 】

《资治通鉴·晋纪七》

　　机闻秀至，释戎服，著白帢，与秀相见，为笺辞颖，既而叹曰："华亭鹤唳（lì），可复闻乎！"秀遂杀之。

译　文

　　陆机知道牵秀来了，便脱下军服，戴着低贱的便帽，与牵秀相见，又写信辞别司马颖，过了一会儿，又慨叹说："故乡华亭的鹤鸣声，还能再听到吗？"牵秀随即杀了他。

文豪兄弟难自保

长沙王司马乂杀了司马冏之后，请成都王司马颖入朝辅政。司马颖早就盼着这一天，不过他也有所保留，即同意辅政，却不愿意去洛阳。一开始，司马乂对司马颖恭恭敬敬，无论大事小事都要派人去邺城请示，但是时间一长，司马乂请示的次数就少了，这让司马颖心里很不痛快。

同样对司马乂不满的还有河间王司马颙。本来，他的如意算盘打得噼里啪啦响，觉得司马乂的兵力弱小，肯定斗不过实力强大的司马冏，如果司马乂被诛杀，他就可以名正言顺地讨伐司马冏，拥立司马颖为皇帝，自己则弄个宰相当当，没想到司马乂竟然杀了司马冏，让自己的美梦破灭。

既然都不满司马乂，司马颖和司马颙自然一拍即合，共同出兵讨伐司马乂。司马颙派部将张方担任都督，率领七万兵马出函谷关进攻洛阳。司马颖则打算驻军朝歌，再派一支先锋军队协助张方。派谁当前锋都督呢？他想到了陆机。

陆机在洛阳的这些年，仕途可谓险象环生。当初，在张华的力荐下，他被外戚杨骏任命为祭酒。后来杨骏被杀，陆机就跟贾谧结交，成为"金谷二十四友"之一。没想到贾氏也垮了，陆机就在司马伦手下做了中书郎，负责诏书的发布。司马冏击败司马伦之后，怀疑惠帝禅位的诏书是陆机写的，就把他抓了起来，准备处死。幸亏司马颖爱才，向司马冏苦苦求情，陆机才死里逃生。

当时，西晋王朝内部暗流涌动，各藩王的权力之争愈演愈烈，江南名士为了避祸，纷纷辞官南归。陆机的好友顾荣也有这个打算，就对陆机说："自打来到洛阳，你就波折不断，这次还差点儿丢了性命。北方人对我们南方人始终心存偏见，你在这里根本无法实现自己的抱负。中原现在多灾多难，我们还是渡江回去吧！"

回南方？陆机想到遥远的家乡吴地，想起和弟弟陆云居住了十几年的华亭。那里依山傍水，景色清丽，湖泽深处还有很多自由栖息的鹤鸟，每当它们飞累了，就会展开双翅，伸直鹤嘴，朝天空鸣叫，那声音高亢嘹亮，响彻云天。所以人们都说鹤是长生不死的神鸟，骑上它可以上天与神仙相会！想到华亭的仙鹤，陆机恨不得插翅飞回！可是，想到司马颖，他又犹豫起来，就对顾荣说："成都王救过我的命，我还没报答他，不能这样一走了之。而且，成都王礼贤下士，美名远扬，将来必定能平定祸乱，复兴晋室，我希望助他一臂之力。"

顾荣只好叹息着离开，陆机则死心塌地留下，被司马颖委任为平原①内史，后世因此称陆机为"陆平原"。在陆机的推荐下，他的弟弟陆云和陆耽，以及孙拯、孙惠等一批江南士人，都来为司马颖效力。

司马颖觉得陆机有才能，对自己又忠诚，当前锋都督没有问题。陆机却犹豫了，让他这个南方人统率全军，以石超、王粹、牵秀为代表的北方老将肯定不服，便再三推辞。可司马颖就是不答应，还说："如果这次拿下洛阳，就让你辅理朝政。"陆机只好说："既然这样，我将全力以赴。只是有一点，过去齐桓公充分信任管仲，所以立下不世之功；而燕惠王怀疑乐毅，最后功败垂成。希望我出征以

———————
① 今天山东平原一带。

后，您不要听信小人之言，无论前方发生什么，始终相信我。"司马颖点头答应。

站在一旁的卢志曾经与陆机结怨，担心他真的攻下洛阳，立了大功，就把自己比下去了。所以等陆机一走，他就向司马颖进谗言："陆机这个人哪，过于狂妄。你听听他刚才那番话，将自己比作管仲、乐毅，却将殿下比作燕惠王那样的昏主。"司马颖虽然没有收回成命，心里却老大不高兴。

这样，陆机就带着二十万大军向洛阳进发。孙惠偶然听到王粹等将领大发牢骚说"一个成天只会写文章的南方人，有什么能耐统率我们"，便悄悄劝陆机："您不如把都督的职位让给王粹，免生事端。"陆机叹了口气，说："现在我已经领兵出来了，再推让职位的话，他们会说我首鼠两端，反而加速灾祸的到来。"

孙惠说得没错，那些心怀不满的人正蠢蠢欲动。司马颖宠爱的宦官孟玖曾经想让父亲当邯郸县令，卢志等人都不敢有异议，只有陆云反对说："县令历来是有资格的人担任，哪有让宦官的父亲担任的道理？"孟玖因此怨恨陆云，希望利用将领们的不满，扳倒陆机，再牵连陆云。

巧的是，孟玖的弟弟孟超这次也随军出战，担任一个小头领，还没有战斗，他就纵兵四处抢掠。陆机抓了几名主犯，打算公开处置。可没等陆机下令，孟超就带着全副武装的一百多名骑兵，冲到将旗下直接抢人，这还不算，他竟然回头冲陆机骂道："貉（háo）奴 ①，你会当都督吗？"

那时南方人与北方人相互轻视，北方人骂南方人为"貉子"。可孟超毕竟只是个小头领，胆敢骂主帅为"貉奴"，这还了得？司马孙

---

① 骂人的话。

拯气得脸都红了，对陆机说："必须杀掉孟超，以正军法。"陆机左思右想，最终决定息事宁人。

孟超见陆机不敢把自己怎么样，更加嚣张了，在军中散布陆机要造反的谣言，还写信给孟玖说陆机怀有二心，所以行军路上拖拖拉拉。

太安二年（公元303年），陆机、牵秀、石超兵分几路进攻洛阳。牵秀先败下阵来，司马颖忙派部将马咸来支援。司马乂的部将王瑚带着几千骑兵，把戟系在马上，冲击马咸的军阵，在混乱中活捉了马咸，后又杀了他。

这时，没等陆机下令，孟超大叫一声，带兵冲了上去。王瑚轻蔑一笑，指挥骑兵砍瓜切菜般地又杀死孟超等人。陆机只好命令军队退到七里涧，结果又被追上来的王瑚杀死十六名将领。混乱中，石超拍马逃走了。

司马颖收到战报，喃喃地说："怎么会这样？怎么会这样？"孟玖怀疑是陆机把孟超杀了，趁机搬弄是非："我早就听到传言，说陆机暗中与长沙王勾结。"司马颖气得脸都黑了。

牵秀等人一向对孟玖阿谀谄媚，司马颖帐下的公师藩、郝昌等将领也是靠孟玖的推荐才得到任用的，这时他们就站出来证实孟玖的谗言。司马颖大怒，便对牵秀说："你去将陆机抓来！"

参军王彰劝谏道："今天这场战斗，双方力量悬殊，就是傻子也知道谁能取胜，何况陆机那样聪明的人呢？全都是因为陆机是吴人，殿下您对他过于重用，引起了北方旧将的妒恨罢了。"司马颖正在气头上，根本听不进。

陆机一听牵秀来了，自知难逃一死，就脱下军服，戴着便帽，神态自若地出来相见，又写信辞别司马颖。临刑前，陆机想起顾荣的规劝，想起故乡吴地的鹤鸟，慨叹道："华亭鹤唳，还能再听到吗？"行刑时，突然天昏地暗，狂风卷地，吹折了树木，人们都说："这是老天爷在替陆平原鸣冤哪！"

陆云、陆耽、孙拯等人也受牵连下狱。司马颖的属官江统、蔡克、枣高等人都觉得他们冤枉，就集体上奏说："陆机考虑事情不周，导致军队大败，的确该死，可是他一向对殿下忠心耿耿，怎么会反叛呢？还是让有关官员好好审查，如果情况属实，再杀陆云等人也不迟啊。"司马颖也犹豫起来，过了几天都没能下定决心。

蔡克觉得事情有转机，就带着几十个僚属来到司马颖面前，把头叩得鲜血直流，说："陆云被孟玖怨恨，这是众所周知的事情。如果因此杀掉他，就太可惜了！"大家都流着泪苦苦求情。司马颖想到陆机，也非常伤感，打算宽恕陆云。孟玖见状，赶紧扶司马颖进内屋，催促他动手。最终，司马颖还是杀了陆云、陆耽，并夷灭陆家三族。

这样就只剩下孙拯了。由于孙拯坚决不招，暂时被关押在狱中，狱卒每天都要抽打他几百下，打得露出了踝（huái）骨，但他仍然大叫："陆机是冤枉的！"

有一天，狱吏打得实在累了，便劝孙拯："'二陆'的冤情，天下谁人不知呢！可是您难道不珍惜自己的身体吗？您还是早点儿招了吧，免受皮肉之苦。"

孙拯仰天长叹，说："陆机、陆云兄弟，是天下奇士，我一直得到他们的厚待。我不能把他们从死亡中解救出来，又怎么忍心再诋毁他们呢？"孟玖等人知道孙拯死也不会屈服，就命令狱吏伪造了他的供词。

司马颖杀了陆机后，常常感到后悔，等看见孙拯的供词后，才高兴起来，对孟玖说："多亏你才查清陆机反叛的情况。"于是下令诛灭孙拯的三族。

孙拯临死前，他的学生费慈、宰意到狱中为他申冤。孙拯就劝他们："你们赶紧离开这个是非之地！我从道义上不能辜负'二陆'，死是我的本分，可你们为什么前来送死呢？"

二人回答说："您既然不辜负'二陆'，我们又怎么能辜负您呢？"他们坚持为孙拯申冤，结果也被杀死。

"二陆"等人冤死后，江南名士纷纷离开北方，返回江东故土。

华亭，又名华亭谷，在今上海市松江西。唳，鹤、雁等鸟高亢的鸣叫。意指遇害者生前所恋之景物，有伤痛惋惜之意。

造　句：唐朝大诗人李白对西晋文学家
陆机的悲惨命运感到非常惋
惜，曾挥笔写下"华亭鹤唳讵
可闻"的名句。

---

① 这个故事的原文里还有成语"功败垂成"（事情在将要成功的时候遭到了失败）、"首鼠两端"（鼠性多疑，出洞时一进一退，拿不定主意。形容在两者之间犹豫不决，摇摆不定）。

【 扫地无遗 】

《资治通鉴·晋纪七》

　　帝遂幸方垒，令方具车载宫人、宝物。军人因妻略后宫。分争府藏，割流苏、武帐为马帴（jiān），魏、晋以来蓄积，扫地无遗。

译　文

　　惠帝就来到张方的军营，让他找一些车，将宫里的宫女、宝物都装来。张方便带着士兵回到宫中，兵士们趁机到后宫抢劫、污辱宫女，抢夺宫中的财物，割下丝织垂穗、帷帐等做马鞍垫。宫中自魏晋以来蓄积的宝藏，就这样被抢掠得干净彻底，毫无存留。

张方趁火打劫

长沙王司马乂击败陆机的军队后，又打得张方威风扫地。张方被迫撤到距离洛阳城七里的地方，在那里修筑堡垒，等待时机。随后，司马乂写信给司马颖，提议两人和解，并共同辅政。司马颖拒绝了，率军进逼京城。双方多次交战，司马颖败多胜少，损失了六七万将士。司马乂的处境也不妙，由于战事吃紧，洛阳城中粮食短缺，物价飞涨，一石米卖到一万钱。

偏偏这时，京城的水源被张方断掉。东海王司马越一下就崩溃了，担心司马乂落败，自己会受到牵连，就勾结禁军将领，逮捕了司马乂，把他关在金墉城，准备投降。结果打开城门后，禁军将士发现司马颖的军队并不强大，都非常后悔，又想放出司马乂，让他指挥大家继续战斗。

司马越惶惶不安，对宦官潘滔说："只有杀掉长沙王，才能断了大家的念头。"潘滔阴险地说："这种事哪用得着您动手。"他派人告诉张方司马乂的下落。当天晚上，张方劫走司马乂，燃起一个巨大的火堆，将这个曾经打得自己狼狈不堪的对手活活烧死了。

司马颖如愿以偿地掌控了朝政，成为皇太弟 [①]。他派部将石超等人率领五万人马，驻扎在洛阳的十二个城门，把朝廷中凡是和自己结过仇的人都杀了，皇宫禁军全部用自己的人代替。安排妥当后，

---

① 将来继承皇位的皇帝的弟弟。

司马颖回到了他的根据地——邺城，继续遥控朝政。从那以后，所有政令都需要朝廷派人到邺城汇报，经司马颖批准后才可以实施，大臣们被折腾得叫苦不迭。司马颖的生活奢侈无度，喜欢讲排场，洛阳有什么好东西，都要照原样供应一份到邺城，本就饱受苦难的

百姓大失所望，怨声载道。东海王司马越就向四方发布檄文，召集各地大军，挟持着惠帝前往邺城讨伐司马颖。

司马颖连忙召集幕僚商讨对策，东安王司马繇就说："现在天子亲自前来征伐，您应当放下武器，穿上白色的衣服出去迎接，并向天子请罪。"司马颖不听，派石超率军抵御，在荡阴①击败司马越的军队。

混乱中，惠帝的脸受了伤，身上中了三箭，痛得哇哇大哭。司马越也顾不上他了，独自骑着马逃了。侍中嵇绍急忙跳下马，登上御车，用身体护卫着惠帝。不一会儿，一群凶神恶煞的士兵拽下嵇绍，要杀死他。惠帝大叫起来："这是忠臣，杀不得！"士兵们回答说："奉皇太弟的命令，除了陛下，其他人格杀勿论。"说完就挥刀杀了嵇绍，鲜血溅到惠帝的衣服上，吓得他从车上摔到草丛中。

幸好石超及时赶到，把惠帝迎到自己的兵营中。司马颖大喜，派卢志接惠帝和大臣们进了邺城。侍从想为惠帝清洗衣服，惠帝却悲伤地说："上面有嵇侍中的血，不要洗了！"司马颖打了胜仗，又迎来天子，真是春风得意。他想到劝自己投降的司马繇，十分怨恨，找了个借口将他杀了。司马繇的侄子、琅邪王司马睿当时也在邺城，他害怕殃及自己，便连夜逃出城。他骑马来到黄河岸边，却被渡口的官吏拘住。官吏上下打量了他一番，问："你是什么人？要到哪里去？"

这时，司马睿的随从宋典从后面赶了上来，用鞭子扫了一下司马睿，笑着说："舍长②，朝廷禁止贵族出城，怎么你也被拘在这儿呀？"那名官吏听了，就挥手让他们过去了。

司马睿回到琅邪，聘请琅邪人王导做谋士。王导出身显贵，见识不凡，因为朝廷多变故，就劝司马睿说："中原必将大乱，您还是渡江到建业去吧。"司马睿便带着家人去了建业。

---

① 在今河南汤阴。
② 守护客馆的负责人。

另一边，在荡阴败逃的东海王司马越不甘失败，又派青州、幽州刺史王浚攻打邺城。王浚长期驻防北疆，见晋室内乱不断，就萌生异心，下功夫与鲜卑段部①结交，把一个女儿嫁给段部的首领段务勿尘，还请求朝廷把辽西郡划给他，并封其为辽西公。有了段部的支持，王浚的实力就强大起来。司马颖非常忌惮，曾派人去刺杀王浚。谁知事情不但没成功，还被王浚知道了。王浚也想扳倒司马颖，所以司马越一招呼，他便拉上段务勿尘、乌桓人羯（jié）朱以及并州刺史、东嬴公司马腾，共同起兵讨伐司马颖。

邺城人听说胡人大军要来，无不惊慌失措，每天都有官员士兵逃出城去。在卢志的劝说下，司马颖也打算护送惠帝回洛阳，算算城中还有一万五千名士兵，卢志就连夜部署分派。到早晨将要出发时，司马颖却犹豫起来，士兵们便一哄而散。司马颖见势不妙，这才带着几十个骑兵护送惠帝登上牛车，向南逃往洛阳。

由于走得仓促，君臣身上都没有带钱，只有中黄门的行李中藏了三千贯私人的钱，惠帝下诏借他的钱，用于路上买饭吃。到达温县②时，要拜谒祖宗陵墓，惠帝的鞋却走丢了，他只好要来侍从的鞋穿上，到陵墓前流着泪下拜。

司马颙得知惠帝落难，就让张方前来接应。张方将惠帝送回洛阳皇宫，纵容士兵在京城烧杀抢掠，没过多久，就把洛阳城的物资搜刮一空。士兵们吵着要走，还说："把陛下弄到长安去，那里东西多。"张方怕惠帝和大臣们不答应，就让人冲进宫中，强行把惠帝拉上车。

张方骑在马背上，朝惠帝行了个礼，说："现在城里强盗横行，

---

① 鲜卑族的一个分支。汉桓帝时，鲜卑族的首领檀石槐在漠南北建立部落大联盟，分为东、中、西三部。魏晋南北朝时，东部主要有段部、宇文部、慕容部；中部有拓跋部、柔然；西部则有秃发部、乞伏部、吐谷（yù）浑。

② 治所在今河南温县西南，是西晋奠基人司马懿的家乡。

皇宫禁军的力量又单薄，请陛下到我的营中避一避，我将拼死保护陛下的安全。"

这时大臣们都四散而逃，只有卢志一直守在惠帝身边，他就说："陛下，还是听张将军的安排。"惠帝这才来到张方的军营，并交代他："你找一些车，去将宫里的宫女、宝物都装来。"

张方带着士兵又回到宫中，兵士们趁机抢劫、污辱宫女，争夺宫中的财物，割下丝织垂穗、帷帐等做马鞍垫。宫中自魏晋以来蓄积的宝藏，就这样扫地无遗，一样也没剩下。

为了断绝人们返回洛阳的念想，张方下令烧毁宫殿与宗庙，卢志就劝道："当年董卓纵火烧毁洛阳，犯下滔天罪行，直到一百多年后的今天，人们仍然对他咬牙切齿，您为什么要学他呢？"张方这才罢手。

惠帝一行到达长安后，司马颙废了司马颖的皇太弟之位，改立惠帝的异母弟弟、豫章王司马炽（chì）为皇太弟，并以皇帝的名义邀请司马越来长安，商量结束内战，共同辅政一事。司马越回复道："结束内战没问题，但是你得先把皇上送回洛阳，并严惩破坏洛阳的首犯张方！"司马颙全都拒绝了。

和谈不成，那就再打。司马越命王浚等人攻打长安。以后一年多的时间里，双方大大小小的仗打了不少，各自都死伤无数。渐渐地，司马越这边占了上风。

司马颙不安起来，又想和司马越和谈。张方担心自己成为和谈的牺牲品，便拼命反对，司马颙又犹豫起来。

见事情陷入僵局，司马越便派使者劝司马颙："您赶快杀了张方，向天下人谢罪，这样就可以不费一兵一卒平定战事。"司马颙的部将毕垣受过张方的侮辱，想借机报仇，就附和说："张方在前线驻军那么久，却徘徊不前，肯定有谋反的心思啊。张方的亲信郅辅对

他的图谋一清二楚，可以找来问个明白。"

司马颙半信半疑，叫人把郅辅找来。郅辅刚走到门口，毕垣就迎上去说："你这次来，恐怕凶多吉少！"郅辅吓了一跳。

毕垣接着说："张方想谋反，大家都说你知道这事，河间王如果问你，你怎么回答呢？"

郅辅一脸的惊讶："我不知道这事啊。"

毕垣俯在他耳边交代了几句："你只能这样说，否则性命不保。"

郅辅赶忙答应，进到府中，司马颙果然问他："张方谋反，你知道吗？"

郅辅按毕垣教的回答："知道。"

司马颙又问："派你去抓他，行吗？"

郅辅赶紧点头："好！"

司马颙写了一封信，让郅辅送给张方。当天晚上，郅辅带着信与刀来到张方营中，卫兵知道他与张方关系密切，也不搜查，任由他进去。

张方一见郅辅，就热情地招呼："好兄弟，来喝一杯！"

郅辅拿出信来，说："不忙喝酒。河间王让我给你送封信，你先看看。"

张方接过信，就着灯光，读了起来。突然，他感觉到脖子上一凉，没等回过神来，脑袋已经被郅辅一刀砍落。

郅辅提着张方的脑袋出了营帐，大声说："张方谋反，已被诛杀。"恰好司马颙派来接应的官兵也到了，张方的部将只能眼睁睁地看着他们离开。

司马颙把张方的人头送给司马越，再次请求和谈。司马越却冷笑了一声，说道："现在你还有什么资本和谈！"随即下令全力攻打司马颙。没了得力干将张方，司马颙很快就落荒而逃，惠帝再次落到司马越手中。

惠帝生来痴傻，过去十几年间，被各位藩王轮番挟持，虽然沦为傀儡，受尽凌辱，好歹还能保住一条性命。可是现在，司马越觉得惠帝已经没有利用价值，干脆毒死了他，改立司马炽为皇帝，即晋怀帝。

司马越掌握了朝政大权，马上召司马颙到京城，说要与他共同辅政。司马颙信以为真，兴冲冲地前往京城，走到半路，突然从路边的树林里跃出一队人马，拦住车辆，把他活活掐死。

至此，这场长达十六年的藩王们的内斗，终于落下帷幕。由于内斗的主要参与者共八位，即汝南王司马亮、楚王司马玮、赵王司马伦、齐王司马冏、长沙王司马乂、成都王司马颖、河间王司马颙、东海王司马越，因此被称为八王之乱。

扫 地 无 遗

　　像扫地一样，彻底干净，毫无存留。同"扫地无余"。

造　句：	抗战期间，日本鬼子经常进村抢东西，老百姓一生的积累往往扫地无遗。
近义词：	扫地俱尽

〖 众怒难犯 〗

《资治通鉴·晋纪六》

尚谓式曰:"子且以吾意告诸流民,今听宽矣。"式曰:"明公惑于奸说,恐无宽理。弱而不可轻者民也,今趣之不以理,众怒难犯,恐为祸不浅。"

译 文

罗尚对阎式说:"你权且将我的意见告诉那些流民,就说我将听任放宽期限。"阎式说:"您受奸说蒙蔽,恐怕没有宽期的道理。百姓虽然卑弱,但是不能轻视,现在朝廷不讲道理,一味催促他们回原籍,群众的愤怒不可触犯,恐怕将来造成的灾祸不浅。"

流民队伍出皇帝

西晋王朝爆发八王之乱时，远离京城的蜀地也被流民搅得天翻地覆。

自从齐万年叛乱之后，关中地区连年大荒，庄稼歉收，略阳[①]、天水等六个郡的老百姓迫于生计，拖家带口逃往富裕的蜀地。这些逃荒的百姓，被称为"流民"，氐族人李特、李庠（xiáng）、李流兄弟就在这群流民队伍当中。

李特兄弟身材高大，勇猛刚毅，好打抱不平。在家乡时，他们身边就聚集起很多志同道合的人；这次在逃荒路上，他们又帮助、保护大批流民，因而深得人心。

经过长途跋涉，李特带着流民队伍来到剑阁，看到险峻的地势，他不由得长叹："刘禅拥有这样的天险，竟然投降了魏国，真是个大傻瓜啊！"大伙儿听了，都说："我们都在为一日三餐发愁，李特考虑的却是天下大事，他真不是一般人哪！"

流民到达汉中后，分散在梁州、益州一带做工，以求度过饥荒。当时，益州刺史赵廞（xīn）见晋室内讧（hòng）不断，想割据蜀地，便下令开仓放粮，救济流民，以此收买人心。他还厚待李特、李庠这样的骁勇之人，收为爪牙。

傍上了赵廞这棵大树，李特、李庠等人就经常聚集起来抢掠，

---

① 治所在今甘肃天水市东北，渭水北岸。

久而久之，蜀人对他们十分忌恨。成都的地方官耿滕很担忧，多次向朝廷上奏说："流民剽悍凶猛，而蜀人怯懦软弱，主人对付不了客人，一定会造成祸乱，应该让流民回到原籍。否则，灾祸就要降临在蜀地了。"朝廷也怕出事，就召赵廞入京任职，派耿滕接任益州刺史。

赵廞大怒，派人袭杀了耿滕，随后自称大都督、益州牧，把朝廷任命的各郡县长官都换成了自己的人，并让李庠招兵买马，防卫益州北部边境。

由于李庠很得人心，追随他的人越来越多，很快就聚集了上万人马。赵廞暗生提防之心，却没有公开表露，他的部将杜淑、张粲也劝道："将军您刚刚起兵，就匆匆忙忙派李庠在外面掌握重兵，这就相当于把刀子递给别人。他是胡人，和我们汉人不是一条心。应该趁他实力还没有壮大，尽快除掉。"恰好李庠劝赵廞称帝，杜、张二人便劝赵廞以大逆不道之罪杀死了李庠及其子侄等十余人。

在外地的李特、李流闻讯，非常愤怒，便带着七千兵马袭击成都，还纵容士兵大肆抢掠。赵廞吓得连夜逃跑，结果在路上被部下杀死。

朝廷震惊，终于下决心遣返流民，就任命罗尚为益州刺史，率领广汉太守辛冉等七千人进入蜀地，负责监督这项工作，并限定流民必须在七月上路。

李特很害怕，派弟弟李骧在路上迎接罗尚，还献上一大批珍宝古玩。罗尚见了这么多财宝，乐得合不拢嘴。

李特又让人杀猪宰牛，备好美酒佳肴，犒劳罗尚的军队。将士们都很高兴，坐下来大快朵颐。但是，辛冉和李特早就认识，一看到他，心里就咯噔了一下，压低声音对罗尚说："这人我认识，他就是一个强盗头目，应当趁早杀了。"

罗尚刚刚得了这么多好处，不好意思马上翻脸。辛冉便沉着脸对李特说："老朋友相逢，不是吉祥，就是凶险。"李特知道他不会就此罢休，便暗中做好应对的准备。

恰好李特的哥哥李辅从洛阳来到蜀地，对他说："现在中原兵荒马乱，回去也没有活路。"李特就让亲信阎式去见罗尚，请他允许流民秋天再启程。罗尚答应了。

到了秋天，各州郡都逼迫流民上路，可恰逢秋雨连绵，地里的庄稼没办法收割，流民筹不到路费，一个个愁眉苦脸。李特又让阎式带着大批财物拜访罗尚，请求延期到冬天。

罗尚的属官杜弢怕逼得太紧，流民会闹事，便主张宽限一年。辛冉不同意，还对罗尚说："李特兄弟攻打赵廞时，抢到的财物可比他送给您的多得多，您为什么不下发公文，要求各地设置关卡，收缴这些财物呢？"罗尚听得眼睛都亮了，立刻命人照办。

李特担心罗尚出幺蛾子，再次派阎式去见罗尚。

阎式走在路上，看到各重要关卡都在建造栅栏，感叹道："现在民心不安，朝廷却急于遣返流民，变乱就要发生了。"

见到罗尚，阎式又送上不少财物，再三请求允许流民冬天再走。罗尚乜斜着那堆东西，懒洋洋地说："我是没意见的，只是辛冉等人有顾虑。"

既然是辛冉在阻挠，跟罗尚多说也没用，阎式这么一想，便起身告辞。罗尚又说："你回去和李特说，我的意见是听任放宽期限。"

阎式知道他在说谎，叹道："百姓虽然卑弱却不能轻视，现在朝廷不讲道理，一味催他们启程返乡。所谓众怒难犯，像这样逼迫他们，迟早要出乱子，希望您三思啊。"

罗尚不耐烦地说："我没骗你，真的，你走吧！"

阎式回去对李特说："罗尚刚到益州，没有威信；辛冉等人手里有兵权，一旦作乱，罗尚也控制不了，我们应当做好充分准备。"李特便大肆招募流民，筹备器械。

果然，辛冉和亲信们商议说："罗尚为人贪婪，做事不果断，遣返流民的事情一拖再拖。李特兄弟有雄才，再这样下去，我们迟早会成为他们的俘虏。后面的事我们自己决断，不用再向罗尚请示了。"他立即派出人马袭击李特的大营。罗尚知道后，也派了一支队伍前去增援。

李特早就在路边埋伏了人，等辛冉的军队一到，他就带着手拿长矛大刀的流民杀了出来，将对方砍得人仰马翻。初战告捷，李特兄弟声威大震，他们乘胜向附近的广汉进军，打败了辛冉的军队。

第二年，李特进军成都，把罗尚打得毫无招架之力。罗尚这才意识到是自己把流民逼得无路可走，导致局面不可收拾。可是世上没有后悔药，罗尚只好一边修筑工事抵抗，一边向朝廷求援。可是，朝廷的援军也被打败，蜀郡太守徐俭只好献出少城①投降。李特率军进城后，一改从前纵兵抢掠的做法，下令只准索取马匹作为军需，其他财物分文不取。老百姓这才稍稍心安。

因为近年战乱频繁，蜀地百姓纷纷修筑土堡以自保，形成大大小小的蜀民聚居点。这些土堡的首领见李特连续打胜仗，就请求归顺。李特既高兴又担忧，队伍不断壮大，粮食供应却跟不上，很多流民吃不上饭。他就想把流民分散到各个土堡，解决吃饭问题。

李流不同意，说："这些人刚刚投降，人心还不稳，贸然让大家前去吃饭，恐怕引起事端。应该把土堡里大户人家的子弟集中起来，作为人质，以防生变。"

李流的侄子李雄也说："对于前来投降的人，要像对待敌人一样

---

① 又名小城。在今四川成都市。

戒备。"李雄相貌不凡，年少时就以刚烈闻名乡里，李流很看重他，常常对人说："振兴我们家族的，一定是我的侄子李雄。"可这次李特却听不进他的意见。

这时，朝廷派了大将宗岱、孙阜率三万水军前来援救罗尚，各个土堡的首领很害怕，想背叛李特。罗尚的下属任睿得到这个情报，就对罗尚说："李特打了胜仗，就骄傲大意，竟然让流民分散到土堡去吃饭，这是上天要让他灭亡啊。"

罗尚忙问："你有什么主意？"

任睿脑子转得飞快，他说："我们可以和各土堡秘密约定，到时候同时发动进攻，一定能够打败李特。"

当天晚上，天黑得伸手不见五指，任睿穿着夜行衣，攀着一根绳子，从城墙上溜了下来，前往各土堡游说，并和首领们约定行动的日期。之后，他又来到李特的营地，假装投降。

李特很热情地接待他，问道："成都城里情况怎么样？"

任睿愁眉苦脸地说："别提了，粮食快吃完了，只剩下一些钱和布匹。"他见李特丝毫没有起疑，就请求出城去看老母亲。李特被他的孝心感动，爽快地答应了。

到了行动的那天，罗尚和各土堡同时袭击流民。流民没有防备，死伤无数，李特也被斩杀。活着的流民只好跟着李流和李雄分头撤退，宗岱、孙阜率领朝廷军队紧追不舍。

李流因为李特死了，打算投降并把儿子送去当人质。李雄连忙劝阻："我们曾经暴力对待过蜀地百姓，如果我们投降，肯定会遭到他们的报复。现在我们唯一的出路就是齐心协力杀掉孙阜等人，夺取富贵。"流民们都挥动手臂，高呼："我们誓死不降！"

李雄整顿军队，乘夜袭击孙阜的军队，将他们打败。恰好这时宗岱因病去世，军心涣散，孙阜只得撤军。

李流见李雄带着流民得胜归来，羞惭地对众人说："李雄具有雄才大略，以后军中事务都交给他处理。"没过多久，李流就病死了，李雄接过重任，带着流民大军向罗尚发起猛攻，将他赶出了成都。

公元306年，李雄在成都称帝，国号大成，史称成汉。成汉政权建立时，八王之乱还没结束，西晋朝廷无力应对。在随后的一百多年时间里，匈奴、鲜卑、羯、氐、羌等游牧民族纷纷步成汉的后尘，在北方建立各自的政权，与南方政权对峙。这些政权强弱不等、大小各异，其中存在时间较长、影响较大的主要有十六个。

犯，触犯、冒犯。群众的愤怒不可触犯。
表示不可以做让群众不满意的事情。

造　句：围观的人越来越多，他开始害
怕，毕竟众怒难犯，挨顿揍是
小事，可别丢了性命。

【 轻财好施 】

《资治通鉴·晋纪四》

　　诏以刘渊为匈奴北部都尉。渊轻财好施，倾心接物，五部豪桀，幽、冀名儒，多往归之。

译　文

　　晋武帝司马炎下诏，任命刘渊为匈奴北部都尉。刘渊生性大方，看轻钱财，喜好施舍，倾心与人结交，匈奴五部的豪杰之士以及幽州、冀州的名儒都去投奔、归附他。

一个姓刘的匈奴人

　　氐人李特、李雄把蜀地闹得天翻地覆之时，并州的匈奴人也酝酿着反抗西晋。

　　早在东汉初年，匈奴就分裂成南北两部。北匈奴继续与汉朝为敌，南匈奴则主张与汉朝结好。到了三国时期，曹操统一北方后，想集中精力对付刘备与孙权，便对南匈奴采取怀柔政策，把南匈奴单于呼厨泉留在朝中，又将南匈奴分为左、右、南、北、中五部，分散在并州各郡居住，相互不统属，五部各立一个首领，称为"五部帅"。

　　其中担任南匈奴左部帅的，是呼厨泉的侄子，名叫刘豹。刘豹是地道的匈奴人，只是因为崇尚汉人文化，便以汉匈和亲为由，说自己是汉朝皇帝的外孙，用了外祖父的刘姓。刘豹有个儿子叫刘渊，正在洛阳当人质。刘渊年幼时就聪慧过人，爱好学习，拜汉人名士崔游为师，学习经史知识，兼学武艺，长大后，他不仅文才出众，还善于骑射。

　　大将王浑与儿子王济都觉得刘渊相貌堂堂，气度不凡，多次向晋武帝司马炎推荐他。武帝听多了，就忍不住问："我倒要亲眼见见，这位叫刘渊的匈奴人到底有什么特别的，值得你们一而再、再而三地为他说话？"当即召刘渊进宫。

　　一番交谈之后，武帝也对刘渊刮目相看，说："这个刘渊，无论仪表、谈吐都不同凡响，果然是人中龙凤！"

王济趁机说："刘渊文武全才，陛下如果把东南的事情交给他管，平定吴国不过是小事一桩。"

武帝正为如何消灭吴国绞尽脑汁，听到这话有点儿动心。然而，大臣孔恂、杨珧向来轻视胡人，便劝阻说："非我族类，其心必异。刘渊的确才华过人，但他不是汉人，千万不能重用啊！"

后来，鲜卑秃发部的首领秃发树机能率兵反抗晋朝，连续打败多名晋朝大将，攻陷凉州，威震西北。朝廷大为震惊，武帝寝食难安，问众臣："谁能替朕灭了树机能这个贼寇？"

大臣李憙答道："陛下，如果能把五部匈奴都发动起来，给刘渊一个将军的职位，由他率领匈奴人向西征讨，树机能的脑袋很快就能在京城示众了。"

孔恂的头摇得像拨浪鼓似的："怎么能让匈奴人对付鲜卑人？如果刘渊真能取了树机能的脑袋，那么凉州的祸患就会更深了。"

武帝也知道，刘渊虽然自称姓刘，但是他体内流淌的毕竟是胡人的血，不得不防。此事便作罢。

刘渊的自尊心深深地被刺痛了，他知道自己再怎么努力，在西晋也难以施展抱负，便去找好朋友王弥吐苦水。王弥是一个很有才干和智谋的年轻人，由于骑术出众，箭法精准，又经常仗义执言，被乡人称为"飞豹"。他见刘渊眉头紧锁，便关切地问："这是怎么啦？说来听听，让我替你出气！"

刘渊叹道："我自入朝侍奉皇帝以来，忠心不二，王浑和李憙因为了解我，时常向陛下举荐我。可是……"说着，他默默地流下眼泪。王弥明白刘渊的志向与处境，一时也不知道如何安慰他。

这件事情被武帝的弟弟、齐王司马攸知道了，他很担忧，对武帝说："刘渊能力超群，胸怀大志，如果不早点儿除掉，恐怕并州这个地方就不得安宁了。"

一旁的王浑却不以为然地说："我大晋朝正要以信义来安抚异族，为什么要为了无端的怀疑，杀了人家入朝侍奉皇帝的儿子呢？做人不能宽宏大量一点儿吗？"

武帝赞道："王浑说得对，做人要大度。"

过了几年，刘豹去世，刘渊继位为南匈奴左部帅。他严明法令，轻财好施，南匈奴五部的豪杰之士以及幽州、冀州的名士纷纷前去投奔、归附。此时，刘渊的威望达到了顶点。

等到武帝去世，傻子皇帝司马衷即位，引发了持续十几年的内乱，刘渊就趁机壮大自己的队伍，不断扩充地盘。成都王司马颖掌权后，想制约一下匈奴人，便奏请惠帝，封刘渊为冠军将军，监理五部匈奴的军政事务，留在邺城统领军队。

刘渊的堂祖父、匈奴右贤王刘宣打算趁西晋内乱不断，复兴匈奴，便对各部首领说："汉朝灭亡后，我们的单于都是徒有虚名，不再有一寸土地。其余的王侯，地位降到与普通百姓一样。我们的族群虽然衰落，也有两万人马，怎么能像奴隶一样，匆匆地过了一百年呢？刘渊英俊威武，才华超凡，上天一定是为了复兴匈奴，才把他降生下来的！现在司马氏骨肉相残，正是我们光复的好时候！"他们共同推举刘渊为大单于。

刘宣派心腹呼延攸去邺城，告诉刘渊情况。刘渊很激动，便编了个理由，对司马颖说："部落中有一位令人尊敬的长辈过世，请殿下允许我回去参加他的葬礼。"司马颖不愿意放虎归山，就拒绝了。刘渊只好让呼延攸先回去，耐心等待机会。

不久，青、幽二州刺史王浚联合胡人军团，与并州刺史、东嬴公司马腾起兵讨伐司马颖。刘渊趁机对司马颖说："司马腾和王浚的兵力强大，恐怕邺城的禁军和附近郡县的军队抵挡不住。我请求回去召集五部匈奴的人马，前来援助殿下。"

司马颖有些担忧，说："匈奴的五部人马，你真的都能发动吗？再说，即使能发动他们，鲜卑和乌桓人凶悍善战，不好对付。我想先护送天子回洛阳，避开他们的锋芒，再向天下发布檄文，讨伐他们。"

刘渊诚恳地说："殿下是武帝的儿子，又为守护皇室建立功勋，四海之内，有谁不愿意为您拼死尽力呢？发动五部匈奴有什么难的！王浚是一个小人，东嬴公虽是皇亲，但与皇上关系疏远，怎么能与您相提并论呢？如果您现在离开邺城，那就是向他们示弱，这样一来，您的威势就会减小。"

司马颖心中一直在纠结：让刘渊回去吧，恐怕有去无回；不让他回去吧，可眼下灾祸迫在眉睫。

刘渊见他犹豫不决，又说："殿下你多多勉励将士，让他们齐心协力，共渡难关。只要我召集五部人马，用两部匈奴摧垮司马腾，用三部匈奴灭了王浚。用不了多久，我就会提着他俩的人头来见您！"

"没有别的法子了，不如让他回去试一试，万一事情成了呢？"司马颖这样想着，就任命刘渊为北单于，让他回去召集匈奴各部人马前来相助。

这是刘渊梦寐以求的事情啊！他迫不及待地骑上快马，连夜回到部落。短短十几天，他就召集了五万人马。

然而，没等刘渊的匈奴人马前来救援，司马颖就带着惠帝逃往洛阳。刘渊得知后，感叹道："真是没用的奴才！不过，我和他有言在先，不能不去相救。"就打算发兵攻打鲜卑、乌桓人。

刘宣劝道："晋朝人拿我们当奴隶，现在他们内部互相残杀，正是上天给我们光复呼韩邪单于的事业的好机会。鲜卑人、乌桓人，都是我们的同类，可以作为后援，怎么反而攻打他们呢？"

刘渊顿时豪情万丈，说："呼韩邪单于有什么值得效仿的呢？大丈夫应当像汉高祖刘邦、魏武帝曹操那样，指点江山！"

刘宣等人大喜，马上叩头行礼说："大单于胸怀大志，我们真是没想到啊！"

刘渊把都城迁到左国城①。这时投奔他的胡人、汉人更多了。刘渊知道，想成就大业，就要得到汉人的支持，并且要打着汉朝的旗号，于是对部众说："过去汉朝以恩德维系百姓，因而长久统治天下。我本是汉朝皇室的外甥，和他们情同兄弟。现在哥哥去世了，让弟弟继承，不也是可以的吗？我们还可以把国号叫作汉，以此让天下人归附我们。"

于是，刘渊就效仿当年刘邦的做法，自称汉王，定国号为汉，史称汉赵或前赵。

① 在今山西离石东北。

轻，轻视；好，喜欢；施，施舍。不重视财物，乐于救济别人。

造　句：	宋代文学家范仲淹一生轻财好施，对族人尤其宽厚。他显贵之后，专门在苏州城外买了几千亩地，设立义庄，用于养活跟随他的穷人。
近义词：	仗义疏财
反义词：	爱财如命

---

① 这个故事的原文里还有成语"非我族类"（指不是跟自己一条心的人）。

〖 忧愤成疾 〗

《资治通鉴·晋纪九》

　　晞（xī）遣骑收潘滔，滔夜遁，得免；执尚书刘曾、侍中程延，斩之。越忧愤成疾，以后事付王衍。三月，丙子，薨（hōng）于项，秘不发丧。

译 文

　　苟晞派骑兵部队拘捕潘滔，潘滔连夜逃跑，得以逃脱。苟晞又抓住尚书刘曾、侍中程延，把他们都杀了。司马越得到消息，忧愁气愤得病了，就将身后事托付给太尉王衍。三月，丙子（十九日），司马越在项县去世，但是王衍等人秘不发丧。

北宫纯二救洛阳

东海王司马越虽然在八王之乱中最终胜出，当上了太傅，独掌朝权，可他面对的麻烦事也不少，除了要重振千疮百孔的西晋王朝，还要对付趁中原内乱兴起的胡人政权，尤其是前赵，自立国起就对中原虎视眈眈。司马越思来想去，只好派名将苟晞出马，管理兖州、青州的军政事务，又让广武侯刘琨到胡人横行的并州当刺史，抵御前赵的侵扰。

刘琨是西汉中山王刘胜的后裔，善于文学、精通音律，也很有军事头脑。这几年，并州闹饥荒，前赵的军队动不动跑来抢掠，各郡县都没有能力保卫自己。朝廷虽然派刘琨前去，却没有给他一兵一卒。刘琨只好沿途招募流民，一边打仗，一边向前推进，好不容易聚起一支像样的队伍，进入并州的治所——晋阳。

由于战乱，百姓拖家带口四处逃亡，城乡一片萧条，刘琨便想尽办法招抚百姓，鼓励发展农业，并不断加强防御力量。经过一年多的努力，晋阳总算有点儿起色。

然而，并州的形势十分复杂，周边有鲜卑、羯、匈奴等不同部族，刘琨意识到，必须依仗外部力量，于是用心结交鲜卑拓跋部的首领拓跋猗（yī）卢，不但与他结为兄弟，还把代郡给他，并奏请朝廷封他为代公。有了拓跋部的支持，刘琨的军队逐渐成为抵抗前赵的一支重要力量。

前赵国主刘渊见刘琨和自己对着干，就想先壮大自己的实力，再收拾他。当时乌桓人张伏利度有两千人马，刘渊几次派人去招降，都没有成功，于是让刚来归顺的部将石勒再去试一试。

石勒原本不姓石，他是羯族人，长相奇特，力大无穷，骑射功夫一流。他父亲叫周曷（hé）朱，是部落首领，为人凶残粗暴，部落里的人都不敢亲近他。于是，周曷朱就让石勒替自己管理部落。石勒对族人客客气气，每次打到猎物都分给大家，族人很高兴，说："这个孩子真有气度，将来肯定前途无量！"

有一年，并州闹饥荒，军粮告急，有人给并州刺史司马腾出了一个主意："您可以抓捕那些胡人，卖了钱补充军粮。"结果，石勒也被抓住，卖给了一个叫师欢的富人做奴隶。

石勒和其他奴隶在田里干活时，常常听到金戈铁马的声音，他问大家："你们听到刀剑的声音吗？"奴隶们竖起耳朵听，果然听到了。石勒又说："我从小就能听到这种打仗的声音。"师欢觉得石勒不平凡，就免除了他的奴隶身份。

石勒离开师欢，加入了牧民首领汲桑的队伍，后来他们又一起投靠成都王司马颖的部将公师藩。这时，汲桑对石勒说："咱们加入了汉人的队伍，就要有汉人的名字，以后你就叫石勒吧，姓石名勒。"

后来，公师藩被兖州刺史苟晞打败并杀死，汲桑和石勒就收拾残部，攻进了邺城，杀死司马腾，大肆抢掠一番后，准备向南攻打兖州，却遭到苟晞的痛击。汲桑被杀死，石勒走投无路，这才归顺了前赵国主刘渊。

刘渊想看看石勒到底有多大本事，所以把劝降张伏利度的任务交给他。

石勒就假装在刘渊那里犯了罪，前去投奔张伏利度。张伏利度可高兴了，马上和石勒结拜为兄弟，又派石勒带领各部落的胡人四处打劫。石勒打起仗来不要命，而抢来的钱财都分给大家，因此很受爱戴。石勒见将士们都归心于自己，就抓住张伏利度，对各部胡人说："今天要干大事，你们觉得我与张伏利度谁能够成为首领？"大家纷纷举起手，喊道："石勒！石勒！"石勒便放了张伏利度，率各部胡人投奔前赵。刘渊大喜，给石勒升了官，又把张伏利度的部众交给他指挥。

公元 308 年，刘渊正式称帝。就在他准备对并州的刘琨动手时，传来好朋友王弥攻打洛阳的消息。原来，刘渊离开京城后，王弥成为流民首领，带兵掳掠青州、徐州，杀死地方长官，实力越来越强，连苟晞也拿他没办法。

王弥的军队进逼洛阳，并在伊水①以北打败晋军。洛阳方面大为震恐，宫城大门白天也紧闭着。凉州刺史张轨听说洛阳有难，派部将北宫纯带兵赶来相救。

王弥也日夜兼程，到达洛阳，驻扎在津阳门。主持朝政的东海王司马越慌了，给了司徒王衍五千兵马，让他前去抵挡。

北宫纯见情势危急，从骑兵队伍中招募了一百多名勇士，利用骑兵的铁铠甲和重型盾牌，竖起了一道坚不可摧的铁墙，乘夜袭击王弥的军营。王弥大败，向东逃窜。王衍闻讯，率领人马紧追不舍，在七里涧再次打败他。王弥只好投奔前赵国主刘渊。

王弥的加入，让刘渊如虎添翼，也坚定了他消灭西晋的决心。不过，要攻打西晋，光有勇将不够，还要了解西晋朝廷的内部情况。

恰好有个叫朱诞的西晋武官前来投降，带来了刘渊梦寐以求的情报。

朱诞说："天子倒是很勤勉，想好好治理国家，有几次亲自过问

---

① 在河南西部。

朝政大事，没承想惹恼了东海王司马越，他带兵冲进皇宫，杀了天子的亲信缪播等人。天子又伤心又气愤，可又不能怎么样。"

刘渊不禁说道："这个司马越，也太专横了！"

朱诞气愤地说："不止这样呢！司马越说这些年朝廷老是发生变故，全是宫中的武官出了问题，所以就把我们这些武官全部解职，重新安排他自己的人在天子身边。天子的一举一动，都逃不过他的眼睛。"

刘渊点点头，说："司马越这么猖狂，应当是倚仗苟晞的支持，有传闻说他们还是结拜兄弟呢。"

朱诞说："关系好，那是以前。现在他们也闹翻了。"

刘渊好奇地问："哦？为什么呀？"

朱诞叹道："忌妒呗！苟将军连续打败胡人，在朝中声望越来越高，司马越就不高兴了，后来听了他的亲信潘滔的唆使，把苟将军从兖州调到青州，可把苟将军气坏了。"顿了顿，朱诞又向刘渊建议道："现在司马越在朝中大失人心，洛阳势力单薄，正是陛下您出兵的好时机。"

永嘉三年（公元 309 年）夏天，中原大旱，长江、黄河、汉水都枯竭了，可以徒步过河，刘渊就命四子刘聪和部将王弥、石勒率军攻打西晋，谁知半路上遇到刘琨、王浚这两只拦路虎，打得他们抱头鼠窜。

刘渊不甘心，过了几个月，又派刘聪、王弥以及侄子刘曜（yào）等率领人马，绕过刘琨与王浚，直接进攻洛阳。西晋朝廷没料到前赵军队这么快又卷土重来，非常恐慌。

危急时刻，又是北宫纯挺身而出，他带着一千多名凉州勇士乘夜突袭前赵军的营垒，杀了他们的几名大将，导致前赵军心涣散。北宫纯两次挽救洛阳于危难，洛阳与周边地区就流传起了一首歌谣：

"凉州大马，横行天下。"

刘聪见洛阳久攻不下，就让部将刘厉、呼延朗代理指挥军队，他自己跑到嵩山求神拜佛。司马越趁机出兵偷袭，杀死了呼延朗，逼得刘厉跳了河。刘聪见大势已去，只得撤军。

第二年夏天，刘渊正准备部署新的灭晋计划，却突然病逝了，太子刘和即位。刘聪不服刘和，就发动政变杀死了他，自己登上了前赵的皇位。

永嘉五年（公元 311 年），刘聪派刘曜、王弥，还有儿子刘粲，率领四万大军进攻洛阳。石勒率领两万骑兵与刘粲会师，长驱直入，到达洛川。刘琨大惊，立刻上书司马越，请求和拓跋猗卢的鲜卑军队一起讨伐刘聪。司马越却担心他们趁机壮大势力，成为朝廷的心腹大患，没有同意。

总要有人救援京城吧？司马越派使者前往全国各地，征召军队入京救援。使者临行前，晋怀帝再三嘱咐道："让他们快点儿来，迟了就来不及啦。"然而，怀帝左等右等，没有一支军队前来，而北宫纯和他的凉州兵此前也去了长安守陵。眼看石勒的军队渡过黄河，直逼京城，大臣们惶恐不安，商量着迁都逃难。

太尉王衍反对说："不能迁都，应当卖掉车辆、牛马等值钱的东西，犒劳将士，安定人心。"

司马越知道自己不得人心，想借机离开京城，便穿上戎装，向怀帝辞别："陛下，请准许我去和石勒决一死战。"

怀帝又惊又怒，对司马越说："国家处于危急存亡之时，您怎么能离开洛阳去远征呢？"

司马越说："我这次出战，如果能侥幸打败贼寇，就可以重振国威，这总比大家都在城里等死要强吧？"说完转身率领四万精兵出征。

为了防范怀帝背后搞小动作，司马越安排禁兵看守皇宫，并带走了王衍等朝中有声望的大臣，还几乎搬空了洛阳城内的物资。不久，洛阳城里出现饿死人的现象，就连宫里也开始断起粮来，那些禁兵还公然抢掠公卿大臣，甚至污辱公主。

怀帝忍无可忍，亲自写信给苟晞，历数司马越的罪状，并封苟晞为丞相，把兖、豫、幽等六州的军事指挥权都交给他，命他出兵讨伐司马越。苟晞正中下怀，派人抓捕司马越的心腹潘滔，却被他溜掉了。苟晞愤怒极了，抓住尚书刘曾、侍中程延，说他们和司马越是一伙的，把他们都杀了。

出征在外的司马越听说后，忧愤成疾，终于一命呜呼了。

忧愁气愤得生病了。形容极其忧愤。

造　句:	最近，林小海结交了一些不三
	不四的人，开始荒废学业，玩
	电子游戏，林妈妈为此忧愤
	成疾。
近义词:	忧能伤人

【 败俗伤化 】

《资治通鉴·晋纪一》

　　从甥王衍尝诣祜陈事，辞甚清辩；祜不然之，衍拂衣去。祜顾谓宾客曰："王夷甫方当以盛名处大位，然败俗伤化，必此人也。"

译　文

　　羊祜的堂外甥王衍曾经去羊祜那里陈述事情，说的话清晰明辨，可是羊祜对他并不赞赏，王衍不高兴地走了。羊祜便回过头对宾客们说："王衍应当可以凭借美名当上高官，可是将来败坏社会道德风气的人，也必定是他。"

"清谈大师"惨遭活埋

东海王司马越大概没想到这次出京讨伐石勒，自己会死在途中，所以临终前，仓促地将身后事托付给太尉王衍。

王衍，字夷甫，出身于"琅邪王氏"，打小就长得清明俊秀，招人喜爱。他年少时曾经去拜访"竹林七贤"之一的山涛，山涛见他不光人长得俊朗，谈吐也大方得体，便不住地赞叹。王衍离开的时候，山涛目送了很久，并感慨地对身边的人说："不知道什么样的母亲，能生下这样俊美的孩子！但是刚才听他夸夸其谈，我又不免有些担忧：将来危害天下的，未必不是这个人哪！"

无独有偶，王衍的堂舅舅、名将羊祜也有和山涛相似的看法。王衍十四岁时，他的父亲奉命镇守地方，经常派使者向羊祜禀报军情。王衍认为使者说得不清楚，便自己去向羊祜陈述事情，态度从容不迫，思路十分清晰。在座的人都觉得王衍与众不同，羊祜却不以为然，王衍不高兴，抖了抖衣袖就走了。羊祜回过头对宾客们说："将来这孩子应当能凭借美好的名声当上高官，然而败俗伤化的人，也必定是他。"

当时掌权的外戚杨骏听说王衍的美名，就想把女儿嫁给他，王衍却像是受到极大的侮辱，装痴扮狂才推掉这门亲事。这事传开后，晋武帝司马炎也对王衍产生了好奇心，就问大臣王戎："当今天下，谁可以与王衍相提并论？"

王戎是王衍的堂兄，也是"竹林七贤"之一。他自幼聪慧，曾与同伴在路边玩耍，见路边的李树结满了果实，小伙伴都争着去摘，只有王戎站着不动。路人奇怪地问："你为什么不去摘呀？"王戎淡定地回答："树长在路边却果实累累，李子肯定是苦的。"小伙伴尝了之后，果然如他所说。西晋灭吴时，王戎立了军功，当上了高官。他对时局看得通透，处理政务也极少出错，因此很得武帝的宠爱。

家世、才华、地位样样出众，王戎就免不了眼高于顶，一般人不太瞧得上，但他唯独对王衍推崇备至，便回答武帝说："今人里，没有谁可以和他相比，大概只能到古人中去寻找。"

武帝说："那就召王衍来做官吧。"

可是王衍不肯来，他将精力投入到对玄学的研究上，经常穿一袭长长的白袍，手拿白玉柄的麈（zhǔ）尾[1]，整个人看上去超凡脱俗，说起话来则滔滔不绝。[2]

一些士大夫为了博取名声，就学起了王衍的做派。渐渐地，以出身门第、容貌举止和虚无玄远的"清谈"相互标榜，追求与世无争，成为一时风气。在这些士大夫中，以阮咸、胡毋辅之、谢鲲（kūn）、毕卓等人行事最为出格，他们把正经的儒家训导当成耳边风，蔑视礼教习俗，行事狂放而怪诞。就拿"竹林七贤"之一阮籍的侄子阮咸来说，他喜欢上了姑妈家的一名胡人婢女。这一年恰好阮咸的母亲过世，姑妈带着这名婢女搬家，阮咸不顾重孝在身，借了一头驴，亲自去追，很快就和婢女合骑那头驴回来了。人们对阮咸在居丧期间放纵越礼的行为议论纷纷，但他毫不在意。

当时主政的大臣裴頠对此忧心忡忡，专门写文章批评这股风气。无奈这些人的影响力太大，习俗已经形成，裴頠一时也无力改变。

---

[1] 魏晋时期名士清谈时的一种雅器，不清谈时也常常拿在手里，用来驱赶蚊虫或掸灰尘。
[2] 王衍说的都是一些对国计民生没什么用处的东西，而且总是脱口而出，没有独到的见解，如果发现讲不通了，就马上改变说辞。因此，人们都说他是"口中雌黄"的"清谈大师"。过去写字用黄纸，写错了就用雌黄（即鸡冠石）涂抹后重写，"口中雌黄"的意思就是随口更改说得不恰当的话。

等到司马越掌权后，他觉得自己与皇族的亲缘关系较远，号召力不强，就想请一位有影响的名士辅佐自己，王衍就这样被他选中，当上了太尉。

王衍虽然身居要职，却整天琢磨着如何在乱局中保全自己，以维护琅邪王氏的利益。在他的引荐下，他的好朋友毕卓、胡毋辅之、谢鲲等人也得到司马越的任用。然而，他们上任后，跟从前一样放纵随性，懒理公务。

毕卓在吏部任职时，经常酗酒，不管公事，他曾经说："左手剥着蟹螯，右手端着酒杯，泡在酒池中，这辈子就够了。"有一天，从邻居家飘来酿酒的醇香，毕卓馋得不得了，夜里就去邻居家偷酒喝，被看管酒的人绑了起来。第二天早晨，那家人发现后，大惊："怎么把毕大人捆起来了！"

毕卓这样，胡毋辅之、谢鲲也好不到哪里去，有人就向王衍打小报告。王衍却觉得这种事不足挂齿，又向司马越推举了自己的亲弟弟王澄当荆州都督，族弟王敦为青州刺史。两人赴任前，王衍特意叮嘱他们："荆州、青州地势险要，物产丰富、人口众多，你们要凭借天险固守。这样，你们俩在外，而我在内，足以成为狡兔的三窟了。"

王澄与王衍一样，喜欢玄学，到任后就把大小事务统统交给下属郭舒处理，自己每天只是和朋友喝酒清谈，完全不顾州内盗贼纷起，百姓四处逃亡。郭舒经常规劝他："我们要爱护百姓，体恤将士，更要加强训练军队，这样才能够保障百姓的生活与边境的安全啊。"王澄满不在乎地说："知道了，你去办吧。"说完又找人喝酒聊天去了。没过多久，荆州大乱，王澄见势不妙，竟然脚底抹油，逃到江东去了。

这些事情丝毫没有影响王衍在朝中的地位，到了国破家亡时刻，

大家仍然希望他能力挽狂澜。所以司马越中途暴亡，同行的大臣们都推举王衍当军队的元帅。

王衍不想引火烧身，就推辞说："各位，你们都是了解我的，我打小就没有入仕的愿望，后来迫于无奈才出来做官，慢慢地升迁到现在的职位。我认为襄阳王才是元帅的合适人选。"

众人便都看着襄阳王司马范，可司马范却不接茬。众人没办法，也不去讨伐石勒了，转而护送司马越的棺椁回他的封地东海国安葬。没想到，正在攻打江汉地区的石勒得到情报后，火速率领轻骑部队追来，将他们团团围住后，放箭射击。

由于群龙无首，十多万晋军官兵乱成一团，被射死、踩死的不计其数。最终，王衍等王公大臣都被活捉。

王衍等人见石勒长得凶神恶煞，都心惊胆战。石勒知道他们都是西晋的重臣，便客客气气地让他们坐下，然后问道："你们晋朝为什么这么混乱呀？"

等了半天，没人回答，石勒就有点儿不耐烦了。他环视了一圈，见王衍气度不凡，便说："你，报上名来。"

"王衍。"

石勒一惊，他虽然不识字，但听手下不少汉人将领说过王衍的大名，就对他说："你是天下名士，又是当朝太尉，肯定有不凡的见识，你来说说晋朝混乱的原因。"

王衍冷静地理了理思路，侃侃而谈起来。草莽出身的石勒哪里听过这种言论，他一边听，一边赞叹道："真不愧为天下名士！"

王衍似乎看到一线生机，又说："说实在的，国家这么混乱，是因为政策有缺陷，但这些政策都不是我制定的。我从小就不想当官，不愿参与朝廷事务。"

石勒本来听得入神，见他转而为自己辩解，就沉下脸来。王衍却没有察觉到他的情绪变化，还讨好地说："当今天下纷乱不堪，我早就想解脱了。我看您相貌不凡，有王者气度，不如您登基当皇帝吧！"

石勒被彻底激怒了，说："你年轻力壮时就当上朝廷高官，身负重任，名扬四海，怎么说自己没有当官的欲望呢？把天下的事情搞得一塌糊涂，让百姓流离失所，不是你又是谁的责任呢？你真是厚颜无耻！"

王衍还想为自己辩解，一旁的司马范斥责道："事已至此，还啰唆什么？"

王衍终于有所醒悟，哀叹道："唉！如果这些年不搞浮华虚无的玄学，而是和大家合力匡救天下，我辈即使比不上古人，也不至于落到今天这步田地！"

要不要杀王衍等人，石勒犹豫不决，便问部将孔苌（cháng）："我纵横天下这么多年，从未见过王衍这样见识超群、能言善辩的人，是不是应该留他一命呢？"

孔苌冷酷地说："这些人都是晋朝的王公大臣，肯定不会为我们所用，不如杀死算了。"

石勒虽然感到惋惜，却也点头说："既然这样，今天就送他们上路吧。他们好歹也是名士，就不要用那些刀啊剑啊的，给他们留个全尸。"

当晚，石勒把王衍等大臣绑到一堵墙下，让他们并排站好，然后命前赵将士推倒墙，把他们活活地压死了。

成语说
资治通鉴

败 俗 伤 化

败，败坏；俗，习俗风气；伤，损害。指败坏社会道德风气。

造　句：干出这种败俗伤化事情来的，	
竟然是一个受过良好教育的	
人，这让大家感到不解。	
近义词：伤风败俗	
反义词：高风亮节	

【 青衣行酒 】

《资治通鉴·晋纪十》

　　春，正月，丁丑朔，汉主聪宴群臣于光极殿，使怀帝著青衣行酒。庾珉（mín）、王隽（jùn）等不胜悲愤，因号哭；聪恶之。有告珉等谋以平阳应刘琨者，二月丁未，聪杀珉、隽等故晋臣十余人，怀帝亦遇害。

译　文

　　春季，正月初一，前赵国主刘聪在光极殿宴请群臣，命令晋怀帝穿着仆人穿的青衣，来回替众人斟酒。庾珉、王隽等西晋旧臣悲愤难忍，放声痛哭。刘聪很讨厌他们。一个月后，有人告发庾珉等人密谋在平阳接应刘琨的军队，刘聪就将庾珉、王隽等十多名西晋旧臣杀死，怀帝也遇害。

中原沦陷了

　　王衍等王公大臣遭到活埋，十万晋军全部覆灭，前赵大军就要打来了……消息一个比一个坏，晋怀帝司马炽急忙召集没有走的大臣商量对策，正好丞相苟晞的上书到了，他说："现在洛阳情况危急，陛下还是迁都吧。臣已经准备了几十艘船、五百名卫兵，很快就会带着粮食前来接陛下。"怀帝打算接受这个安排，众人却都摇头，他们可不愿重蹈王衍等人的覆辙。

　　怀帝无奈，只好说："洛阳的物资被司马越带走了，老百姓都开始人吃人了，形势一天比一天糟糕，我们必须马上离开。"大家这才分头在城中寻找车辆马匹。过了老半天，他们哭丧着脸回来报告说："找遍了全城，连一辆车、一匹马都找不到。"

　　怀帝搓着手慨叹："怎么会这样呢！"他让大臣傅祗前往河阴寻找可用的船只，自己则在几十名朝臣护卫下，步行出城。

　　结果，刚到铜驼街，怀帝等人就被迎面而来的一伙强盗拦住去路，为首的索要怀帝腰间的玉佩。

　　怀帝吓了一跳，本能地往后一退，斥责道："难道没有王法了吗？"

　　强盗们哈哈大笑："什么王法？我们就是王法！"

　　幸亏有胆大的官员站出来喝止："这是当今天子，你们还不退下！"强盗们这才一哄而散。

　　天子脚下都有这样的狂徒，何况外面呢？现在兵荒马乱，还是留下来更安全。大家一合计，又护送怀帝返回宫中。经过这番折腾，君臣都饿得肚子咕咕叫，可是宫中早就没东西可吃了。幸好度支校尉魏浚在河阴防卫时，曾经带人抢到了一些谷麦，于是将谷麦献出。大家生火做饭，暂时填饱了肚子。

正当怀帝等人惶惶不可终日时，前赵大将呼延晏率领三万前锋部队旋风般地杀到洛阳。呼延晏在城中烧杀抢掠一番后，考虑到石勒、王弥、刘曜的主力大军还没到，就带着抢来的财物出城驻扎。走到洛水边时，他们发现那里停靠着几只船，就一把火烧了。这些船是傅祗找来的，怀帝原本计划乘船东逃，现在船毁了，他寸步难行。

五天后，王弥到达洛阳，进城后又是一番烧杀抢掠。又过了一天，刘曜也赶到了。他们攻进皇宫，把宫里的珍宝抢掠一空。怀帝在侍从的护送下，想逃往长安，却被前赵将士抓住。接下来几天，刘曜大肆屠杀王公贵族、士人百姓，还想烧了洛阳城。

王弥就说："洛阳处于全国的中心，四面有要塞，城池、宫殿也都是现成的，应当上书我们的陛下，把都城从平阳迁到这里来。"

刘曜记恨王弥不等自己就先入洛阳，不打算听他的建议，就说："天下还未平定，洛阳四面受敌，不利于防守，还是烧了吧。"转眼间，繁华的洛阳城就成了一片火海。[①]

王弥见刘曜不听劝告，就骂道："这个屠各[②]人！难道有称帝的心思吗？"他打心眼里厌恶刘曜，就带兵向东到项关驻扎。部将刘暾劝他："现在天下大乱，群雄逐鹿中原，王将军您虽然立下不世之功，可是和刘曜闹翻了，恐怕以后会有大麻烦。不如先把青州占了，再静观其变。好的话能够以此统一全国，再不济也可以割据一方。"

---

① 这场变乱史称永嘉之乱。
② 匈奴的部落名。

王弥听从了。

怀帝被抓，洛阳陷落，士人和百姓为了逃避战乱，有的往北投奔幽州刺史王浚、平州刺史崔瑟以及辽西的鲜卑段部和慕容部；有的则往西去凉州，投奔凉州刺史张轨；还有一部分南下渡过长江，到相对安定的江东去，史称衣冠南渡。

中原乱成一团，幽州刺史王浚却优哉游哉，丝毫没有国难当头的危机感，因为他早就想称霸一方。现在天下大乱，对他来说正是绝佳的机会，所以他并没有出兵救援，更不想攻打前赵。并州刺史刘琨却很着急，他一边派人联络代公拓跋猗卢，一边派部将刘希在中山等地招募兵马。王浚很生气，认为刘琨想抢他的地盘，便联合鲜卑段部，杀死了刘希。刘琨明白自己实力远不如王浚，只能先忍了，转而向各州郡发布檄文，约定攻打前赵的日期。

可刘琨还没来得及发兵，军中就发生了一件意想不到的大事。原来，刘琨爱好音乐，特别宠信精通音律的河南人徐润。徐润恃宠而骄，经常干预政事。部将令狐盛就劝刘琨把徐润杀了，刘琨不听。徐润从此恨上了令狐盛，经常在刘琨面前搬弄是非，说令狐盛有二心。刘琨一怒之下杀了令狐盛。刘琨的母亲叹息说："你不想着号令天下豪杰匡复晋室，却一门心思清除贤明的人，我看灾祸离你不远了。"

没想到刘母一语成谶。令狐盛的儿子令狐泥悲愤之下，投奔前赵，把刘琨军中的虚实告诉了刘聪。刘聪立即让令狐泥担任向导，引着刘粲、刘曜的大军攻打并州。刘琨只好向拓跋猗卢求援。

结果没等援军赶到，晋阳就被攻陷，刘琨的父母被杀。刘琨只得弃城而逃，幸亏遇到前来救援的拓跋猗卢和他的几十万人马，便一起杀回晋阳，打败了前赵的军队。刘琨夺回晋阳，希望继续攻打刘聪，拓跋猗卢却说："我没能早一点儿来，害得你父母被杀，我感到很惭愧。现在你已收复了并州，可是我的军队长途跋涉，兵马都很疲乏，不适合再战斗。何况，刘聪不是一下子就能消灭的。"说完送给刘琨大批物资，然后离开。刘琨便收拾残部，驻扎在阳曲。

晋怀帝被押到了平阳。前赵国主刘聪以前就认识怀帝，见了面，他和颜悦色地说："你过去当豫章王时，我曾经跟随王济拜访过你，王济在你面前大大地赞扬我，记得当时你说'真是久闻大名呀'，还送给我一张极好的弓和一方银砚台。你还记得吗？"

怀帝很谦卑地说："臣下我怎么敢忘掉呢？只是遗憾没有早点儿认识龙颜！"

刘聪又问："你们司马家的各位藩王都是骨肉至亲，为什么这么多年一直自相残杀呢？"

怀帝谨慎地答道："是天意要我们互相残杀，自己消灭自己。如果司马家的人能珍惜先帝开创的基业，齐心为国，您今天怎么能得到天下呢？"刘聪听了很高兴。

两年后的一天，刘聪在宫中举办宴会，招待文武百官，让怀帝青衣行酒。庾珉、王隽等西晋旧臣见了，悲愤难忍，当场放声痛哭。

"真扫兴！"刘聪很生气。不久，有人告发庾珉等人密谋接应刘琨的军队，刘聪就将庾珉、王隽等十多名西晋旧臣全部杀死，随后又杀了怀帝。

成语说
资治通鉴

青 衣 行 酒

　　青衣，指黑色的衣服。汉代以后，卑贱者着青衣，故称婢仆、差役等人为青衣。这里指晋怀帝被俘受辱一事。

造　句：当晋怀帝被要求给刘聪青衣行
酒时，所有的晋臣都觉得是奇
耻大辱。

〖 中流击楫 〗

《资治通鉴·晋纪十》

　　逖（tì）将其部曲百余家渡江，中流，击楫而誓曰："祖逖不能清中原而复济者，有如大江！"遂屯淮阴，起冶铸兵，募得二千余人而后进。

译　文

　　祖逖带领当初跟随自己南下的一百多户人家渡江北上，船到中流时，他敲打着船桨，发誓说："我祖逖如果不能扫清中原，光复河山，就像这江水一样有去无回！"过了河，他们驻扎在淮阴，没有兵器，就建起熔炉铸造；没有士兵，就招募了二千多人，然后继续北上。

祖逖杀回北方

公元 313 年，晋怀帝司马炽遇害的消息传到长安，怀帝的侄子、秦王司马邺便登上帝位，他就是西晋最后一位皇帝晋愍帝。当时长安城中不足百户人家，官家私家的车加起来只有四辆，文武官员也没有官服、印章、绶带，只能在桑木板上写官署和官衔。愍帝只有十三岁，朝政便由京兆太守索綝、雍州刺史麴（qū）允等人处理，大家一合计，都认为当务之急是召集各路军队，抵御前赵大军。

北方大部分地区都沦陷了，只有幽州的王浚、并州的刘琨以及南阳王司马保还在勉强支撑，愍帝就写信让他们来长安救援。可是，王浚心怀异志，不肯发兵；刘琨为前赵大军所困，心有余而力不足；而有称帝之心的司马保，对愍帝的诏令更是置之不理。

北方指望不上，那南方呢？愍帝和朝臣们发现，南方唯一能指望的只有琅邪王司马睿，便任命他为左丞相、大都督，让他出师北伐，收复失地。

可是，司马睿也有苦衷。当初他听从谋士王导的劝告，渡江南下来到建业，总算在西晋王室的内乱中活了下来，新的烦恼却接踵而至。由于司马睿在各位藩王中没什么名气，他到建业很久了，江南知名的士大夫竟然没有一个来拜访。司马睿为此唉声叹气，王导也很着急。

一天，司马睿打算去观看祭祀活动，王导见他穿着寻常衣服，只带两名随从出门，就拦下他，让他换上一套雍容华贵的衣服，又安排了一顶枣红色的八人抬轿，轿子两侧还配备威严的仪仗队伍。

司马睿一行浩浩荡荡地出发了，一路上吸引了不少人的目光：华丽高贵的软轿，威风凛凛的仪仗队，轿中人锦衣玉带，器宇轩昂，而大名鼎鼎的王导骑着马恭恭敬敬地跟在队伍后面。

江南名士纪瞻、顾荣都曾北上做官，认识王导，见他对司马睿如此恭顺，就停下脚步向轿子行礼。他们身后的士人见了，也跟着在道路两边鞠躬作揖。

王导见这次出行收到一定的效果，就对司马睿说："我们不能干等江南名士上门，应该主动结交他们。这里最有名望的人莫过于顾荣、贺循。如果他们来了，就没有不来的。"

司马睿忙说："那就麻烦您亲自登门拜访，请他们来相见。"

在王导的邀请下，顾荣、贺循欣然前往。司马睿虚心听取他们的建议，并给他们安排了重要的职位。在贺循与顾荣的带动下，江南名士纷纷前来拜见，司马睿都加以重用。

王导又对司马睿说："这些士人学问高，影响大，您对他们态度要谦逊，处理政务要秉持清静无为的原则，这样才能赢得人心。"司马睿一一照办，果然来归附的江南人士越来越多。

南下避难的北方人听说司马睿的美名，也都前来投奔。晋将桓彝和周颛（yǐ）慕名而来，见了面却大失所望。桓彝对周颛说："中原大乱，我们才渡江到这儿求安定，没想到琅邪王如此势单力薄，靠什么成就大业呢？"两人正相顾叹息，王导走了出来，和他们谈了好一会儿。桓彝才欣慰地对周颛说："王导有管仲那样的才能，我不再忧虑了。"

王导知道桓彝等人的担忧，就劝司马睿："除了江南名士，渡江避难的北方人，您也要多加重用其中的人才，这样才能成就大业。"司马睿又听从了，从中选了刁协、庾亮等一百多人，让他们担任不

同的职务。

一天，王导带着南渡的名士登上新亭散心。周颛坐在中间，看着滔滔的江水，感叹道："建业的风景与中原没有太大的差别，只有举目眺望，才知道这里是长江，而不是黄河。"众人闻言，都默默地

流下眼泪。王导却脸色大变，怒道："我们应当齐心协力报效朝廷，光复中原，怎么能像楚囚那样，面对变故哭哭啼啼，只知悲痛而不思进取呢？"听了这话，大家都擦干眼泪，向王导道歉。

但是，收复中原谈何容易？司马睿好不容易才在江南站稳脚跟，对兴师动众北伐中原没有什么兴趣，所以收到愍帝的任命诏书后，

他一直没什么动静。这可把丞相府的属官祖逖急坏了。

祖逖是范阳①人。祖家是当地的大族，世世代代都有人在朝廷担任高官。祖逖从小就对读书提不起兴趣，他喜欢到处游历，交朋结友，还经常拿出家中的钱财接济穷人。等到成年后，他才意识到读书的重要性，便刻苦攻读，学问获得长进之后，就去司州②当了一名文官。

在司州，祖逖认识了刘琨，两人一见如故，成为形影不离的知交。他们经常一起读书，一起练剑，一起谈论国家大事，有时谈到深夜还兴奋得睡不着，便掀开被子，坐起身来，相互勉励说："如果天下大乱，豪杰并起，你我应该各自干出一番事业来！"

一天半夜，祖逖被屋外传来的鸡鸣声吵醒了，他踢了踢身旁熟睡的刘琨，说："你听到鸡叫了吗？"刘琨睡眼惺忪，说："半夜听到鸡叫不吉利。"祖逖呵呵笑道："这是在催我们起床练剑呢！"于是两人起床走到户外，拔剑起舞。

后来，这对好朋友分开了，走上了不同的道路。刘琨在北方的并州扎根，祖逖则率领一百多户亲族乡人南下，投奔了琅邪王司马睿。

祖逖很想北伐中原，就对司马睿说："晋朝的变乱，是皇室宗亲自相残杀，给那些胡人钻了空子导致的。虽然我们现在逃到了南方，可是国家有难，希望您能带领我们杀回北方去！"

司马睿不想北伐，又不便公开反对，就任命祖逖为豫州刺史，象征性地拨给他一千人的口粮和三千匹布作为军资，士兵和兵器则让他自己想办法。

祖逖便带领当初跟随自己南下的一百多户人家，渡江北上。船

---

① 治所在今河北涿州市。
② 治所在今河南洛阳市东北。

行江中，祖逖望着滔滔江水，想到山河破碎、百姓流离失所，不禁热血涌动，击打着船桨说："我祖逖如果不能扫清中原，就会像这江水一样有去无回！"他身边的人受到感染，一个个热血沸腾。

渡江后，祖逖的北伐军驻扎在淮阴，他们临时建造熔炉，募集匠人铸造兵器，又在当地招募了两千多人，之后继续北上，结果在谯地遇到了强劲的敌人——盘踞在河南地区的汉人武装，即所谓的"坞主"。

这些坞主修筑坞堡，自称刺史、太守，其中实力较大的要数流民张平、樊雅，他们各自有好几千兵马。如果处理得好，坞主们可能是北伐军的盟友，否则就会成为北伐军的敌人。为了争取这些力量，祖逖派参军殷乂先去拜会张平。

殷乂自认为代表朝廷，瞧不起流民出身的张平，到那里后，他巡视了一下屋子，轻蔑地说："这个屋子可以当马厩。"张平听了，很不高兴。

接着，殷乂又指着屋里的一口大锅，傲慢地说："唔，这口锅够大，可以拿来熔铸成兵器。"

张平听了更加不舒服，说："这是帝王的锅，天下清平时才能使用，怎么能轻易毁坏？"

殷乂不屑地说："你连自己的脑袋都不一定能保住，还舍不得一口铁锅呀？"张平忍无可忍，提剑杀死了殷乂，然后率领自己的人马与祖逖的北伐军对抗。

双方相持了一年后，祖逖用反间计杀死张平，接着攻打樊雅，结果打了很久都没打下来。祖逖只好向晋将王含求援。王含一向支持北伐，便派部将桓宣带着五百人前去援助。祖逖对桓宣说："你为人重信义，和樊雅又是同乡，请你辛苦一趟，去劝说樊雅和我一起北伐。"

　　桓宣就骑着一匹马，只带了两名随从去见樊雅。樊雅见故人到来，非常热情。桓宣开门见山地说："祖逖要对付的是胡人，而不是您。上次殷乂轻薄无礼，并不是祖逖的意思，他本人非常希望得到你的帮助。"樊雅当即表示愿意归降祖逖。祖逖的军队就顺利进入谯城①，打通了北伐的道路。

　　远在并州的刘琨得知祖逖北伐取得进展，激动万分，对人说："我立志消灭敌人，每天枕戈待旦，没想到好朋友祖逖抢在我前面了。"

---

① 在今河南夏邑北。

中流，河流中央；楫，桨。船到中流时敲打船桨。比喻立志奋发图强。也作"击楫中流"。

造　句：	古往今来，凡是能成就大事的人，都有一股中流击楫的英雄气概。
近义词：	奋发图强
反义词：	萎靡不振

---

① 这个故事的原文里还有成语"新亭对泣"（表达了痛心国难却无可奈何的心情）、"闻鸡起舞"（听到鸡鸣就起来舞剑。比喻有志之士及时奋发）、"枕戈待旦"（晚上枕着兵器等待天亮。形容杀敌报国心切，一刻也不放松）。

〖 用兵如神 〗

《资治通鉴·晋纪九》

　　初，勒之为人所掠卖也，与其母王氏相失。刘琨得之，并其从子虎送于勒，因遗勒书曰："将军用兵如神，所向无敌，所以周流天下而无容足之地，百战百胜而无尺寸之功者，盖得主则为义兵，附逆则为贼众故也。成败之数，有似呼吸，吹之则寒，嘘之则温。"

译文

　　当初，石勒被人抢走卖掉的时候，和他母亲王氏失去联系。刘琨找到了王氏，就把她和石勒的侄子石虎一起送来，还给石勒写了一封信，说："将军调兵遣将如同神人，所向无敌，之所以在天下周游不定而没有立足之地，百战百胜却没有一点儿功劳，完全是因为报效正统的主人就是正义之师，而依附于叛逆者就成为贼寇之众的缘故。成败的道理，如同呼吸，急促地吹气就感到寒冷，徐缓地嘘气则觉得温暖。"

张宾三计定乾坤

一天，前赵大将石勒正坐在帐中喝酒，忽然听到有人在外面大声嚷嚷，便出去看个究竟，只见一个年轻的汉人，提着一柄宝剑，大声喊道："我要面见石勒将军！"

守门的卫兵凶了他一顿："叫什么叫！报上名来！"

"张宾求见石勒将军！"那名汉人见石勒出来，又喊起来。

卫兵要赶他走，石勒连忙阻止，他最近网罗了一大批名人志士，编成了一个君子营，专门帮他出谋划策。

"也许这个叫张宾的有点儿本事？"石勒想着，就叫他进来。

这个叫张宾的汉人，自小熟读经史，年轻时就有雄心壮志，后来投身军营，在刘渊手下当了一名小将领，常常对左右说："我的智谋不亚于汉初的张良，可惜没遇到汉高祖。"不过，前赵将星云集，石勒听完他的自我介绍后，有点儿失望，就漫不经心地问他："你来找我有什么事呢？"

张宾诚恳地说："我一一了解过天下各位名将，没有一位比得上石将军您的，我愿追随将军，辅佐您成就大业！"

石勒心中一动，便耐心和他交谈了一番，可还是没觉得他有什么过人之处，就随便给他安排了一个职位。

张宾倒也不气馁，经常为石勒出谋划策。石勒一开始并不当一回事，等事情结束后，发现全都与张宾预料的一样，才开始觉得张宾不一般，从此大小事情都要征求他的意见。

在张宾的辅佐下，石勒渐渐地从一名目不识丁的猛将，成长为一个具有战略远见的政治家，一步步地规划属于自己的版图。他趁中原大乱，一鼓作气拿下长江以西的三十多所壁垒，还想占据江、汉地区，作为自己的根据地，可惜出师不利，被晋军击溃，只好选择北归。

可是往北，石勒就要面对三大威胁：前赵的猛将王弥、幽州刺史王浚、并州刺史刘琨。其中王弥手握数万兵马，实力强劲，早就想兼并石勒了。

石勒倒也不怕，北归路上，他首先攻破了蒙城，活捉了驻扎在那里的西晋名将苟晞。王弥得知后，忌妒得几乎要发狂，他给石勒写信说："祝贺石大将军！您活捉了苟晞，还将他收归麾下，太了不起了！以后，就让苟晞在您左边辅佐，我在您右边辅佐，天下就不难平定了。"

石勒听张宾读完信，笑道："王弥的职位比我高，说话却这么谦卑，肯定在耍滑头！"张宾建议道："我听说王弥的几名部将离开了他，还带走了不少人马，所以王弥现在兵力薄弱，您正好找个机会除掉他。"

机会说来就来。当时石勒的军队正与流民首领陈午交战，王弥也与另一个流民首领刘瑞紧张对峙。王弥兵少，渐渐支撑不住，就向石勒求援。石勒二话不说，发兵相助，杀死了刘瑞。王弥感动得热泪盈眶，说："石勒真的在帮我呀！"便不再提防石勒，还愉快地去参加他摆下的庆功宴。

正当王弥左一碗、右一碗喝得忘乎所以时，石勒突然拔出刀来，一下就结果了他。过了两天，石勒才向前赵国主刘聪报告："王弥谋反，所以我把他杀了。"刘聪虽然很生气，但是忌惮石勒的实力，不仅不敢惩罚他，还给他升了官。

石勒正得意呢，侍卫又报告了一件喜上加喜的事情："将军，您失散多年的母亲与侄子回来了！"

原来，当初石勒被人抢走卖掉后，就和他母亲失去了联系。石勒派人找了很多年，始终没有音讯。没想到，并州刺史刘琨找到他母亲和侄子，并派部将张儒护送他们前来。

石勒真有点儿不敢相信自己的耳朵，他飞奔出门，果然见到母亲王氏和侄子石虎，三人抱头痛哭。

张儒等石勒平静下来后，递给了他一封信。那是刘琨写给石勒的劝降信："石将军您用兵如神，所向无敌，立下天大的功劳，却没有得到应有的封赏，原因就在于您依附的是叛逆的匈奴人，而非正义之师。现在我们晋朝授予您侍中、车骑大将军的职位，封您为襄城郡公，希望您接受！"

石勒安顿好母亲和侄子后，给刘琨回了封信，说："您和我各自选择了不同的道路，您为自己的朝廷保持气节，而我是夷人，恐怕很难为您效劳。"然后送给刘琨名马、珍宝等物品表达谢意。

刘琨既然主动示好，石勒就暂且放下他，而王浚是难啃的骨头，石勒想放到最后解决，于是动了再次南下的心思，他率军来到葛陂（bēi）①，在那里建营垒，修舟舰，准备进攻建业。琅邪王司马睿大怒，调集江南的军队到寿春，让纪瞻率领征讨石勒。

偏偏江南阴雨连绵，阻断道路，石勒的军粮供给不畅，军中还流行疾病，死了一多半人，石勒忧心如焚，召集众将商议。

右长史刁膺说："现在最好的办法是向琅邪王求和，先骗他退军，将来再做打算。"石勒听后，神情变得十分严肃。中坚将军夔安小心翼翼地说："现在雨太大了，我们不如到地势高的地方避一避

---

① 在今河南新蔡西北。

水。"石勒更加失望，斥责道："将军你为什么这么胆小呢？"

没办法，石勒只好转向张宾，问他："我们该怎么办呢？"

张宾缓缓地说："当初您攻陷洛阳，囚禁晋朝天子，杀害那么多王公贵族，还凌辱晋朝的嫔妃公主，即使拔下您的头发，也不够数您的罪过，怎么能向晋朝求和呢？要我说，杀了王弥之后，就不应当南下。这段时间大雨不止，就是上天在提醒您，不要在此逗留了。"

"往哪儿去呢？"石勒犯难了。

张宾继续说道："应当北上攻取邺城，那里有三个坚固的高台，西临平阳，隔山阻河，四面都有要塞，是理想的根据地。您再以邺城为中心，经营黄河以北，只要河北稳定下来，全国就没有人可以与您抗衡了。"

石勒捋起衣袖，抚摸髯（rán）须，兴奋地说："张君妙计啊！"他又冷眼看向刁膺，责备道："你出的什么破主意，居然劝我投降，按理应当杀头！不过，我知道你胆小怕事，这次就原谅你吧。"于是将刁膺贬黜为将军，提拔张宾为右长史，尊称他为"右侯"。

石勒让侄子石虎带着两千人马阻击纪瞻，他自己则带兵向北行进，渡过黄河，直抵邺城。然而，由于邺城防守严密，石勒没能攻克，在张宾的建议下，转而占据了襄国[①]。

王浚忙派辽西公、段部首领段疾陆眷和他的弟弟段匹磾等人率五万大军围攻石勒，结果却被石勒的奇兵打败，段疾陆眷的从弟段末柸（bēi）被活捉。段疾陆眷为了救段末柸，只好和石勒订立和约，率军返回。

稳住了王浚的盟友，石勒打算派一名使者到王浚那里探一探虚实。张宾说："王浚野心大得很。他名义上是晋臣，实际上想自立为

---

① 治所在今河北邢台市西南。

帝，只是怕天下英雄不追随他罢了。他想得到将军您，就像当年项羽想得到韩信一样。将军您威震天下，只要您说一些谦恭的话语、备上丰厚的礼物，降低身份与他结交，还怕他不信吗？您仅仅派一名使者前去，恐怕达不到目的。"

石勒就让部将王子春、董肇带上奇珍异宝，以及自己的一封信去幽州见王浚。在信中，石勒极力吹捧王浚："我石勒本来是一个卑微的夷人，从小就处境艰难，四处流浪，后来聚集了一些同族，不过是想在乱世中保全性命。现在晋室沦灭，中原无主，而您出身名门望族，试问四海都尊崇的帝王人选，除了您还有谁？我之所以冒死起兵，诛讨乱贼，正是打算为您效力啊。希望您能顺应天意民心，早点儿登上皇位。石勒我将像尊奉天地父母一样尊奉您。希望您体察我的心意，把我当儿子一样看待呀！"

王浚正为段疾陆眷退兵而气愤，读了石勒的信，他难以置信地问道："石公这样实力强大的豪杰，居然想归附我，这是真的吗？"

王子春恭恭敬敬地说："确实如您所说，石将军是当世英杰。可是，自古以来，有夷人当名臣，却没有夷人当帝王的先例。石将军不是将帝王之位让给您，而是顾虑到天道人心才这么做。石将军与您相比，就像月亮之于太阳，所以他才归附于您，这正是石将军超出常人的地方。殿下有什么可奇怪的呢？"王浚听得两眼放光，重赏了他们。

几天后，王浚的使者跟着王子春来到石勒那里。石勒事先把强壮的兵士、精锐的兵器藏了起来，只让使者看到一些老弱病残。在接受王浚的信时，石勒虔诚地朝北，向使者下拜，并把王浚赠送的麈尾悬挂在墙壁上，恭敬地向它叩拜，嘴里还说："我不能见到王公，见到他赐的物品，就像见到他本人一样。"

王浚的使者回去后报告说："石勒的情况糟透了，他对您绝对没有二心。他说三月要亲自来尊奉您为皇帝。"王浚非常高兴，开始骄纵懈怠起来，不再安排防务。

石勒暗喜，打算攻打王浚，可是犹豫了一天都没有发兵。张宾就问他："是不是担心刘琨袭击我们？"石勒说："是啊，有什么办法吗？"

张宾胸有成竹地说："刘琨和王浚虽然同为晋朝大臣，其实早就闹翻了，如果我们给刘琨写信，送去人质请求停战，刘琨一定会为我们的顺服而高兴，为王浚的灭亡而称快。用兵贵在神速，不要再拖延了。"

石勒笑道："我不能决断的，右侯已经替我决断，我还有什么可担忧的呢？"于是亲自率领一千多名骑兵，打着送礼的旗号，一路疾驰到达易水。

王浚的部将孙纬一边派人报告王浚，一边下令阻击。王浚却让人通知孙纬："不要动手，我和石勒约好见面的！"左右担心有诈，劝道："夷人一向不讲信用，这次突然前来，一定有诡计。"王浚怒道："石公这次前来，是要尊奉我为皇帝！任何人都不能攻打他，否则军法处置！"并下令安排宴会，准备款待石勒。

石勒担心王浚埋伏了军队，就赶着几千头牛羊进城，宣称："这些都是送给王将军的礼物！"那些牛羊在城中四处乱窜，堵塞交通，石勒的士兵就趁机到处抢掠。

王浚的部将看出苗头不对，都劝他说："石勒不怀好意，请马上阻击！"王浚还是抱着幻想，直到石勒进了门，将刀架在他的脖子上时，他才相信自己上了当，便破口大骂："胡奴，敢调戏你老子！为什么这样凶恶叛逆！"

石勒不紧不慢地说："您在晋朝享有高官厚禄，手握强大的军队，却眼睁睁地看着国家灭亡而不去救援，一门心思只做皇帝梦，这难道不是凶恶叛逆吗？"王浚无言以对，随后被押到街市上杀了，幽州就这样落到了石勒的手中。

用 兵 如 神

调兵遣将如同神人。形容善于指挥作战。

造　句：	在上海战役中，我军第三野战
	军副司令员粟裕用兵如神，将
	国民党的军队歼灭在上海外围
	郊区，实现了既消灭敌人，又
	保住城市的战略目标。
近义词：	神机妙算

【 壮士断腕 】

《资治通鉴·晋纪十一》

帝屡征兵于丞相保，保左右皆曰："蝮蛇螫（zhē）手，壮士断腕。今胡寇方盛，且宜断陇道以观其变。"从事中郎裴诜（shēn）曰："今蛇已螫头，头可断乎！"

译 文

愍帝多次征召丞相司马保来长安勤王。司马保的部下都说："被蝮蛇咬了手，壮士便砍断手腕以防止蛇毒蔓延。现在胡寇士气正盛，我们应当暂时截断陇地的道路，以观察事态的变化。"从事中郎裴诜不客气地说："现在蝮蛇已经咬到头了，难道把头砍掉吗？"

东晋偏安江南

石勒回到襄国，派人带着王浚的首级向前赵国主刘聪报捷。刘聪大喜，任命石勒为大都督、东单于，又增封十二个郡。石勒谦逊地说："都是将士们的功劳。"最后只肯接受两个郡。此举博得前赵上下一致赞颂，龙骧大将军刘曜却很不服气。

刘曜是前赵开国皇帝刘渊的侄子，身材魁梧，长着一对白眉毛，眼睛会发出赤光。刘曜爱读书，文章也写得不错，还是一个神箭手，一寸厚的铁板，他能一箭射穿。大概因为能文能武，刘曜自视甚高，常常说："我就是乐毅、萧何、曹参那样的人物！"周围的人听了都哄堂大笑，只有刘聪看重他，说："刘曜可以与汉世祖①、魏武帝比肩，乐毅等人算什么！"

为了报答刘聪的知遇之恩，刘曜每次打仗都冲在前面，立下赫赫战功。晋愍帝司马邺在长安登基后，刘曜多次发兵攻打，可是都失败了，唯一的收获就是抓住了凉州名将北宫纯，逼他投降。刘聪一气之下，将他由中山王贬为龙骧大将军。

刘曜见石勒的功劳高过自己，风头一时无两，非常郁闷，决心攻克长安，挽回颜面。西晋建兴四年（公元316年），刘曜再次发兵攻打长安。晋愍帝和大臣们慌作一团，这时放眼整个北方，能够伸出援手的只有占据秦州②的南阳王司马保了，便征召他来长安勤王。

---

① 东汉开国皇帝刘秀，谥号为光武，庙号世祖。
② 治所在今天甘肃天水市。

司马保对此犹豫不决，他的部将都说："被蝮蛇咬了手，应壮士断腕，防止蛇毒蔓延。现在胡人贼寇锐不可当，我们应当暂时截断陇地的道路，以观察事态的变化。"从事中郎裴诜不客气地说："各位，现在蝮蛇已经咬到头部了，难道要把头砍了吗?"司马保这才派镇军将军胡崧召集各地军队，准备保卫长安。

几个郡的军队先抵达霸上，因为害怕强大的前赵军，不敢再向前，直到胡崧的军队抵达灵台①，击败了刘曜的一支军队，形势才稍稍好转。不过，胡崧担心国威重振，愍帝的宠臣索綝和麴允的势力会得以壮大，就驻扎在渭水，不再前进。

愍帝和大臣们左等右等，没等来一支军队。这年年底，孤立无援的长安城被刘曜攻破，愍帝出城投降，被押往平阳。西晋就此灭亡。

晋人没了皇帝，司马保就想自立为帝，不过，琅邪王司马睿比他动作更快。

愍帝刚被俘时，西阳王司马羕（yàng）和官员们就请求司马睿使用皇帝尊号，司马睿不同意。司马羕等人再三请求，司马睿哭着说："你们再逼我，我就回封国去。"说完，传唤仆人准备车驾。司马羕等人只好退一步，请他当晋王，司马睿答应了。

远在并州的刘琨知道后，深受激励，说："这下晋人有了主心骨啦！"拉着段匹磾歃血为盟，相约共同拥戴晋王司马睿，并发布檄文告知汉族及其他各族，又派外甥温峤南下建康②，劝司马睿称帝。

温峤出发前，刘琨再三勉励他："晋朝国运虽然衰微，可是天命没有改变。我将在河朔③一带建功立业，你到江南去干一番事业吧！"

到达建康后，温峤在朝堂上慷慨陈词，盛赞刘琨忠义，力劝司

---

① 今陕西西安市西北。
② 即建业，为避晋愍帝司马邺之讳，改名为建康。
③ 泛指黄河以北地区。

马睿承袭晋统。各地也都上表劝司马睿称帝，可司马睿就是不答应。他的想法也不难理解，洛阳、长安相继沦陷，如果他此时称帝，天下人会怎么议论他呢？况且，愍帝虽然投降了，但是还活着呀！

愍帝的确还活着，可是每天都过得生不如死。刘聪经常羞辱他，每次外出打猎，都要他穿着戎装，手拿戟矛，在前面开路。有人就指着愍帝说："你们知道吗？这个人以前是在长安当皇帝的。"百姓便聚集观望，不少晋人都流下了眼泪。

太子刘粲就劝刘聪："应当杀了司马邺，断了晋人的念想。"刘聪想了想，说："当年我虽然杀了司马炽，可是晋人的心仍然不归向我们。这次先不杀司马邺，观察一段时间再说。"

第二年冬天，刘聪大宴群臣，像当年对待怀帝司马炽那样，他命令愍帝给大臣们斟酒，洗酒杯，拿杯盖。西晋旧臣潸然泪下，有的甚至哭出了声，尚书郎辛宾忍不住站起身来，抱着愍帝号啕大哭。刘聪很厌恶，就下令将辛宾斩首，过了几天，连愍帝也杀了。

消息传回建康，司马睿悲痛万分，穿上丧服，移居到为父母守丧时才居住的简陋棚屋里。众官员奏请司马睿使用皇帝尊号，司马睿不同意。

大臣纪瞻命人摆好皇帝御座，劝道："先帝驾崩，国家无主，皇室子弟中还有谁比您更适合继承大业呢？您如果登上皇位，那么祖先的宗庙和百姓又都有了依靠；如果违背天意人心，失去大势，事情就无法挽回了。现在的局势，就像救火，谦让不得啊。"

司马睿还是不同意，让大将韩绩撤去御座。韩绩正要上前，纪瞻大声呵斥："皇帝的宝座与天上的星星相对应，谁敢乱动？！"司马睿听了，若有所思。

公元318年，司马睿登基称帝，国号依然是"晋"，历史上称为东晋。司马睿就是东晋元帝。

　　元帝本打算依靠长江天险，偏安江南，可一想到孤零零留在北方抗击胡人的刘琨，心里就很不是滋味。这天，他正想联系刘琨，谈谈收复河朔的事，却从北方传来刘琨被杀的噩耗。

　　原来，石勒夺得幽州后，派刘翰担任幽州刺史，镇守蓟城。刘翰不想为石勒卖命，就投降了段部首领段匹磾。段匹磾由此进驻蓟城，势力得以壮大。

　　石勒拿段匹磾没辙，就将怒火喷向并州，围攻乐平太守韩据。韩据打不过，忙向驻扎在阳曲的刘琨求援。不久前，因为鲜卑拓跋部内乱，刘琨得到拓跋氏旧部卫雄、箕澹的三万多鲜卑人和乌桓人，军力大增，便打算一举消灭石勒。他命箕澹带两万人当前锋，自己则屯兵广牧^①声援。

　　石勒的部将很害怕，有人就说："箕澹的兵马精悍强壮，锐不可当，不如暂且避其锋芒，修筑深沟高墙来挫伤他们的锐气。"石勒怒道："箕澹的人马是不少，可是他们刚从代郡前来，疲乏不堪，号令也不统一，有什么可怕的。"他当场杀了那个说话的人，让孔苌任前锋都督，号令三军，后退者斩。

　　随后，石勒在山中设下伏兵，亲自引箕澹深入，最终与伏兵一起夹击箕澹。箕澹大败，逃回代郡。

　　此战震动并州，守卫阳曲的晋将李弘吓得献出并州，投降了石勒。刘琨进退两难，只好投奔段匹磾。

　　段匹磾很敬重刘琨，与他联姻，并结拜为兄弟。可是好景不长，辽西公段疾陆眷因病去世，段部爆发内乱，段末柸趁机自立为单于，并击溃前来奔丧的段匹磾，活捉了刘琨的长子刘群。

　　段末柸对刘群很客气，说："我敬重你的父亲，打算让他当幽州

――――――――――――

① 治所在今内蒙古五原西南。

刺史，条件是他与我联手除掉段匹磾。"刘群自作主张答应了，还写密信让刘琨当内应。不料，信被段匹磾截获。段匹磾请来刘琨，把信给他看，还说："我一直信任你，当你是兄弟，所以把这件事明明白白告诉你。"

刘琨大惊，对段匹磾说："我和您结盟，打算洗雪晋朝的耻辱，即便儿子的密信送到我手中，我也不会因为一个儿子而忘记您对我的恩德。"

段匹磾相信刘琨，打算放他走，但是段匹磾的弟弟段叔军挑唆道："在晋人眼中，我们是必须提防的夷族。他们之所以服从我们，只是因为我们人数众多。现在我们骨肉不和，晋人可能趁机对付我们。假如他们推举刘琨为首领，和我们作对，我们这一族就全完了。"段匹磾就将刘琨囚禁起来。

刘琨意识到自己处境危险，就写了一首诗赠给属官卢谌，请他设法搭救。卢谌没有明白他的苦心，只是简单回赠了一首诗。刘琨心知生还无望，又写了一首《重赠卢谌》，最后四句"狭路倾华盖，骇驷摧双辀（zhōu）。何意百炼刚，化为绕指柔"，倾诉了自己从叱咤风云的英雄到阶下囚的凄凉悲怆之情。卢谌读了这首绝命诗，不禁泪水沾襟，终于体会到刘琨的心意，他赶紧找人营救，不料计划失败。

由于刘琨在晋人中的声望很高，他被囚禁后，远近之人都悲愤叹息。段匹磾害怕引发动乱，便假传圣旨，杀死了刘琨。

元帝虽然知道刘琨冤死，可是忌惮段匹磾的势力，又希望借助他的力量平定河朔，就不为刘琨发丧。温峤悲愤不已，上表说："刘琨忠于晋室，却家破身亡，应当给他应有的待遇。"卢谌也通过段末柸的使节，上表为刘琨鸣不平。过了几年，东晋朝廷才追赠刘琨为太尉、侍中。

壮 士 断 腕

　　指勇士的手腕被蝮蛇咬伤，就立即截断，以免蛇毒扩散全身。比喻做事要当机立断，不可迟疑、姑息。

造　　句：	面临重大抉择时，我们要有统筹谋划的智慧，以及壮士断腕的决心。
近义词：	当机立断
反义词：	犹豫不决

---

① 这个故事的原文里还有成语"锐不可当"（指来势威猛，不可抵挡）。

【 饱以老拳 】

《资治通鉴·晋纪十三》

　　后赵王勒悉召武乡耆旧诣襄国，与之共坐欢饮。初，勒微时，与李阳邻居，数争沤（òu）麻池相殴，阳由是独不敢来。勒曰："阳，壮士也；沤麻，布衣之恨；孤方兼容天下，岂仇匹夫乎！"遽（jù）召与饮，引阳臂曰："孤往日厌卿老拳，卿亦饱孤毒手。"

译　文

　　后赵国主石勒把武乡全部年高望重者召到襄国，和他们一起饮酒叙旧。当年石勒身份卑微低贱时，和李阳是邻居，多次因为争夺沤麻的池子相互殴斗，所以只有李阳不敢来。石勒就说："李阳是勇士，当年争夺沤麻池子，只是平民时的恩怨；我现在的志向是兼并天下，怎么会记恨一介平民呢？"叫人把李阳接来，上前挽着他的胳臂，笑眯眯地说："过去我饱受你的老拳，今天也教你尝尝我的毒手！"

144
/
145

一个奴隶的逆袭

就在晋元帝司马睿称帝的同一年，前赵国主刘聪病死了，临终前交代岳父靳准辅佐太子刘粲即位。刘粲当皇帝以后，沉溺于酒色，把军国大事都交给靳准处理。没多久，靳准就发动政变，杀死刘粲，自号"汉天王"。

接下来，靳准做了一件让所有人意想不到的事。他对西晋投降过来的汉人胡嵩说："从古至今，哪有胡人当天子的，现在我把刘曜从洛阳抢来的传国玉玺交给你，你送还晋王室。"胡嵩不清楚他葫芦里卖的什么药，不敢接受。靳准一怒之下，杀了胡嵩，重新派人去对元帝说："刘渊只是一个屠各部的小丑，趁着晋室内乱称帝，使二位天子被俘身死，现在我命人将二帝梓（zǐ）宫①送回江东。"

天底下竟然有这样的好事？元帝将信将疑，派人来到前赵，果然接回了二帝的棺椁。

但靳准此举并没有得到汉人的拥戴，被迫投降的晋将北宫纯当时担任前赵的尚书，他召集城中的晋人起兵，可惜由于兵少，被靳准攻灭，北宫纯也被杀。

靳准虽然恼怒，却也知道急不来，便想找个有名望的汉人为自己出谋划策。当时王延以孝顺闻名天下，靳准就召他当光禄大夫。王延不肯，悄悄逃出城，结果被靳准抓了回去。王延便指着靳准的

---

① 帝后的棺材。

鼻子痛骂："你这个屠各族的逆奴，为什么不快点儿杀了我，把我的左眼放在西阳门，好看刘曜攻进来；把我的右眼放在建春门，好看石勒攻进来！"靳准恼羞成怒："真是不识抬举！杀了！"

刘曜得知平阳内乱，立即率军从长安前来救难，刚走到赤壁，就遇到从平阳逃出来的太保呼延晏等人，这些人给他献上尊号，请他登基称帝。刘曜也不客气，即位后下诏把都城迁到长安，国号由"汉"改为"赵"。

接着，刘曜任命石勒为大司马，让他攻打平阳。靳准倒也不怕，多次挑战，但石勒就是不接招。渐渐地，靳准的士气大挫。当年十月，石勒与侄子石虎的军队会合，攻入平阳城，诛灭了靳准。附近的巴人、羌人和羯人纷纷前来投降，前后有十多万人，石勒就把他们全部迁徙到自己管辖的郡县内，又派王修等使者向刘曜报捷。

刘曜大喜，派大臣郭汜前去册封石勒为赵王。石勒的使者团中有一个叫曹平乐的，希望留在长安做官，便对刘曜说："石勒这次派使者来，表面上谦恭，实际上是想打探您的虚实。石勒得到情报后，肯定会出兵袭击您。"当时前赵的兵马确实疲弱，所以刘曜信以为真，派人追回郭汜，杀了王修等人。

石勒辛苦一场，到头来什么也没捞着，就愤怒地说："我侍奉他们刘家，已经超过了臣子应尽的本分。刘氏的江山都是我打下来的，现在刘曜刚当上皇帝就过河拆桥。我不稀罕他的封赐！赵王、赵帝，想做我自己就能做，哪里要他封！"

公元319年，石勒自称大单于、赵王，建都襄国城，史称后赵。接下来自然就是大肆封赏了，所有功臣里张宾得到的职位最高、待遇也最优厚，但是他十分谦虚、谨慎，处理政务时杜绝私情，以身作则，见到石勒做得不对的总是直言规谏，因此深得石勒的信赖。石勒平时大大咧咧，不拘小节，但是一见到张宾，就会端正衣冠、

注意措辞，以右侯称呼张宾，从不叫他的名字。

在张宾的建议下，石勒招贤纳士，重用贤能。当时战乱不断，律令繁杂，石勒就让大臣贯志采撷纲要，写成五千字的《辛亥制》施行；任命大臣续咸为律学祭酒，细致、公平地审理案件；派使者巡行州郡，鼓励、督促农业生产。这些举措都深得人心。

石勒是一个文盲，吃够了不识字的苦，所以对教育相当重视。他让牙门将王波当记室参军，负责评定人才等第，开始设立秀才、孝廉考试制度；在各郡设置学官，开设学校，每年招收一百五十名学生。这些学生由专门的老师教课，经过三次考试才能毕业，作为朝廷的备用官员。这项制度为后赵培养了不少人才，几百年后，隋朝的科举考试就是在此基础上建立的。

石勒早年被汉人抓去卖为奴隶，因此对汉人十分仇视，曾经在"永嘉之乱"中大肆屠杀汉人，后来考虑到胡人文化水平较低，不得不让张宾等汉族士人为自己出谋划策。而且，在石勒建立功业的过程中，胡人军团起了决定性的作用，所以，建国后他开始实施"胡汉分治"的政策以抬高胡人的地位，后赵称胡人为"国人"，汉人则叫作"晋人"或"赵人"。如此一来，汉人与胡人的待遇就天差地别，很多胡人将领根本不把汉人当人，打骂抢掠是家常便饭，连那些有文化有才能的汉人也避免不了。

有一次，石勒召见能征善战的汉人将领樊坦，见他衣帽破旧，狼狈不堪，便问："爱卿为什么穿成这样啊？"

樊坦脱口而出："前几天遭到几名胡人抢劫，家中值钱的财物都给抢走了。"

石勒笑着说："他们竟然这样蛮横无理吗？我会加倍偿还你。"

樊坦这才意识到自己犯了石勒的忌讳，便流着眼泪，磕头谢罪。石勒倒没有计较，赐给樊坦车马、衣服等物，又让他留下来吃午饭。

侍者将盘子端上来后，石勒故意指着胡瓜问樊坦："爱卿知道这叫什么名字吗？"樊坦这次谨慎了，没有说出石勒忌讳的"胡"字，而是恭恭敬敬地答道："玉盘黄瓜。"石勒满意地笑了。自此，胡瓜被称作黄瓜，一直流传至今。

　　经过一段时间的治理，后赵终于步入正轨。石勒打算放松一下，

就邀请家乡所有的年高望重者到襄国，准备了好酒好菜招待他们。乡人们到达后，石勒巡视了一圈，问："李阳怎么没来？"

李阳是石勒微贱时的邻居，当年两人经常因为争夺沤麻池子相互掐架，所以这次李阳不敢来。乡人们说明原因后，石勒笑着说："李阳是勇士，当年争夺沤麻池子，只是平民时的恩怨；我现在的志向是兼并天下，怎么会记恨一介平民呢？"他立即派人去接李阳。一见面，石勒就上前挽着他的胳臂，笑眯眯地开玩笑说："你这臭小子，过去我饱受你的老拳，今天也教你尝尝我的毒手！"后来让李阳做了武官，又免除了家乡三代人的赋税和徭役。

欢乐的日子总是短暂的。宴会才过，东晋的北伐名将祖逖就送来一份"厚礼"，让石勒心神不宁。

原来，祖逖攻打坞主樊雅时，另一个坞主陈川派部将李头前来助战。李头勇猛无比，立下很多战功，祖逖十分欣赏他。李头也非常感恩，常常叹道："若能追随祖逖这样的主人，我死而无憾。"陈川以为李头想背叛自己，一气之下就杀了他。李头的部众悲愤不已，便投降了祖逖。陈川更加恼怒，大肆攻掠豫州各地。

祖逖发兵狠狠地教训了陈川，陈川只好向石勒求救。石勒先派石虎率五万兵马救援，将祖逖逼退到梁国，又派部将桃豹带兵声援石虎。祖逖见后赵军来势汹汹，就退守淮南。石虎很得意，带着陈川的人马回到襄国，留下桃豹守卫陈川故城的西台。祖逖大喜，立即派兵占据了故城的东台。

双方相持四十天后，各自的粮草供给都很紧张。祖逖就想出一计，他让人找来很多布袋，装上碎土，看上去好像装满了大米，然后派了一千多人运到台上，又让一些士兵担着真米，假装在路边休息。桃豹的人马追来，祖逖的士兵丢下担子逃跑。桃豹的人得到大米，误以为祖逖军粮充足，十分恐慌。祖逖又设下埋伏，把石勒运给桃豹的军粮劫走。桃豹只得连夜撤军。

祖逖占据了东、西二台之后，经常派兵截击后赵的军队，收复了不少被石勒抢去的城镇。元帝很高兴，封祖逖为镇西将军。

祖逖虽然升了官，可是从不摆官架子，总是与将士们同甘共苦。他还结交了黄河流域许多坞堡的坞主，只要后赵有什么特殊举动，坞主们便秘密传告祖逖，因此晋军经常打胜仗。祖逖信心大增，加紧训练士兵，积蓄粮食，为进一步收复黄河以北的失地做准备。

石勒刚刚建国，不想和祖逖大动干戈，就让人修葺了祖家的坟墓，专门安排了两户人家看守。他还给祖逖写信，希望互通使节、开放贸易。祖逖没有回信，但是也不阻止双方进行贸易往来。

有一天，祖逖的部将童建投降了石勒。石勒二话不说就杀了他，将他的首级送给祖逖，并说："我生平最痛恨叛逆者。祖将军憎恶的人，也是我所憎恶的。"祖逖深受感动，从此凡是石勒那边投降过来的人，祖逖都不接纳，还禁止晋军将领侵犯、攻掠后赵百姓。两国边境上的百姓，因此得以休养生息。

饱以老拳

饱，充分；以，用。指痛打，尽情地揍。

造　句：对这个言而无信的家伙，杨诏
恨不得马上饱以老拳，揍得他
满地找牙。可最终，理智战胜
了冲动，杨诏默默地收回了手。

〖 肝脑涂地 〗

《资治通鉴·晋纪十三》

久之，彭叹曰："今天下大乱，强者为雄。曹亦乡里，为天所相，苟可依凭，即为民主，何必与之力争，使百姓肝脑涂地！吾去此，则祸自息矣。"

译 文

双方相持很久，鞠彭叹息说："现在天下大乱，强者才是英雄。曹嶷（yí）也是晋人，又有上天相助，只要能够依靠，就由他为民做主，何必和他争战，导致老百姓凄惨地死去呢！只要我离开这里，战祸就会自然停止。"

慕容廆称霸辽东

　　早在三国时期，鲜卑慕容部的首领莫护跋就率领部族进入辽西地区，后来，他跟随司马懿征讨辽东，立下大功，被封为率义王，在棘城①以北建国。当时，北方汉人中流行一种带有悬垂装饰物的帽子，称为"步摇冠"，莫护跋觉得很漂亮，也叫人做了一顶，每天戴在头上。鲜卑人觉得莫护跋戴上这种帽子后威武帅气，都叫他"步摇"。因为鲜卑语中"步摇"与"慕容"读音接近，传着传着，人们就渐渐唤他"慕容"。莫护跋死后，他的后人干脆以"慕容"作为自己的部落名。

　　晋武帝司马炎在位时，莫护跋的孙子慕容涉归因为数次跟随西晋大军出征，被封为大单于。慕容涉归死后，他的弟弟慕容删篡位，想杀掉慕容涉归的儿子慕容廆（wěi）。慕容廆只好离开部落，躲到辽东一个汉人的家里。过了三年，慕容部的民众杀死慕容删，迎立慕容廆为单于。

　　慕容廆很有雄心壮志，刚即位就想讨伐与慕容部有世仇的鲜卑宇文部，但是没有得到西晋朝廷的允许。慕容廆一怒之下，率部众入侵辽西，搅得当地鸡犬不宁。武帝见慕容廆这么嚣张，就派幽州的驻军狠狠地教训了他。慕容廆这才老实起来，对左右说："我们慕容部世代尊奉中原王朝，他们的礼仪和文化强于我们，与他们为敌，

---

① 在今辽宁义县西。

伤害的只会是我们自己。"于是派使者向西晋求和，武帝很高兴，封他为鲜卑都督。

慕容廆就去向东夷校尉^①何龛（kān）致谢。当他按照汉朝官员参见的礼节，以头巾裹着头发，身穿单衣，步行到门口时，发现何龛整肃部队在等他，便回去换了一身军服再来见面。

有人好奇地问慕容廆："您为什么要这样做？"

慕容廆反问道："做主人的不用礼节接待宾客，做客人的又能怎么样呢？"

何龛听到了，心里非常惭愧，对他也多了几分敬畏。

慕容廆不仅能够随机应变，还很懂得审时度势。当时，鲜卑族东部地区的宇文部、段部都非常强盛，多次掠夺慕容部。慕容廆的实力不如他们，只好经常送去丰厚的财物，以保部族平安。为了表达诚意，慕容廆还娶了段部单于段阶的女儿，生下了慕容皝（huàng）、慕容仁、慕容昭三个儿子。

暂时稳住了段部后，慕容廆开始为将来谋划。他认为辽东地处偏远，便将部族迁到大棘城，像汉人那样定居下来，把农业当成根本来发展，使得慕容部日益强大起来。这就引起了宇文部的单于莫圭的警惕，他派弟弟屈云攻打慕容部。慕容廆分析了形势之后，没有正面迎敌，而是派骑兵击败了莫圭的偏师^②——素怒延的军队。

素怒延是常胜将军，吃了败仗后感到耻辱，就回去纠结了十万大军，将棘城围得水泄不通。慕容部的人都恐惧不安，慕容廆就说："素怒延兵马虽然多，却是乌合之众，大家放心，我已经有对付他的办法了！"众人这才稍稍安定。慕容廆率军出击，再次打败素怒延，

---

① 三国曹魏在中原以东少数民族地区设置的军政最高长官。
② 在主力军侧翼协助作战的部队。

追击了一百里，俘虏和杀死上万敌兵。自此，慕容廆声名大震，吸引了不少部族的人前去投奔，就连汉人也对他青睐有加。

中原地区沦陷后，很多士人和百姓北上避难。起初，他们都去投奔晋朝的幽州刺史王浚，可是王浚只想割据一方，不能好好地安抚他们，加上州内法令不严，这些人都大失所望，又将目光转向段部和慕容部。段部也比王浚好不到哪儿去，他们眼中只有打仗，根本不懂怎么对待汉人。而慕容廆因为曾经在汉人家中避难，学习了不少汉人文化，敬重爱惜汉人，辖区内的政治也清明，所以汉人都来投奔他。河东人裴嶷就是其一。

裴嶷本是昌黎太守，清廉刚直，极有谋略。这年，他的哥哥裴武去世，裴嶷与侄子裴开送丧回家乡，经过慕容部，慕容廆对他们恭敬有加，离别时还送上丰厚的财物。叔侄二人走到辽西时，发现道路因战乱阻塞，裴嶷便想回去投奔慕容廆，裴开不同意，说："我们的家乡在南方，怎么能向北走呢？再说，同样是寄人篱下，段部的力量强大，慕容部势力微弱，怎么反而投奔慕容廆呢？"

裴嶷耐心地解释道："中原战乱不息，我们继续南下就是羊入虎口。我们得找一个可靠的立足之地。你看段部的这些人，除了打打杀杀，还能干什么？再看他们又是怎么对待读书人的？慕容廆德才兼备，又有霸王之志，我们跟随他，上可建立功名，下可庇护宗族。除此以外，还有什么更好的选择吗？"裴开这才答应回去。

慕容廆见裴嶷返回，高兴极了，让他做心腹谋臣，帮助自己策划军政大事。在裴嶷的带动下，前来投奔的士人络绎不绝。慕容廆专门设立不同的郡来管理这些人，并任用其中的贤才，如黄泓、游邃（suì）、逄（páng）羡、封抽等，让他们帮着处理政务。

慕容廆的一系列举动，惹恼了东夷校尉崔毖。崔毖觉得自己在中州享有声望，代表正宗汉族，想以此延揽流亡的汉人，他打听到名士皇甫岌也北上流亡，就写信劝皇甫岌投奔自己，言辞十分谦恭，但皇甫岌没有答应。可是慕容廆写信一招呼，皇甫岌与弟弟皇甫真就去了。崔毖十分恼怒，怀疑是慕容廆在背后捣鬼，就暗中游说与慕容部不和的段部、宇文部和高句丽，联合出兵攻打慕容廆，约定事成之后瓜分慕容部的地盘。

三个部落的联军逼近棘城，慕容廆的部将纷纷请求迎战，慕容廆却说："他们三军联合，兵锋正锐，现在不能和他们交战。他们受崔毖唆使，一窝蜂地前来，既没有统一的号令，互相之间又不服气，时间久了必然产生异心。等到他们人心离散，我们再大举进攻，保证能打败他们。"

慕容廆便闭城固守，每天派人带着好酒好菜，单独犒劳宇文部的军队。高句丽和段部的单于就相互嘀咕："不对呀，慕容廆为什么只招待宇文氏？他们肯定有密谋，那我们还打什么呀！"于是各自退军。

宇文部的单于悉独官不想无功而返，对部将们说："他们两家虽然走了，我们不是还有几十万人马吗？打败区区慕容廆绝对没问题！"

慕容廆见宇文部不退，担心自己打不过，想召回驻军徒河①的庶长子慕容翰。慕容翰却认为此时不能回棘城，他派人对慕容廆说："悉独官倾全国之力前来攻打，敌众我寡，我们不可硬拼，只能智取。现在棘城的军队，防御是没有问题的。我的军队守在城外，等到合适的时机可以配合您的军队，对宇文部来个内外夹击。"慕容廆听从了他的意见。

悉独官得到情报，对左右说："慕容翰一向很有智谋，这次不来

---

① 治所即今辽宁锦州市。

支援棘城，恐怕想奇袭我们。我们应当先去攻打徒河。至于棘城这些人马，不必放在心上。"于是分出数千骑兵攻击慕容翰。

　　而慕容翰已经在城外设下埋伏，还派人假扮成段部的使者，拦住悉独官的骑兵，对他们说："我们大单于早就看慕容翰不顺眼了，知道你们要攻打他，就派大军在这里帮你们守着，你们可以快速前进。"宇文部的骑兵信以为真，拍马就向前跑，结果全都被慕容翰的伏兵抓住。慕容翰乘胜向棘城进军，同时派人向慕容廆报告消息，让他出城大战。慕容廆大喜，命令慕容皝和裴嶷率领精锐士卒为前锋，自己统领大军紧跟其后。

　　宇文部倾巢迎战，两军前锋刚刚交战，慕容翰就率领骑兵从侧面冲入悉独官的军营，纵火焚烧营帐。宇文部的人马被前后夹击，迅速溃败。悉独官见势不妙，骑上马就逃跑了。

　　崔毖怕慕容廆找自己算账，吓得带着家眷亲信逃到高句丽，他的部众全部投降了慕容廆，这其中就有刚刚来到辽东的东莱① 太守鞠彭。

　　当初，王弥的部将曹嶷奉命到青州招募旧部，拉起一支实力强劲的军队。王弥死后，他不断攻占地盘，基本占据了整个青州，就产生了割据一方的念头。朝廷知道后，派鞠彭抵抗他。曹嶷的军队虽然比鞠彭强大，但鞠彭比曹嶷更得民心，大家都愿意为他死战，所以双方相持了很多年。

　　鞠彭见不少百姓因战乱而死亡，意识到一直打下去不能解决问题，便叹息说："现在天下大乱，强者为尊。曹嶷也是我们晋人，上天都在帮他。只要他能够庇护百姓，我又何必和他争，使老百姓肝脑涂地呢！只要我离开此地，战祸就会停止。"于是带着数千户人家

----

① 治所在今山东莱州市。

渡海前往辽东投奔崔毖，恰逢崔毖败逃，他们就归附了慕容部。

　　慕容廆打了胜仗，又得了鞠彭这样的能人，真是双喜临门，就派裴嶷南下向晋元帝司马睿报捷。元帝一开始没当回事，听裴嶷说慕容廆威德日广，深得人心，才重视起来，封他为辽东公。

肝脑涂地

涂地，涂抹在地上。形容惨死。也形容竭尽忠诚，任何牺牲都在所不惜。

造　句：	蜀国名将姜维为了报答诸葛亮
	的知遇之恩，一心一意谋划复
	兴蜀国。虽然最终失败，但
	他那种即使肝脑涂地，也要
	坚持理想的人格赢得了世人的
	称赞。
近义词：	粉身碎骨、血肉横飞
反义词：	苟且偷生、贪生怕死

二十二

【城狐社鼠】

《资治通鉴·晋纪十四》

敦将作乱，谓鲲曰：“刘隗奸邪，将危社稷，吾欲除君侧之恶，何如？”鲲曰：“隗诚始祸，然城狐社鼠。”敦怒曰：“君庸才，岂达大体！”

译 文

王敦准备叛乱，对谢鲲说：“刘隗这样的奸恶之徒，将会危害国家，我打算除去君王身边的这个恶人，你觉得怎么样？”谢鲲说：“刘隗的确是祸乱之源，可他只是城墙上的狐狸，社庙里的老鼠。”王敦怒道：“你这个庸才，哪里懂得事关大局的道理！”

王敦气死皇帝

　　在东晋的建立过程中，王导运筹帷幄，笼络南方士族，安抚北方南渡的士人，立下汗马功劳。所以，举行登基大典时，晋元帝司马睿再三邀请王导登上御座，一同接受百官的祝贺。王导坚决拒绝，说："如果太阳与天下万物等同，它又怎么能俯照苍生呢？"

　　元帝越发感激王导，便任命他为宰相。王导的堂兄王敦因为先后平定江州、荆州、湘州等地的叛乱，被封为大将军、江州①牧。这样，王导和王敦一文一武、一内一外，掌控着东晋的军政大局。他们身后的"琅邪王氏"以及门生弟子也占据显要的职位，实力与皇族司马氏相当，因此当时的百姓称："王与马，共天下。"

　　东晋建立之初，王导、王敦兄弟同心同德，尽心尽力辅佐元帝，元帝也对他们推心置腹。没想到王敦自恃有功，变得飞扬跋扈起来，经常对朝廷的命令阳奉阴违。元帝对他既畏惧又憎恶，就重用亲信刘隗、刁协，而刻意疏远王导。刘、刁二人也迎合元帝，经常打压王导。

　　王导性情淡泊，倒也看得开，王敦却不同，对左右说："他能够当上天子，还不是靠我王家出力！"他又给元帝上疏，假借为王导鸣冤来发泄自己的不满，字里行间充满傲慢与愤恨。

　　这份疏文先到了王导手里，他不想激化矛盾，封好之后，退还

　　① 治所在今江西南昌市东。因江水得名。

给了王敦。王敦不死心，又通过别人把疏文送给元帝。元帝看后，气急败坏地对刘隗等人说："王敦是立了些功劳，但是朕给他的官已经够大了，他的欲望却没有止境，你们瞧瞧这上面都说的什么话！"

刘隗就为元帝出主意，封戴渊为征西将军，负责兖、豫、幽等六州的军事，出镇合肥，而他自己则任镇北将军，镇守淮阴，以削弱王敦的兵权。

王敦有点儿害怕，试图拉拢刘隗，就写信对他说："近来陛下很器重您，我想和您共同辅佐王室，平定海内。您觉得怎么样？"刘隗冷冷地回了几个字："鱼相忘于江湖，人相忘于道术。"意思是鱼儿遨游在辽阔的江湖中就会忘记自己的本性，人如果有了一些本事就会忘乎所以。显然，他既拒绝了王敦的拉拢，也暗暗警告王敦不要怀有不臣之心。王敦勃然大怒，打算率军进逼建康，不过他畏惧镇西将军祖逖，就派使者去探祖逖的口风。

结果，祖逖声色俱厉地对使者说："阿黑①这小子怎敢如此放肆！你回去告诉他，让他赶快滚蛋。如果迟了一步，小心我亲自带三千兵将，逆流而上，赶他回去！"王敦这才打消了起兵的念头。

使者走后，祖逖想到自己在北伐路上披荆斩棘，好不容易收复黄河以南的土地，现在朝廷权臣明争暗斗，只怕东晋内乱难免，北伐大业无法完成，不由得叹息了很久。渐渐地，他积忧成疾，不久就抱恨而逝。

王敦大喜，积极筹备起兵，他先后羁留谢鲲、羊曼等名士，要他们出谋划策。谢鲲不想掺和王敦的叛乱，经常和羊曼喝得醉醺醺的，干不了具体的事情。

王敦很生气，直截了当地问谢鲲："刘隗是个奸恶之人，将会危

---

① 王敦的小名。

害国家，我打算除掉他，你觉得怎么样？"谢鲲说："刘隗的确是祸乱之源，但他只是城狐社鼠，背后有天子在撑腰。"王敦怒气冲冲地说："你真是不识大体的庸才！"

永昌元年（公元 322 年）正月，王敦在武昌起兵。他给元帝上疏，罗列了刘隗的十大罪状，最后说："如果刘隗的人头早上献出来，我傍晚就会退兵。"叛军到达芜湖时，王敦又将刁协列为讨伐的对象。元帝大怒，打算亲自统率六军和王敦决一死战。

戴渊和刘隗闻讯，火速回师保卫京城。当晚，刘隗和刁协对元帝说："王敦这次谋逆，一定有琅邪王氏的人做内应，我请求诛杀京中所有琅邪王氏的族人！"元帝想到王氏的功劳，一时犹豫不决。

王导担心祸及整个王氏宗族，便率领王氏子弟，交上自己的朝服，跪在宫外，等待朝廷定罪。一连几天，都是如此。

这天，百官鱼贯入朝，尚书仆射周颛也准备进殿。王导觉得周颛刚正耿直，与自己交情也不错，想请他向元帝求情，就拦住他说："伯仁[①]啊，今天我把王氏宗族一百多条性命托付给您了！"周颛听了，面无表情，径直进入殿内。王导看着他的背影，心里七上八下。

百官退朝后，周颛对元帝说："王导一向忠诚，又为晋室江山立下汗马功劳。您今天要是杀了他，天下人会怎么看您？将来还有谁敢为您效力？再说，如果王导与王敦勾结谋反，他怎么会留在京城等您杀头呢？请陛下不要做出让自己后悔的事情！"元帝对王导本就有很深的感情，听周颛这么一劝，便答应不杀王导，还留周颛在宫中吃饭。周颛一高兴就多喝了几杯，很晚才摇摇晃晃地出宫。

一直在殿外等待的王导急忙迎上去，唤道："伯仁，伯仁！"周颛没有搭理他，而是四下看了看，大声说："今年杀掉这帮乱臣贼

---

① 周颛，字伯仁。

子，就能升一个大官来做做。"说完，踉踉跄跄地朝前走去。王导一听，心都凉了。

周颢回到家里，清醒了许多，就上表再次为王导及其族人申辩，言辞十分妥帖。但是，他做的这些，王导一无所知。

第二天，元帝特地派人将朝服送还王导，并召他进宫。王导一进去就跪在地上，说："叛臣贼子，从古至今哪一个朝代没有？想不到这次出在我王家！臣下深感惭愧，甘愿受罚！"

元帝本来席地而坐，这时来不及穿鞋，赤着脚就上前扶他起来，说："爱卿啊，你说的是什么话！我正打算将朝廷的政务都交给你处理呢！"当即任命王导为大都督，希望他大义灭亲，迎击王敦。

王敦的军队日益逼近，元帝让刘隗驻扎在金城^①，右将军周札守卫京城的要塞——石头^②。元帝自己则穿上甲衣，巡视郊外的军队，随后，他又命梁州刺史甘卓、广州刺史陶侃率军前来支援。

王敦知道刘隗手下勇士很多，就先进军石头，没想到周札竟然不战而降。刁协、刘隗、戴渊等人想夺回石头，却没有成功。王导和周颢、郭逸、虞潭等兵分三路进攻王敦，也都失败。太子司马绍急得几次想骑马出城决战，太子中庶子^③温峤死活抱住马头，他才作罢。

王敦顺利进了城，他也不去朝见元帝，而是放纵手下将士在城中劫掠财物，士人百姓都吓得四散而逃。元帝脱下军衣，换上朝服，环顾四周，对左右说："王敦想得到我的位置，就早点儿说！何必这样残害无辜百姓！"他派了一名使者前去对王敦说："你心中如果还有朝廷，那么就此罢兵，大家可以相安无事。否则，朕还是当回我的琅邪王，为贤人让路！"

---

① 在今江苏南京市东北长江南岸。
② 故址在今江苏南京市西清凉山上。
③ 太子侍从。

王敦不理睬，一定要刘隗与刁协的人头。元帝只好让二人逃出京城。后来，刁协在路上被杀，人头送到王敦处，而刘隗则投降了石勒。

刁协与刘隗一死一逃，王敦起兵的目的达到了，可是他仍不去朝见元帝。元帝没办法，只好带着文武百官去见王敦。王敦趾高气扬，先问戴渊："今天我们交战，你还有余力没使出来吗？"

戴渊苦笑道："岂敢留有余力，只是力量不足罢了！"

王敦又问："我今天的举动，天下人会怎么看？"

戴渊谨慎地说："有些人只看表象，会说这是叛逆；有些人能够体会诚心，会说您诛除奸恶，是忠诚。"

王敦哈哈一笑："您算得上会说话了！"他又走到周颛跟前，说："伯仁，这次兵戎相见，是您辜负了我！"

周颛冷笑道："您依仗武力，做出违背忠义的事，而我的军队没能阻止您，以致让您背负欺君作乱的罪名，这就是我辜负您的地方。"

王敦恨恨地瞪了周颛一眼，又走到王导身边。当初，西晋灭亡时，大家都劝元帝登基，可是王敦觉得他年纪大，不好控制，想另外选人，王导坚决不同意。这会儿，王敦想起这事，就数落王导："不听我的话，差点儿害得我们王氏全族覆灭！"

王导劝道："你不要做得太过分了！只要朝廷不猜忌我们王家就行了。"

王敦骂了一声："迂腐！"

几天后，元帝封王敦为丞相，由他总揽朝权。王敦为了立威，打算以不孝的罪名废黜太子，便召集百官，厉声问温峤："皇太子有什么特别的德行吗？"温峤识破他的阴谋，不卑不亢地答道："太子深沉致远，不是我这浅显的度量所能知晓的，依照礼义看来，可以说是做到了孝。"王敦只好作罢。

元帝松了一口气，悄悄召来周颢，问他："发生了这么大的事，朕和太子都没有受到伤害，大臣们也都平安，这是不是说明王敦的举动深得人心？"

周颢说："陛下和太子的确平安无事，至于我们这些人会怎样，现在还不能下定论。"

果然，王敦为了巩固自己的地位，打算杀死名望既高又有才干的周颢与戴渊，好些王氏子弟都劝他不要这么做，以免激起众怒。王敦就去问王导："周颢和戴渊深得人心，应当升任三公之位吗？"王导想起上次向周颢求情遭到冷遇的事，不置可否。

王敦又问："如果不任用为三公，那可以让他们担任更低一级的官吗？"王导仍不回答。

王敦再问："既然他们连这样的职位都不适合担任，那就杀了吧？"王导还是沉默。

王敦就派人拘捕了周颢和戴渊，押向城外处决。路上，周颢高声骂道："贼臣王敦，颠覆国家社稷，胡乱杀害忠臣，请上天将他诛杀！"狱卒用戟刺伤周颢的嘴，鲜血一直流到他的脚后跟，但他举止从容，观望的人纷纷落泪。当天，周颢和戴渊都被杀。

不久后的一天，王导在宫中清理旧档案，忽然看到周颢为他求情的奏章，还有那天周颢与元帝的谈话记录，不禁痛哭流涕。回到家后，他悔恨地对儿子们说："我没杀伯仁，伯仁却因我而死。我辜负了伯仁这样的好友啊！"

杀了周、戴二人，王敦仍不放心，命陶侃回军广州，又派人杀死梁州刺史甘卓，致使东晋朝廷外援断绝。此后，王敦在朝中杀谁赏谁，升谁免谁，随心所欲，活活把元帝给气死了。太子司马绍继位，他就是晋明帝。

城 狐 社 鼠

　　社，土地庙。城墙上的狐狸，社庙里的老鼠。比喻依仗权势作恶，一时难以驱除的小人。

造　句：	这次抓捕归案的几个人不过是城狐社鼠，只有打掉他们背后的"保护伞"，才能确保一方稳定。
近义词：	牛鬼蛇神
反义词：	正人君子

〖 明目张胆 〗

《资治通鉴·晋纪十五》

　　先帝中兴，遗爱在民；圣主聪明，德洽朝野。兄乃欲妄萌逆节，凡在人臣，谁不愤叹！导门小大受国厚恩，今日之事，明目张胆，为六军之首，宁为忠臣而死，不为无赖而生矣！

译 文

　　先帝中兴国家，遗留惠爱在民间；当今天子贤明，恩泽遍于朝野。兄长您却学当年的王敦，轻妄地率军作乱，只要是当臣子的，谁不为此愤慨！王导一家老小蒙受国家厚恩，今天讨伐叛逆，我睁亮眼睛、放开胆量，请求担任六军统帅，宁肯做一个忠臣战死，也不愿当一个无赖苟活！

温太真"虎口脱险"

　　王敦在京城一待就是几个月，将朝中官员、各军将领来了一场大换血，数以百计的人被降职、免官或迁徙，唯独温峤因为有明帝护着，王敦一直没找到机会下手。这天，王敦打算回武昌，便进宫向明帝辞行，并说："温太真 ① 精明能干，我想请他当我的左司马。"明帝不得不答应。

　　温峤来到武昌之后，假装勤勉恭敬，每件事都办得让王敦挑不出半点儿差错，他还常常私下出一些主意，以迎合王敦的欲望。此外，温峤主动和王敦的心腹钱凤结交，到处说他的好话："钱凤这个人，浑身充满活力，肯定会有一番作为。"钱凤听说后，心里比喝了蜜还甜，把温峤当知己，告诉了他很多秘密，包括王敦不仅对叛乱一事毫无悔悟之心，还和钱凤密谋再次起兵废掉明帝。温峤大惊，决心逃离这个凶险之地。

　　正好丹杨尹 ② 的职位空缺，温峤知道钱凤担心离开武昌会失宠，就向王敦建议道："丹杨尹守备京城，职位至关重要，您得亲自挑选人才。否则，恐怕朝廷选派的人不能尽心治理。"

　　王敦觉得有道理，便问他："越过朝廷选派人，当然没问题。你觉得谁能够胜任呢？"

　　温峤毫不犹豫地说："没有谁比得上钱凤。"

---

① 温峤，字太真。
② 京城所在郡府长官，掌管京城行政事务以及诏狱（此监狱的罪犯都是由皇帝亲自下诏书定罪的）。

王敦将钱凤找来，当着温峤的面，问他同样的问题。出于礼节，钱凤也大力推荐温峤。温峤故作推辞："不行啊！这个职位责任太大，恐怕我干不了。"王敦不希望钱凤离开，而且温峤来到武昌这一年多来一直很听话，就决定让温峤去。

出发前，温峤担心钱凤回过神来会阻止自己离开，就绞尽脑汁想对策。恰好王敦设宴为温峤饯行，温峤就端起酒杯，向王敦祝酒，接着来到钱凤面前。钱凤还没来得及喝，温峤就借着酒劲，拂落钱凤的头巾，大骂道："钱凤，你是什么人，我温太真敬酒你竟敢不喝？"钱凤被激怒了，正想骂回去，王敦上前拉开他，劝道："算了算了，今天太真多喝了两杯，你就不要放在心上了。"

第二天一早，温峤来向王敦道别，说："将军，我真舍不得您，我想留在武昌！"说完眼泪鼻涕一起流。王敦劝了好一会儿，温峤才出门。过了一会儿，温峤又流着泪回来了，再次向王敦告别。这样前后三次，把王敦感动得热泪盈眶。

温峤刚走，钱凤就对王敦说："王公啊，这事我越想越不对。温太真与朝廷的关系极为密切，他与国舅爷庾亮又是布衣之交，这个人不值得信任！"

王敦有些不高兴："温太真昨天喝多了，才对你无礼的，现在他人刚走，你怎么就说他的坏话呢！做人呀，心胸还是要宽广一点儿。"钱凤被怼得说不出话来。

温峤终于"虎口脱险"，一回到建康，他就把王敦再次叛乱的图谋告诉了明帝，并说："这事十万火急，我们得赶紧防备，千万不能像上次那样。"

谁知明帝笑着说道："我们早就得到消息，已经作了布置。"

温峤惊讶地问："从哪儿得到的消息呀？"

明帝说："是王允之说的。"

王允之是抚军将军王舒的儿子，也是王敦的侄子，年少时就聪明机警。王敦很喜欢他，对人说："这孩子很像我呀！"经常带他一起出入。有一次，王敦、王允之、钱凤一起喝酒，喝得差不多时，王允之就对王敦说："我有点儿醉，先去睡了。"说完就到旁边的床上躺下。王敦便和钱凤商讨叛乱的计划，结果一字不漏地被王允之听了去。王允之担心王敦起疑，拼命用手抠喉咙，呕吐了一番，直到衣物、脸面都沾上了污物，才沉沉睡去。钱凤走后，王敦果然点着灯来察看王允之的情况，见他睡在自己的呕吐物中，便不再怀疑。没过几天，朝廷给王舒升了职，王允之趁机回京探亲，将王敦与钱凤的密谋全部告诉了明帝。

温峤了解到事情的经过后，松了口气，但他还是不放心，又跑去找国舅爷庾亮，进一步商量对付王敦的办法。

而王敦此时已经意识到自己被温峤要了，气冲冲地对钱凤说："我竟然被这小子骗了！"他又写信给王导说："温太真才离开我几天，就干出这种事情来！我要活捉他，亲自拔了他的舌头！"

明帝也没闲着，他任命王导为大都督，统领温峤、庾亮、卞壸、应詹、郗（xī）鉴等人，准备讨伐王敦。明帝还采纳郗鉴的建议，征召临淮太守苏峻、兖州刺史刘遐、豫州刺史祖约[①]、广陵太守陶瞻等人共同讨伐王敦。

王敦得知朝廷的动向后，忧惧万分，生起了重病，便将养子[②]王应调来做自己的副职，又任命哥哥王含为骠骑大将军。

钱凤小心地问王敦："倘若您有不幸，是不是把身后事托付给王应？"

王敦叹道："起兵非同小可，王应年纪还小，承担不了这种

---

① 祖逖的弟弟。
② 王应是王敦的哥哥王含的儿子，王敦没有儿子，便将王应过继为子。

重任！"

钱凤追问："那我们该怎么办呢？"

王敦想了想，说："我死以后，你们就放下武器，遣散将士，乖乖地归顺朝廷，以保全宗族，这是上策；退回到武昌，固城自守，按时足量给朝廷进贡，这是中策；趁我还活着的时候，调动所有的兵马攻打京城，寄希望于侥幸取胜，这是下策。"

钱凤却觉得王敦病糊涂了，出门对一众党羽说："王公说的下策，其实正是上策。"他与王敦的另一名心腹沈充商定，等王敦一死便作乱。

王导得知王敦病重，就带领所有王氏子弟为他发丧，将士们信以为真，个个精神振奋。接着，王导又向武昌发布明帝的诏令，说："上天惩罚奸恶之人，所以王敦死了，现在朕将正式讨伐煽动作乱的祸首钱凤，谁能将他的人头送来，重重有赏。"

"我还没死呢，我要亲自出战……"王敦读了诏书，十分震怒，可是，他已经病得起不来身，只好让钱凤领兵。

出兵前，王敦心中忐忑，问精通占卜的方士郭璞："明天大军就要出发了，你替我算算是吉还是凶。"

郭璞想阻止他起兵，就占了一卦，说："事情肯定不会成功。"

王敦听了很生气，问："那你再算算我还能活多久？"

郭璞说："从刚才的卦象推算，您如果起兵，灾祸很快就降临；如果留在武昌，能活多久，不可预测。"

王敦暴跳如雷，又问："你再算算你能活多久？"

郭璞静静地看着他，答道："活不过今天正午。"

"算得挺准！"王敦讥讽道，马上命人将郭璞杀了。

这时，王含主动请缨："这是我们王家的事，应当由我亲自领兵前去。"王敦便任命王含为主帅，打着"诛杀奸臣温峤"的名号，向京师进发。王含的军队很快到达江宁的秦淮河南岸，京城人心惶惶。温峤便把军队转移到河的北岸，又烧毁了朱雀门外的浮桥，阻止王含的军队渡河。

明帝本想亲自过河杀敌，见浮桥被烧，勃然大怒。温峤不紧不慢地说："我们虽然有所准备，但京城的兵力还是不够强，各地勤王的援军又还没有到，如果让敌寇窜入京城，将会危及朝廷，到那时，恐怕连祖先的宗庙都保不住。区区一座桥有什么舍不得的呢！"

同为王氏子弟，王导实在痛恨王敦、王含这些不省心的族人，就写信给王含说："先帝中兴国家，遗留惠爱在民间；当今天子贤明，恩泽遍于朝野。兄长您却学当年的王敦，轻妄率军作乱。只要是做臣子的，谁不为此愤慨！王导一家老小蒙受国家厚恩，今天讨伐叛逆，我明目张胆地请求担任六军统帅，宁肯做一个忠臣战死，也不愿当一个无赖苟活！"王含没有回复。王导就与郗鉴等人招募勇士，乘夜渡过秦淮河偷袭王含，结果大获全胜。

病榻上的王敦得到战报，心急如焚，说："王含这个老奴婢，真没出息。完了，现在全完了！"他回头对左右说："扶我起来，我要去统兵作战。"可是他连说话都喘气，只好躺下，向身边的人交代后事："我死后让王应马上即皇帝位，先设立朝廷百官，再安排丧事。"说完就咽了气。

王应担心影响士气，便没有公布死讯，而是用席子把王敦的尸体包裹严实，再涂上蜡，埋在议事厅中。他自己每天就在厅里喝酒玩乐，等待前方的战报。

一个多月后，前方的战报传到：刘遐、苏峻等人率领一万多援兵赶到建康，将沈充、钱凤的军队打得落花流水。王应吓得赶紧逃离武昌，却被追兵杀死。沈充、钱凤也死在逃亡的路上。王敦的第二次叛乱就此平定。

　　明目，睁亮眼睛；张胆，放开胆量。原指有胆识，敢作敢为。后形容公开放肆地干坏事。

造　句：	这个歹徒太猖獗了，竟然明目
	张胆在大街上抢劫，幸亏警察
	来得及时，当场将他逮住。
近义词：	明火执仗
反义词：	鬼鬼祟祟

---

①　这个故事的原文里还有成语"布衣之交"（布衣，平民。旧指贫寒老友）。

【 不越雷池一步 】

《资治通鉴·晋纪十五》

温峤闻之，即欲帅众下卫建康，三吴亦欲起义兵；亮并不听，而报峤书曰："吾忧西陲，过于历阳，足下无过雷池一步也。"

译 文

温峤闻讯，立即想率军保卫建康。三吴地区的长官也想出动义兵，庾亮都不同意，还写信对温峤说："我对西部边境安危的担忧，要超过历阳的苏峻，你可要小心，不要越过界限一步。"

陶、庾一笑泯恩仇

晋明帝司马绍平定了王敦之乱，替父亲元帝报了仇，心里别提有多高兴了。为了避免重蹈覆辙，明帝就调整荆、湘等四州将领，使方镇之间互相牵制，广州刺史陶侃因此调到了荆州。

陶侃出身寒门，起初只是一名小官，后来在平定荆、湘二州的流民起义中立下大功，本应担任荆州刺史，不料遭到王敦忌惮，被贬到广州当刺史。陶侃并不气馁，到了广州后，每天早上把一百块砖搬到书房外边，傍晚又把这些砖搬回书房里。朋友问他为什么这样做，陶侃说："这里的生活太悠闲了，如果不适当锻炼，恐怕将来难担大任。"

果然，机会是给有准备的人，陶侃得以重回荆州。虽然他已经六十多岁了，处理政务却非常勤勉，没有片刻休息。他常常对身边的人说："大禹这样的圣人，尚且珍惜每寸光阴，像我们这样的普通人，更应当如此。人活一世，怎能只追求安逸的生活，而对国家没有贡献，死后也默默无闻呢？"

可是，荆州的一些幕僚不这样想，他们经常聚在一起喝酒清谈，还玩一种叫作樗（chū）蒲①的赌博游戏，以致荒废了不少政务。陶侃很生气，将酒具和赌具丢入江中，并把他们臭骂了一通："樗蒲这种游戏不过是放猪的奴仆们玩的！你们喜欢的老庄思想，不切实际，不能作为处世的准则。正人君子应当仪表威严，哪有你们这样成天

---

① 一种古代赌博游戏。玩的时候，投掷黑白两色的五枚色子，类似今日的掷骰子。五枚色子全都黑面朝上，称为"卢"，是最高彩，四黑一白的称为"雉"，次于"卢"。

蓬头垢面还说自己宏达的？都回家好好反省！"这还不算，他又命人把参与赌博的下属狠狠地鞭打了一顿。

陶侃不仅严格要求下级，自己也以身作则。若有人赠送他东西，他一定要询问东西的来历。如果是对方劳动所得，即使不值钱，他也非常高兴，要是来路不正，他就会严厉呵斥，拒不接受。

在荆州期间，陶侃特别关心农事，但凡有人损害庄稼，他必定严惩。有一次，陶侃出游，看见有人手里拿着一把未成熟的稻子。陶侃就问："你拿来干什么？"那人说："走路时看到了，随便折下来玩玩。"陶侃立即火了，骂道："你不好好干农活，还随意毁坏他人的稻子！来人，给我打！"自那以后，荆州的军民都勤于耕种，慢慢地，家家户户都过上了丰衣足食的日子。

明帝得知荆州治理得那么好，非常高兴，觉得自己针对地方的政策起了作用，于是想整治整治朝廷内部。他觉得王导的权力太大，就重用庾亮、郗鉴等人，加以制约。当时南方士族与北方士族的矛盾比较尖锐，明帝还想打破宗族界限，重用吴地的士人。也许是要操心的事太多，不久他就得了重病。为了方便官员办事，明帝将宫门的钥匙交给南顿王司马宗、西阳王司马羕保管，这可把庾亮气坏了。

庾亮是明帝的大舅子，又在平定王敦时立下大功，是当仁不让的辅政人选，可是钥匙却没给他。"哼，看来陛下还是更信任姓司马的啊。"庾亮气呼呼地想。正好这天，他要呈送一份紧急奏章，就连夜派仆人到司马宗那里要钥匙。司马宗不但不给，还叱骂那名仆人："皇宫是你家的吗？"庾亮因此更加怨恨司马宗。

等到明帝病重，不想见人，大臣们都候在殿外，庾亮就怀疑司马宗等人要搞阴谋，他推开门，登上御床，哭着说："南顿王等人招纳门客，密谋废黜大臣，不能放任他们呀。请让臣辅佐朝政。"明帝没有采纳，而是让他和司马羕、王导、郗鉴、温峤等人共同辅佐太子，轮番入殿领兵当值。

七天后，明帝死了。继位的晋成帝司马衍才五岁，就尊庾皇后为太后，由她临朝摄政，名义上几名顾命大臣共同辅政，实际上一切政事都是庾亮说了算。这样，东晋的朝权就逐渐从王氏一族转移到庾氏手中。

大概是被王敦的两次叛乱吓怕了，庾亮独揽大权后，对那些手握重兵的将领特别不放心，尤其是陶侃、苏峻、祖约，于是他安排温峤出镇武昌，王舒担任会稽内史，还修筑石头城防备他们三人。

丹杨尹阮孚预感到局势不妙，便对亲信说："国家刚刚创立，君主年幼，时世艰难，庾亮年轻，在朝中没有威望，却待人苛严，我担心很快就会发生祸乱。"

果然，庾亮找了个借口降了司马宗的职。司马宗非常恼怒，暗中谋划扳倒庾亮，不料消息走漏，反被庾亮杀死，他的儿子们被贬为庶民，改姓马。司马羕也受到牵连，丢了爵位。

朝中很多大臣都对这件事有意见，却不敢声张。成帝不知道司马宗死了，过了许多天都没有见到他，便问庾亮："舅父，那个白胡子老公公去哪儿啦？"

庾亮答道："司马宗因为造反被诛杀了。"

成帝大哭起来："舅父说他造反，就随便杀了他；如果别人说舅父造反，该怎么办呢？"庾亮一听，脸都吓绿了。

司马宗死后，他的部将卞阐逃到历阳，投奔司马宗生前的好友苏峻。这几年，苏峻仗着军功，招纳了许多亡命之徒，吃穿用度都靠国家供给。每个月，朝廷的运输队伍从水陆两路前往历阳，络绎不绝，稍不如意，苏峻就斥骂朝廷。

庾亮得知卞阐的下落，让苏峻交人。苏峻拒绝了，庾亮就认定他有谋反之心，对王导说："我想征召苏峻进京，夺了他的兵权。"

王导直摇头："苏峻疑心很重，你忽然召他来，他肯定不愿意，不如暂时容忍他。"

庾亮固执地说："为了国家的安危，我还是要这样做。"

第二天在朝堂上，庾亮向群臣说出征召苏峻的想法，大家都觉得不妥，却不敢当面反驳，只有性格耿直的卞壶劝道："苏峻兵强马壮，历阳离京城又近，用不了一个早上便可抵达，一旦发生变乱，京城就危险了。"

庾亮听不进去。卞壶只好写信给温峤，请他劝一劝庾亮。温峤也认为征召苏峻不妥，多次写信劝阻，庾亮就是不听，坚持召苏峻入京。

苏峻收到诏书，心里很不安。他其实只想独霸一方，并没有更大的野心。为了表明自己的心志，他派了一名心腹去见庾亮，说："征讨贼寇，在外任职，无论是远是近，我苏峻都唯命是从。可到朝廷辅政，实在不是我能胜任的啊！"

庾亮根本不信，冷笑道："不来是吧？给你点儿厉害瞧瞧！"他一边调兵遣将，做好军事部署，威胁苏峻，一边又颁下诏书，授予苏峻更高的官职。

苏峻更害怕了，打算让步，便上表说："从前先帝拉着臣下的手，要臣下北伐胡寇。如今中原地区还没有平定，臣下怎么敢贪图安逸进京做高官，违背先帝的嘱托呢？只求给臣下青州界内的一个荒远的小州郡，让臣下继续为朝廷效力，臣下就心满意足了。"庾亮再次拒绝了。

苏峻只好收拾行李，准备赴京。临行前，苏峻的亲信劝他说："朝廷连一个荒郡都不肯给，您恐怕没路可走了。即便去了京城，以庾亮的行事风格，恐怕您在京城的日子也不会好过。到时候您手中无兵，能怎么办呢？"苏峻越听越害怕，就决定不进京了。

温峤知道苏峻肯定要叛乱，想率军赶回京城，三吴①地区的将领也想出兵保卫京都。庾亮都不同意，还写信对温峤说："我对西陲边境安危的忧虑，要超过苏峻，你守卫好武昌，不要越过雷池一步！"

① 东晋、南北朝时最重要的地理范围，通常指吴郡、吴兴、会稽三郡，而会稽是三吴的核心。

　　过了几天，庾亮又派使者催促苏峻进京。苏峻忍无可忍，大骂道："庾亮说我要造反，我去京城哪能活命？以前国家危如累卵，我浴血奋战，终于剿灭王敦，现在狡兔死了，该烹猎狗了对吧？我是不会进京的！就是死，我也要向逼我造反的人报仇！"随后便写信给祖约，约他一起谋反。

　　讨伐王敦时，祖约也立了功，却没有被明帝任命为辅政大臣，他认为是庾亮从中使坏，心中一直有怨气，所以一接到苏峻的信，他马上答应起兵。

　　咸和三年（公元 328 年），苏峻与祖约合兵进逼建康，一路上他们势如破竹，接连击败卞壶等人的军队，一直杀到云龙门。负责守城门的丹杨尹羊曼、庐江太守陶瞻都战死了。庾亮大惊，急忙调集兵马，可没等他布好军阵，将士们就丢盔弃甲跑了。情急之下，庾亮打算去温峤那儿搬救兵。

　　临走前，庾亮对大臣钟雅说："这里的事情就拜托你了。"

　　钟雅不满地回答："弄成今天这个局面，是谁的过失呢？"

　　庾亮讪讪地说："你就不要再说了。"说完跳上小船。

　　有些士兵趁乱抢劫，他们觉得庾亮是个大官，身上的东西肯定值钱，就上前抢夺。庾亮的左右侍从赶忙举弓射箭，却误中船夫。船夫应声倒地。船上的人都大惊失色，准备逃散。庾亮却安坐不动，还不紧不慢地说："这种箭法，怎么能射中贼寇呢！"大家这才镇定下来。

　　庾亮一跑，建康可就遭殃了。叛军攻入建康，挟持了成帝，幸亏苏峻没有称帝的野心，成帝才保住一条命。

　　温峤得知建康失守，号啕痛哭。庾亮也意识到自己铸成大错，便与温峤一起推举陶侃为盟主，共同讨伐苏峻。陶侃不计前嫌，率兵前来会合。

温峤很高兴，庾亮却惴惴不安，因为当时不少人说："都是庾亮逼反了苏峻，这次陶侃要杀庾亮向天下人谢罪！"温峤便安慰庾亮说："陶侃不是这种小心眼的人，我建议你主动上门，向他坦承自己的过失。"

庾亮只好去见陶侃，一进门就叩拜谢罪。陶侃大吃一惊，制止道："大名鼎鼎的庾亮竟然向我叩拜吗？"庾亮惭愧极了，不断地自我检讨。他本来就能言善辩，风度翩翩，这次真的意识到自己错了，说的话也就充满了诚意。

陶侃听着听着，便解开了心结，调侃道："您当初不但派温峤来监视我，还修筑石头城对付我，怎么今天反倒有求于我了？"两人相视一笑，畅谈了一整天。

第二天，陶侃召安西将军郗鉴率军勤王，王导也暗中以太后的名义，召集三吴地区的义军入京救援。在各路大军的围剿之下，叛军终于被打败，苏峻被杀。祖约慌不择路，带着族人投降后赵的石勒，却被石勒灭门。

自那以后，东晋国内保持了七十余年的安定局面，没有再出现大的内乱。

不 越 雷 池 一 步

　　原文为"无过雷池一步"。雷池，湖名，在今安徽望江县南。原指不要越过雷池。后比喻胆小怕事，不敢超越一定的范围和界限。

造　句：他是个奉公守法的公民，从不
越雷池一步，哪怕面前有巨大
的诱惑，也毫不动心。
近义词：画地为牢

---

① 这个故事的原文里还有成语"家给人足"（家家衣食充裕，人人生活富足）、"危如累卵"（比喻形势非常危险，如同堆起来的蛋，随时都有塌下打碎的可能）。

【 鹿死谁手 】

《资治通鉴·晋纪十七》

勒笑曰:"人岂不自知!卿言太过。朕若遇汉高祖,当北面事之,与韩、彭比肩;若遇光武,当并驱中原,未知鹿死谁手。"

译 文

石勒笑着说:"人哪有不了解自己的!您的话说得太过了。朕如果遇到汉高祖,应当向他北面称臣,与韩信、彭越并肩而立。如果遇上光武帝,应当与他一起逐鹿中原,还不知谁能猎取那只鹿。"

二赵相争，石勒称雄

偏安一隅的东晋王朝内耗不断的这些年，中原大地也烽火连天。当年，石勒与前赵国主刘曜公开决裂，建立后赵，双方并没有马上大打出手，因为他们各自都受到周边势力的威胁。

刘曜自从登基，他的大本营关中就一直不太平。先是南阳王司马保自称晋王，盘踞秦州。凉州刺史张轨的儿子张寔也趁机割据凉州，史称前凉。刘曜虽然出兵击败司马保，但司马保的部将陈安又自称凉王，率领十几万部众继续骚扰前赵。巴族①百姓也不省心，他们推举酋长句渠知为首领，自称大秦，改年号为平赵，摆明了要和前赵对着干。而巴族这么一闹，周边的氐、羌、羯等部族的三十几万人也起来响应。关中因此战乱不断，大白天也紧闭城门。

石勒的日子就更不好过了。他被青州的曹嶷、段部首领段匹磾②，以及东晋的冀州刺史邵续缠住，根本没有工夫考虑前赵的事情。

等到刘曜逐步消除周边的威胁，压服前凉、掌控关陇地区时，石勒也解决了曹嶷、段匹磾、邵续，控制了冀、并、青、豫州的大片土地③。这样一来，二赵之间的一场决战在所难免。

先动手的是石勒。后赵大将石生进攻前赵，并杀死了河南太守

---

① 分布在今四川东部等地。
② 刘琨死后，段部爆发内乱，段匹磾依附东晋冀州刺史邵续，共同对抗后赵。
③ 祖逖病逝后，东晋无力应对后赵，石勒才重新控制了黄河以南的大片土地。

尹平，抢了五千多户人家，就此拉开双方争战的序幕。第二年，前赵大将刘岳报复性地进攻后赵，石虎率军活捉了刘岳，并将其手下九千余将士活埋。接着，石虎攻打并州，又活埋了七千多名前赵将士。刘曜悲愤至极，穿上素服到郊外，一连哭吊了七天才进城。

后赵太和元年（公元 328 年），石虎率军攻打蒲坂 ①。一开始，石虎高歌猛进，占领了前赵的许多郡县。刘曜留下太子刘熙等人驻守长安，自己则率领全国精兵迎战，最终大败石虎，杀死其养子石瞻。石虎狼狈地逃到朝歌。刘曜乘势渡过黄河，进攻金墉城，同时派遣将领攻打河内郡等地，兵锋直指洛阳。

消息传来，后赵举国震惊，如果洛阳失守，那么黄河以北地区就保不住。眼见自己辛苦经营多年的后赵政权岌岌可危，石勒打算亲自率兵救援洛阳。

程遐等谋士劝道："刘曜孤军深入，兵疲马乏，要不了多久就会自己撤兵。您不要轻易出动，否则恐怕难以保全。"

石勒不喜欢这种论调，他手按佩剑，呵斥道："你们说的什么鬼话，都给我滚出去！"程遐吓得赶忙退下。石勒想起首席谋士张宾，不由得叹息道："右侯舍我而去，让我和程遐这些人共谋大事，太残酷了，唉！"

这时，记室参军徐光对石勒说："大王不必忧虑，刘曜不过是一介勇夫，没什么本事！"

石勒眼前一亮，问："你为什么这样说呢？"

徐光分析道："刘曜战胜石虎，却不敢乘胜攻打襄国，反而攻向洛阳，可见他不会有什么作为。大王如果亲自领兵前去，刘曜必定望风败逃。平定天下，在此一战，千万不能错过！"

---

① 今山西永济市蒲州镇与陕西大荔县朝邑镇之间的黄河上。

　　石勒听得热血沸腾，拍了拍徐光的肩，说："太好了，我总算找到可以相谋的人了！"

　　于是，石勒亲率大军渡过黄河，他对徐光说："刘曜如果屯军成皋关，是上策；如果在洛水阻拦我们，为中策；如果坐守洛阳，等于束手就擒。"

　　当后赵大军来到成皋关时，石勒发现前赵竟然没有派重兵把守，他高兴坏了，用手指了指天，又拍了拍额头说："哎呀，真是天意呀！"当即命令士兵脱下厚重的盔甲，从隐秘的小道前进，渡过洛水，直扑洛阳。

　　洛阳城外前赵的军营里，时不时传出欢声笑语，原来是刘曜与几名宠幸的臣子在一边喝酒，一边玩游戏。玩到高兴处，刘曜一拍大腿，呵呵笑道："我又赢了！给我倒酒！"

　　侍从连忙倒满酒。刘曜端起酒杯，一饮而尽。这时有个臣子提醒他说："陛下，石勒随时会杀过来，我们还是别玩了吧。"

　　刘曜满不在乎地说："石勒有什么可怕的？无非是仗着石虎替他卖命，而石虎已经被我打趴下了……"

　　他话还没说完，只见一个卫兵满头大汗地跑进来报告："石勒来了！石勒来了！"

　　刘曜不紧不慢地问："这么久都没听到石勒的动静，他竟然来了，到哪儿了？"

　　"已经渡过洛水。"

　　"什么？难道他们是飞来的？"刘曜一激灵，酒也醒了大半，好不容易镇定下来，开始调兵遣将，准备迎战。

　　这时，在河边巡逻的士兵带进来一名后赵的俘虏。刘曜问："石勒自己来了吗？带了多少人马？"

　　俘虏答道："我们大王亲自来了，兵马多不胜数。"

刘曜脸色大变，命令十多万士兵在洛水西面布阵。军队南北延绵十多里，看着声势浩大。

石勒远远望见前赵的军阵，高兴地对左右说："刘曜果然有勇无谋，各位，现在你们可以祝贺我了。"说完，他一马当先，冲进洛阳城。

"大战在即，拿酒来！"刘曜打算亲自会会石勒，他一向嗜酒如命，危急时刻还不忘豪饮数斗。临上阵前，刘曜平日乘坐的红马无缘无故地长嘶了几声，跪在地上不肯起来。刘曜只得让人另备一匹小马。马匹准备好后，刘曜又喝了一斗多的酒，这才摇摇晃晃地上了马，他挥动着手中的大刀，豪迈地说道："走，看我怎么取石勒的首级！"

刘曜来到了营外，见双方将士交战激烈，便指挥军阵向平坦处移动。前赵将士误以为己方被打败，开始骚动起来。后赵大将石堪趁机发起猛攻，前赵士兵更加慌乱，你推我挤，潮水般地往后退。

醉醺醺的刘曜也跟着往后逃，结果他乘坐的那匹小马在跃过沟渠时，失足跌下，"啪"的一声，把他甩在地上。刘曜顿时昏了过去，被冲上来的后赵将士活捉了。等他从疼痛中醒来后，发现自己躺在血泊中，手脚被捆，而石勒笑眯眯地站在自己跟前。

刘曜也哈哈一笑，套起近乎来："石王，还记得当年我们并肩战斗的日子吗？"

石勒笑着说："今天的事情，完全出于天意！"

刘曜苦笑了一声："这哪是天意啊……这分明是我太大意！"

石勒将刘曜囚禁起来，派重兵把守，每天给他提供美酒佳肴，又让之前被活捉的刘岳等人穿上华服去拜见他。刘曜见了他们，高兴地说："我以为你们早就化为灰烬了，没想到石王还挺仁慈的，竟然让你们活到今天！"便留他们一起喝酒聊天，很晚才让他们离开。

石勒好吃好喝对待刘曜，目的是要他写信让太子刘熙投降。刘曜拒绝了，石勒也不客气，便杀了他。

这年秋天，石勒派石虎攻灭了刘熙，五郡的五千多屠各人遭到坑杀，前赵朝廷的文武官员、关东流民、秦州和雍州的大族共九千多人也被迁徙到襄国。前赵就此灭亡。

石勒的胜利，震慑了后赵周边的割据政权。原本投降前赵的氐族首领蒲洪、羌族首领姚弋仲都来归附，前凉张氏也派使者前来结好。代王拓跋翳槐则送弟弟拓跋什翼犍到后赵当人质，请求双方通好。自此，石勒成为中原地区的霸主。

公元 330 年，石勒正式称帝。回首自己从奴隶到皇帝的奋斗历程，石勒非常感慨，便问徐光："朕可以和古代哪一等君主相比？"

徐光诚心诚意地说："陛下英明神武，超过了汉高祖刘邦，之后更是无人能及。"

石勒笑着说道："人哪能没有自知之明呢！您说的话太过了。朕如果遇到汉高祖，应当向他北面称臣，与韩信、彭越并肩而立。如果遇上光武帝刘秀，与他一起逐鹿中原，鹿死谁手，还不一定呢。"

鹿，指猎取的对象，比喻政权。以追逐野鹿比喻争夺天下。意思是不知政权会落在谁的手里。现在也泛指在竞赛中不知谁会取得最后的胜利。

造　句：	这次区里举办的乒乓球比赛，报名的高手很多，最终鹿死谁手，让我们拭目以待。
近义词：	龙争虎斗

【 见利忘义 】

《资治通鉴·晋纪十七》

且陛下不忧腹心之疾，而更忧四支乎！中山王藉陛下威略，所向辄克，而天下皆言其英武亚于陛下。且其资性不仁，见利忘义，父子并据权位，势倾王室；而耿耿常有不满之心；近于东宫侍宴，有轻皇太子之色。

译　文

况且陛下不担忧心腹之患，反倒担忧四肢之疾吗！中山王石虎倚仗陛下的威略，立下巨大的战功，天下人都说他的威武英勇仅次于您。而且他禀性残暴不仁，见到私利就不顾道义，父子几人都占据权位，势力可以倾覆王室；而他常常对没当上大单于这件事耿耿于怀。近日在东宫陪宴，还流露出轻视皇太子的神情。

石虎篡位兴佛

石勒称帝时快六十岁了，安排接班人的事迫在眉睫。他有四个儿子，由于长子早逝，便立次子石弘为皇太子，三子石宏为秦王、大单于，四子石恢为南阳王，另封两个能征善战的养子石生和石堪为河东王、彭城王。

中山王石虎自以为功高盖世，又是石勒的嫡亲侄儿，希望石勒将帝位传给自己，再不济弄个大单于做做。现在全都落了空，他十分气愤，私下里对儿子石邃说："二十多年来，我为主上浴血奋战，成就大赵王国功业的人是我，大单于的称号应该是我的，现在却给了石宏那个黄口小儿。哼！等将来主上归西，我不会留下一个活口！"

皇太子石弘仰慕儒家文化，喜欢写文章，结交了许多贤德的读书人。石勒打了一辈子的仗，看到太子这么文弱，有点儿担忧，对徐光说："唉，太子一点儿都不像我！"

徐光宽慰他道："当初，汉高祖马上夺取天下，汉文帝却以沉静无为治理天下，圣人的后代，必定能让凶暴之徒化恶为善，这是上天的规律。"

看到石勒转忧为喜，徐光又劝道："皇太子仁孝忠厚，石虎却残暴狡诈，如果将来陛下归天，我怕太子控制不了他。现在应该逐步削弱石虎的权势，让太子早些参与国政。"

石勒心中赞成，却一直没有照办。因为后赵还没有统一天下，

仍需要石虎这样勇猛的武将，所以他只能用话语来敲打石虎："大丈夫行事，应当光明磊落，如同日月之光皎洁明亮，不能学曹操和司马懿，欺凌他人的孤儿寡妇，靠不正当的手段夺取天下。"

太子的舅舅程遐这时担任右长史，总摄朝政。他也觉得石虎是个隐患，就向石勒进言："石虎勇猛，有权谋，而且野心勃勃。他除了对陛下恭顺，其他人都不放在眼里。他们父子几人都手握兵权，威震内外。陛下在世，自然没什么事；一旦陛下不在，石虎肯定不甘心当臣子。为了国家，陛下应当尽早打算。"石勒没有听进去。

程遐便私下去找徐光，对他说："石虎已经知道我们劝陛下削弱他的兵权一事，恨透了我们。如果不尽早除掉他，恐怕将来不仅危害国家，也会让你我死无葬身之地。"

徐光很害怕，就单独去见石勒，却见他眉头紧锁，忙问："现在天下太平，可是陛下看上去闷闷不乐，这是为什么呀？"

石勒叹了口气说："吴、蜀[①]还没有平定，我恐怕后人不把我当成承受天命的君王看待。"

徐光说："吴、蜀灭亡是迟早的事情。您攻取长安、洛阳，荡平中原八州，天命不在您又能在谁呢？陛下，您为何不担忧腹心之疾，却为四肢的疼痛发愁呢？中山王石虎倚仗陛下的神威，立下显赫战功，天下人都说他的威武英勇仅次于您呢。而且，石虎禀性不仁，见利忘义，父子几人都占据权位，势力可以倾覆王室。他对自己没当上大单于这件事耿耿于怀，近来在东宫陪宴，已经流露出轻视皇太子的神情。现在石虎还忌惮您，只怕等您一辞世，他就不受控制了。"

这次石勒终于听进去了，开始削弱石虎的权力，让太子石弘参

---

① "吴"指东晋，"蜀"指李雄在蜀地建立的成汉政权。

与政事。石虎无奈，只得暗中等待机会。

很快，机会来了——石勒病了，而且病情一天比一天重。石勒知道自己的大限快到了，便召程遐、石虎等人进宫商议后事。石虎进了宫，严禁程遐、石弘等人接近石勒，并假传诏令，征召在外驻守的石宏、石堪回襄国。

这天，石勒稍稍好转，见到石宏在身边，吃惊地问："我让你镇守地方，正是为了防备今日，你为什么突然回来了？出这个主意的人该杀头！"

石虎战战兢兢地解释道："秦王因为思念陛下，暂时回来罢了，现在就让他回去。"但他暗中扣留了石宏。几天后，石勒又问起石宏，石虎说："啊，他当天就回去了，现在差不多快到了。"

眼看着石勒病得越来越糊涂，石虎就找了个由头，让儿子石邃率领三千骑兵在广阿地区巡游待命。

后赵建平四年（公元 333 年），石勒病逝，结束了传奇的一生。石虎立刻发动政变，劫持太子石弘来到大殿前，下令将程遐、徐光逮捕下狱，又让石邃带兵入宫。文武官员惊惧不已，纷纷逃散。

石弘哭着对石虎说："这个皇帝我没本事当，请您来当！"石虎冷冷地说："君王去世，太子即位，这是礼仪常规。"石弘坚决辞让，石虎便大发雷霆，吼道："你有没有这个能力，天下人自会有公论。哪能还没干就说自己不行的？"

石弘很害怕，只好即位，为了保住性命，他任命石虎为丞相、大单于，把权力统统交给他。石虎就杀死程遐、徐光、石堪、石宏等人，又将石勒埋葬在一个隐秘的地方。

镇守关中的河东王石生非常愤怒，就联络氐人首领蒲洪，一同归附前凉的张氏，举兵讨伐石虎。经过一年多的混战，石生兵败被杀，蒲洪则投降了石虎。

石弘更加恐惧，带着皇帝印玺到石虎那里，请求将皇位禅让给他。石虎再次严词拒绝。石弘只好流着泪回宫，对母亲程太后说："看来先帝的骨肉一个都活不了！"

后赵的大臣也纷纷请求石虎接受禅让。石虎蛮横地说："石弘昏庸无能，应当将他废黜，谈什么禅让呢！"随即宣布废黜石弘为海阳王。群臣又劝石虎即皇帝位，石虎却假模假式地说："皇帝是有盛德的人才配有的称号，我不敢当，还是依照商、周的制度，暂称居摄① 大赵天王吧。"

石虎才当几天大赵天王，就将石勒的妻儿全数杀死。石勒一世枭雄，却被石虎害得断子绝孙，大臣们都暗自叹息，却强颜欢笑，向石虎朝贺。只有羌人首领姚弋仲称病不来，石虎召了好几次，他才进宫。

一见面，姚弋仲就板着脸责问石虎："人们都说大王您是闻名于世的英雄，怎么刚接受托孤的重任，就夺人君位呢？"

石虎脸上有点儿挂不住，就辩解说："哪里是我要这样做的呢？还不是因为石弘年少无知，我担心他管理不好国家，所以代替他罢了。"石虎虽然不满姚弋仲的态度，不过看他为人诚恳豪爽，便没有降罪。

两年后，志得意满的石虎将国都迁到邺城，在那里大兴土木，营建东、西二宫。竣工后的太武殿台基高二丈八尺，长六十五步，宽七十五步，殿基下面又有宫室，能容纳五百卫兵。整个宫殿金碧辉煌，连瓦当② 、楹（yíng）柱都用金银装饰，殿内还安放着一张巨大的白玉床，挂着流苏帐，帐顶覆盖着纯金打造的莲花。

石虎专门造了九座宫殿安置从各地找来的一万多名美女，并

---

① 因皇帝年幼不能亲政，由大臣代居其位处理政务。
② 古代檐口滴水瓦的瓦头，上面多有图案或文字。

从中挑选了一千多名，把她们训练成骑兵，充当自己的卫队。每次石虎出行，这些女骑兵都头戴紫纶丝巾，身穿熟锦织成的衣服，腰系金银镂带，脚蹬五彩靴子，手里拿着羽毛装饰的军旗，场面十分浩大。

没过多久，石虎又异想天开，要在邺城凌空架设高桥，由于工程太浩大，加上技术有限，最终桥没有建成，却耗费数以千亿计的金钱。

这些钱全都是从后赵老百姓，尤其是地位低贱的汉人那里搜刮来的。那几年，后赵国内发生严重旱灾，一斤金子只能买二斗粟，老百姓饿得去刨草根、挖树皮填肚子，而石虎的各种税赋、徭役仍然无休无止。

当时有一个叫佛图澄的高僧，就经常劝石虎少做恶事，多积善德。佛图澄来自天竺，多次成功预言事情的成败，石勒在世时对他非常恭敬，经常听取他的意见。石虎即位后，侍奉佛图澄比石勒还恭谨，给他缝制华美的绫锦，配备雕花的轿子。每逢朝会，太子、王公就搀扶着佛图澄上殿，听到掌管朝仪的人喊"大和尚到"，全体大臣都要起身朝他行礼。不仅如此，石虎还安排司空李农每天早晚问候佛图澄的起居情况，太子、公卿则每五天朝见他一次。因此，佛图澄的话石虎虽然不能都接受，但也有所收敛。那些受不了石虎横征暴敛的百姓，就争先恐后削发当和尚。

石虎担心国家的税收与徭役会受到影响，就问大臣："要不要允许普通百姓信佛？"

著作郎王度等人就说："佛是外来的神灵，不是天子和华夏民族应当遵奉的。汉朝时佛教才传入中国，当时只允许西域人信奉，不允许汉人出家，魏朝也是这样，所以传播范围有限。臣等以为，应当禁止公卿以下的人信佛，至于那些已经削发的，都应当让他们

还俗。"

　　石虎的本意是想禁止普通百姓信佛，可是王度的话启发了他：如果佛教文化能够取代中原主流的汉文化，让更多汉人出家当和尚，那他们就不会想着反抗胡人、复兴汉室了。因此，他下诏说："只要是赵国的百姓，都可以自由地信奉佛教。"佛教自此在后赵盛行。

利，利益；义，道义。见到私利就不顾道义。

造　句：明朝小说家罗贯中在代表作	
《三国演义》中，塑造的人物	
形象丰富多彩，既有关羽这样	
忠勇豪爽、侠肝义胆的英雄，	
也有吕布这样见利忘义、恩将	
仇报的小人。	
近义词：唯利是图、忘恩负义	
反义词：舍生取义、侠肝义胆	

【 亲仁善邻 】

《资治通鉴·晋纪十七》

　　辽数与皝相攻，裕谏曰："'亲仁善邻，国之宝也。'况慕容氏与我世婚，迭为甥舅，皝有才德，而我与之构怨；战无虚月，百姓雕弊，利不补害，臣恐社稷之忧将由此始。愿两追前失，通好如初，以安国息民。"

译　文

　　段辽多次与慕容皝互相攻击，阳裕规谏说："'与邻居亲近友好，是立国之宝'。何况慕容氏与我们段部世代通婚，相互有甥舅关系。慕容皝有才有德，我们却与他结下仇怨，大仗小仗每月打个不停，导致民生凋敝，得到的好处弥补不了遭受的损失，我担心这样下去会引发国家的忧患。希望双方能够自我反思，和好如初，使国家安定，百姓得以休养生息。"

慕容皝踏冰平内乱

后赵国主石勒去世的同一年，辽东公慕容廆也死了，他的嫡长子慕容皝继承了爵位。

慕容皝勇武刚毅，精通权谋，可是猜忌心很重。他的异母哥哥慕容翰和同母弟弟慕容仁，都有勇有谋，还多次建立战功，深得人心；小弟弟慕容昭也多才多艺，受到慕容廆的宠爱。慕容皝以前就忌妒他们，现在自己虽然继位了，可是想到这些有才干的兄弟，心里就不踏实。

慕容翰知道慕容皝猜忌自己，便带着儿子逃到段部的首领段辽那里。段辽见大名鼎鼎的慕容翰主动来投，真是喜出望外，对他敬重有加。

慕容翰一逃，慕容仁和慕容昭就慌了。他们和慕容皝虽然是一母所生，可是关系一直不好。所以，慕容仁从平郭^①来棘城参加父亲的葬礼时，就悄悄地对慕容昭说："我们以前仗着父亲的宠爱，多次对慕容皝无礼，他早就怀恨在心。他把慕容翰逼走了，马上就会对付我们。"

慕容昭愤愤不平地说："我们都是嫡子，父亲留下的地盘应当有我们一份。哥哥您在外一向受到大家的拥戴，我在宫内也挺有人缘的，找一个机会除掉慕容皝并不难。您赶紧带兵前来，我当内应，

---

① 治所在今辽宁盖州市西南。

事成以后，你把辽东分给我。男子汉大丈夫做事，不成功则死，不能学慕容翰那样苟且偷生。"慕容仁便返回平郭，准备纠集人马攻打棘城。

可是，慕容昭做事不谨慎，还没动手就被人告发了。慕容皝大怒，赐死慕容昭，又派三个异母弟弟慕容幼、慕容稚、慕容军率军讨伐慕容仁。谁知，全军覆没，三个弟弟还投降了慕容仁。慕容仁声威大震，顺势占据了辽东地区。

前线的军情送到时，慕容皝听得双眼发黑。偏偏段辽趁火打劫，派弟弟段兰和慕容翰一起进攻柳城。段兰让士兵都穿上厚重的战袍，架上高高的云梯，手拿坚厚的盾牌，从四周同时攻城。

得知柳城危在旦夕，慕容皝急忙派弟弟慕容汗和司马封奕率军来援救。出发前，慕容皝再三告诫慕容汗："敌人士气正旺，不要和他们正面交锋。"慕容汗年轻气盛，没有听进去，带着一千多骑兵直赴柳城，结果被杀得大败而逃。

段兰高兴坏了，打算乘胜追击，一鼓作气杀到棘城，慕容翰害怕自己的部族就此灭亡，就劝阻道："你是军队的主帅，应当慎重行事。现在敌方的前锋虽然被挫败，但是主力军还在。我很了解慕容皝，他狡诈多谋，深藏不露，如果他亲自带着全部人马对抗我们，我们就危险了。既然我们已经攻下柳城，完成了君主交代的任务，应当见好就收。否则，一旦我们孤军深入，遭受失败，到那时还有什么脸面回去见君主呢！"

段兰不甘心，说："追上去肯定能活捉这些人，你阻拦我只是怕我灭了你的部族罢了！其实你的担心是多余的，如果能顺利剿灭慕容皝的军队，我们就去迎立慕容仁，绝对不会让你们的宗庙绝祀的。"

虽然被对方道破了心事，慕容翰却故作淡定地说："我当初既然投奔你们，就没打算再回去。部族的存亡，和我有什么相干！只是我既然为你出谋划策，就要珍惜功名前程。你既然听不进劝，那我就独自回去见首领。"段兰只好率军返回。

没有段部的掣肘，慕容皝松了一口气，大举发兵讨伐辽东，准备剿灭慕容仁。军队抵达昌黎时，司马高诩指着海上厚厚的冰层，对慕容皝说："此前海水从未结冰，自从慕容仁反叛，海面已经连续三年冰冻了。这说明慕容仁背叛君主的行径，连上天都惹怒了。目前，慕容仁正集中兵力防备我们从陆路进攻，而在海路上未作任何部署。上天大概是想让我们从海路奇袭他吧。"

慕容皝大声说："好主意！"

部将们都不同意，说："从冰上过海，太危险了，还是改走陆路更安全。"

慕容皝怒道："我已决定踏冰渡海，谁敢阻拦！"说完率领大军，踏着坚硬的冰层，一口气走了三百多里，出其不意地出现在平郭城下。慕容仁大惊失色，狼狈应战，最终兵败被杀。这场历时三年多的内乱就这样被平定。

重新统一慕容部后，慕容皝便自称燕王。历史上称他建立的国家为前燕。

段辽很不服气，多次发兵侵扰前燕。中军将军阳裕觉得双方这样打下去不是办法，就劝道："亲仁善邻，是立国之宝。慕容氏与我们段氏是邻居，世代通婚，相互有甥舅关系。慕容皝有才有德，我们却与他结下仇怨，大仗小仗每月打个不停，导致百姓痛苦，国家凋敝，再这样下去，恐怕引发更深重的灾难。希望双方都能够反思自己，和好如初，使国家安定，百姓得以休养生息。"

阳裕先后侍奉过段氏的五位首领，享有很高的威望，可段辽不但听不进他的话，还将他贬黜。

慕容皝实在厌烦段氏没完没了的侵扰，就派使者对后赵国主石虎说："我们燕国愿意向您称臣，只求两家合力灭了段氏。"为表诚意，他还让慕容汗到后赵当人质。

石虎即位后，段辽也经常来骚扰，所以他也想灭掉段氏，就对使者说："燕王和我想到一块儿去了。大家都是兄弟，哪要什么人质！你回去告诉燕王，我准备准备就发兵！"

公元338年，后赵将领桃豹、姚弋仲率领水、陆两路大军作为前锋，先行讨伐段辽。然而，到了与前燕约定的会合地点，后赵军左等右等，却始终不见前燕军队的影子。

其实，不是慕容皝当了缩头乌龟，而是他正忙着带领人马攻掠段部在令支①以北的许多城镇。段辽准备分兵攻打慕容皝，慕容翰劝道："现在石虎的大军就在南边，我们应当集中力量抵御，怎么能跑去和慕容皝相斗！慕容皝这次亲自带着精兵强将前来，万一战事失利，您怎么应对南边的强敌呢！"

一旁的段兰生气地说："上次我就是听信你的鬼话，没有将慕容皝赶尽杀绝，才招来今天的祸患，这次我不上你的当了！"他立即率领全部士兵追击慕容皝，不料中了燕军的埋伏，大败而归。慕容皝就带着战利品，高高兴兴地回去了。

后赵军没等来前燕的军队，就长驱直入，逼抵蓟县。在他们凌厉的威势下，段部设在渔阳、上谷、代郡等地的长官全都前来归降，段氏的四十多个城镇就这样落在后赵的手上。

段辽见败局已定，只好带着剩余的一千多部众，逃往密云山。临行前，他拉着慕容翰的手，哭着说："我没听您的话，才招致败亡。我固然是咎由自取，可是连累您失去安身之所，真是惭愧！"慕

---

① 在今河北迁安市西。

容翰苦笑了一下，向北一路狂奔，投奔了宇文氏。

慕容皝没有按约定出兵，从段部获得的牲畜、财物还比后赵多得多，石虎气得七窍生烟，调转军队就去攻打前燕。

论实力，前燕不是后赵的对手，加上这次又理亏，各个城池纷纷投降，前燕人心大乱。慕容皝非常恐惧，颤声问左右："我们现在怎么办哪？"高诩说："只有坚守。"慕容皝却想弃城逃命。封奕、慕舆根再三劝阻，慕容皝才打消这个念头，和将领们商定退敌之计。

过了几天，后赵大军到达棘城。慕舆根等将领浴血奋战，一次次击退后赵军的进攻。如此过了十几天，眼看军粮不多，石虎只好下令撤退。

行至半路，天色渐晚，石虎打探到后面没有追兵，就让大家解除戒备，好好休整。后赵将士奋战多日，早就疲惫不堪，便枕着刀剑，呼呼大睡。

第二天清晨，一名士兵睁开惺忪的睡眼，发现帐外白雾茫茫，微风一吹，雾气翻滚，隐约间听到一阵喊杀声从远处传来。他屏住呼吸，侧耳细听，那声音越来越近，越来越响，只一会儿，似乎有千军万马咆哮而来。士兵心头一颤，一个鲤鱼打挺站了起来，扯着嗓子叫道："燕人来啦！"说话间，前燕军已经杀到营帐外。后赵将士仓皇应战，最终，各路大军都丢盔弃甲，只有石虎的养孙、游击将军石闵带领的一支队伍得以保全。

后来，石虎才知道，前来袭击的是慕容皝的儿子慕容恪，他只带了两千骑兵，就干掉自己三万人马。

亲仁善邻

与邻居亲近，与邻邦友好。

造　句：中华民族历来爱好和平，自古
就有亲仁善邻的传统，虽然曾
经饱受列强侵略、屡经战火蹂
躏，却依然坚持以和为贵的外
交政策，因为我们知道战争的
残酷。

【 勇冠三军 】

《资治通鉴·晋纪十九》

　　逸豆归遣南罗大涉夜干将精兵逆战，皝遣人驰谓慕容翰曰："涉夜干勇冠三军，宜小避之。"

译 文

　　宇文逸豆归派南罗城主涉夜干统率精兵迎战，慕容皝知道涉夜干很勇猛，就急速派人对慕容翰说："涉夜干是他们军中的第一勇将，你应当稍稍避让一下。"

悲情卧底慕容翰

　　慕容皝虽然击退了后赵大军，但是他知道石虎不会善罢甘休。论实力，前燕远不如后赵，当务之急是壮大自己，招募能征善战的将才。想到人才，慕容皝有点儿懊恼："当年慕容翰因为害怕才逃亡，并不是真的想叛国。他虽然人在段氏那里，但是心里一直装着燕国。不知道他现在的情况怎么样？要是他能回国，石虎就没什么好怕的了。"主意打定，慕容皝就安排商人王车到宇文部去做生意，暗中了解慕容翰的意向。

　　王车一到宇文部，就在集市上看到了慕容翰，只见他披头散发，衣衫褴褛，躺在一个角落里，一群小孩围着他，一边大叫"疯子"，一边朝他丢果子、菜叶。慕容翰只是"呵呵"傻笑，并伸出黑乎乎的手，捡起身上的果子和菜叶往嘴里塞，囫囵吞下后，就闭上了眼睛。一个胆大的孩子走近前去戳了戳他，却见他身下的衣服突然湿了，那孩子捂着鼻子，叫道："真臭，疯子拉屎了！"孩子们便一哄而散。

　　忽然，慕容翰睁开眼睛，呆呆地望着天空。王车心中一动，上前递给他一枚果子。过了好一会儿，慕容翰才接过来，眼睛定定地看着王车，也不说话，只是用手捶击自己的胸部，用力地点点头。王车瞬间懂了。

　　原来，慕容翰名声在外，遭到宇文部的首领宇文逸豆归的猜忌。为了保命，慕容翰只得装疯卖傻，时间长了，宇文部的人信以为真，就不再监视他了。慕容翰因此得以到处游走，将宇文部境内的山川、地形、要塞一一默记在心。

王车回去后，将情况报告给慕容皝，并说："慕容翰想回来了。"慕容皝激动地说："太好了，你再去一趟，把他接回来。"

慕容翰是一名神箭手，拉弓的力量达三石多，必须使用特制的弓箭，慕容皝就为他特制了一把，让王车埋在宇文部的一条道路边。

王车返回宇文部，把计划告诉了慕容翰。慕容翰很兴奋，他瞅准机会，带着两个儿子来到路边取出弓箭，然后骑上偷来的马，直奔前燕。可是，他们没跑出多远，就被宇文逸豆归派来的骑兵追上。

慕容翰勒住马，从容地说："我回自己的国家，你们为什么要阻拦？既然我已经上马，你们要拦也拦不住。过去几年，虽然我装疯卖傻欺骗你们，但是我从前的箭法并未丢失。如果你们逼我，那就是自寻死路。"

为首的骑兵说："别说大话了，还是束手就擒吧。"说完拍马上前。

慕容翰叹道："我在你们这儿住了这么久，多少也有点儿感情，我今天不想杀你们。这样吧，我们打个赌。你们在距离我一百步的地方立起一把刀，如果我一发就中，你们就回去；如果射不中，随便你们上来抓我。"

那名骑兵解下佩刀插在地上，慕容翰从背上拔出一支箭，拉弓一射，正中刀环。骑兵们惊得四散逃走。

慕容翰顺利回到前燕。慕容皝欣喜若狂，立即封他为建威将军，给予超高的礼遇。慕容翰顾不上休息，向慕容皝献计说："我在宇文部住了很久，熟知他们的情况：宇文逸豆归不得人心，也不好好训练军队，各地防守虚弱。他们虽然依附强大的赵国，但是真要打起仗来，石虎肯定来不及救援。如果我们现在去打宇文氏，肯定一战

就胜。"

慕容皝激动地说:"我早就想这么做了,只是苦于不知他们的虚实,你带来的情报太及时了!"

慕容翰受到鼓舞,继续说:"宇文氏一定要灭,不过在那之前,我们要先解决高句丽。高句丽是我们的近邻,表面上向我们称臣,背地里与赵国勾结,充当他们的爪牙。我担心我们去打宇文氏时,他们会乘虚而入。所以,必须先除掉高句丽,再灭宇文氏。高句丽国力弱小,我们一仗就可以解决他们,到时再攻宇文氏,就易如反掌。这两个地方平定后,我们就可以图谋中原了。"

慕容皝非常感慨:"现在你回来了,我还担心什么呀!"

公元 342 年,前燕出兵征讨高句丽。当时通往高句丽的道路有南北两条,北道地形平阔,南道地势险要狭窄,大家都想走平坦的北道。慕容翰却说:"高句丽如果跟我们的想法一致,就会在北道安排重兵防守,而忽略对南道的兵力部署。所以我们要反其道而行,大王应当率领精兵由南道杀入,攻他一个措手不及。只要南道攻下,丸都^①就唾手可得。大王再派一支偏师从北道进发,负责迷惑敌方,即使这支军队遭受挫折也不要紧。因为此时敌军的北道主力军被我们端掉,其他力量就无力回天了。"

慕容皝大喜,亲自带领四万精锐士兵从南道进发,让儿子慕容霸和慕容翰一起做先锋,另派长史王寓等率领一万五千人由北道出发。高句丽国王高钊(zhāo)果然派兄弟高武率领五万精兵在北道迎敌,自己则带领一些羸弱的士兵在南道防守。

慕容翰的先锋部队迅速推进,打败沿途的驻军,慕容皝的大军也及时赶到,击败高句丽的五万精兵,顺利进入丸都。高钊吓得一

---

① 高句丽的都城。在今吉林集安市西北。

个人骑马逃跑了，前燕将士连忙追击，抓获高钊的母亲和妻子。高钊无奈，只好向前燕投降。

两年后，慕容皝正打算干掉宇文部，宇文逸豆归却来了一个先发制人，派丞相莫浅浑率兵进攻前燕。燕军将士争相请求迎击，慕容皝都不许。莫浅浑就得意扬扬地对左右说："他们怕我！"从此天天饮酒打猎，不再设防。

慕容皝得到情报，命令慕容翰马上出击。慕容翰三下五除二，将莫浅浑手下将士全部活捉。莫浅浑只身逃回宇文部。

宇文逸豆归暴怒，集中全部精兵，交给南罗城主涉夜干，对他说："你是我们的国民英雄，这次由你去迎战，只许胜不许败！"

慕容皝有点儿担忧，急忙派人对慕容翰说："涉夜干勇冠三军，这次又倾巢而出，你最好稍稍避让一下。"

慕容翰哈哈笑道："涉夜干来得正好！只要我击败他，宇文氏就会不战自溃。我在宇文部那么久，对涉夜干的底细一清二楚，他没啥本事，徒有虚名罢了。这次不应当让他，否则会挫伤我军的士气。"

双方都意气风发，也就打得难解难分。激战中，慕容翰被流箭射中了小腿。危急时刻，慕容霸赶到，一刀斩杀了涉夜干。主将阵亡，宇文部的士卒不战自溃。燕军乘胜追击，攻克了宇文氏的都城。

石虎闻讯，十分震惊，赶紧派大军前去救援。等他们到达时，宇文逸豆归已经逃跑，后来死在大漠中，宇文氏由此灭亡。慕容皝接着又击败了后赵援军，收缴宇文氏的畜产、物资、钱财，将他们的五千多个村落都迁到前燕境内，从而开辟国土一千多里。

慕容皝很得意，逐鹿中原的信心倍增，可这时他的疑心病又犯了。慕容翰回国后表现出来的谋略与勇悍，比从前更让他忌惮。不过，慕容翰自从被流箭射中后，就长期卧床养伤，不怎么出门。一天，慕容翰感觉腿伤有所好转，忍不住在院子里练习骑马。没想到有人就向慕容皝报告说："慕容翰借口受了伤，实际上偷偷练习骑马，肯定心怀不轨。"慕容皝就赐慕容翰自尽。

慕容翰原以为自己以大义为重，不计个人荣辱，会换来可贵的信任，没想到是这种结局，真是万念俱灰，便服毒而死。临死前，他慨叹道："十年前我负罪出逃，后又回来，到今天才死已经算晚了。不过，现在羯人寇贼仍占据中原，我原想为消灭他们尽一份力，现在看来不可能了。对此，我没有恨意，因为这就是命运啊！"

勇 冠 三 军

冠，位居第一；三军，古时有中军、上军、下军，这里指全军。指勇猛过人，是全军第一。

造　句：	在小说《杨家将》塑造的杨家"七郎八虎"中，杨七郎的武功最高，他善使一杆丈八蛇矛，力大无穷，勇冠三军，年纪轻轻就为国家立下无数大功。
近义词：	万夫莫当
反义词：	畏敌如虎

【 成人之美 】

《资治通鉴·晋纪十七》

淳谓雄曰："寡君使小臣行无迹之地，万里通诚于建康者，以陛下嘉尚忠义，能成人之美故也。若欲杀臣者，当斩之都市，宣示众目曰：'凉州不忘旧德，通使琅邪！主圣臣明，发觉杀之。'如此，则义声远播，天下畏威。今使盗杀之江中，威刑不显，何足以示天下乎！"

译 文

张淳对李雄说："我的君主让我来到这闭塞不通的地方，不远万里向建康表达诚意，是因为陛下崇尚忠义，能够成全别人的好事的缘故。如果您想杀我，应当在闹市处斩，并告诉民众说：'凉州不忘晋室的旧恩，与建康互通使节，因为君主圣贤、臣子明察，发觉此事所以杀了他。'这样既可以使我的义名远播，也能让天下人畏惧您的威严。如果让盗贼在江中杀死我，怎么显扬您的声威，让天下人都知道呢！"

谢艾惊艳了前凉

接二连三败给了前燕，让石虎有一种强烈的挫败感："难道慕容皝是我命中的宿敌？不，我偏不信这个邪！"激愤之下，石虎变本加厉地筹措军粮，招募士兵，准备攻打前燕。

这时，青州的地方官上报说："济南平陵城出了一件天大的事情！城北的一只石雕老虎，一夜之间被移到城东南，沿途留下一千多只狼、狐的足迹，都踩出路来了。"

石虎听了很兴奋："这是天意啊！这个石虎，指的就是朕。它的位置从北边移到东南，是上天想让朕荡平江南。既然如此，这次先不打燕国了，赶紧安排下去，让各州郡集结所有军队，朕明年要亲率大军攻打晋国，以应天命。"他颁发诏令，征调民间的车、牛、米、绢作为军需，凡是不能按要求准备的，全都杀头。

这些年，石虎生活奢侈无度，又不断出兵打仗，后赵的老百姓早就被压榨得家徒四壁，这次为了筹措军需，有的甚至卖儿卖女，仍然凑不齐的，只能随便在路边找棵树上吊。于是，路边的树上挂满了走投无路的百姓的尸体。

经过一年多的准备，终于征集到一百多万士兵，石虎很高兴，准备挥师南下。为了给大家鼓劲，他在宫中大宴群臣。就在君臣吃得欢时，一百多只白雁莫名其妙地停在马道的南面，并发出凄切的叫声。石虎皱着眉头对侍卫说："快射死它们！"侍卫们立即张弓射箭，却一只也没射中。

这时，太史令赵揽悄悄对石虎说："白雁停在庭院，是宫室将要空寂无人的征兆，说明不适合向南发兵。"

石虎一向迷信，南征的事就这样不了了之。可集结起来的大部队，该怎么办呢？石虎灵机一动，驾临宣武殿，举行了一场盛大的阅兵仪式，然后就解散了军队。

经过这么一折腾，后赵好几年都没有缓过劲来。石虎年纪也渐渐大了，淡了四处征伐的雄心，每天只是纵情享乐。

东晋永和二年（公元 346 年），从凉州传来凉王张骏去世的消息。张骏是前凉第四代君主，在位期间，以儒家思想治国，轻徭薄赋、重文兴教，使凉州成为乱世中的净土。他还努力扩张版图，派部将杨宣率军穿越沙漠，征伐龟兹、鄯善等国，迫使西域诸国都来归附。

不过，张骏始终心系晋室，只是苦于道路被后赵阻隔，无法与东晋联络。当年石勒称帝时，张骏迫于压力向他称臣，暗中却派近臣张淳出使蜀地，打算向成汉国主李雄借道，前往建康呈送奏表。李雄嘴上答应，背地里却想让盗贼将张淳沉入江中。张淳知道后，就对李雄说："凉王之所以派我前来借道，是因为陛下您一向有崇尚忠义、成人之美的名声。如果您想杀我，应当在闹市处斩，并对民众说：'凉州不忘晋室的旧恩，与建康互通使节，因为君主圣贤、臣子明察，发觉此事所以杀了他。'这样就能使我的义名远播，而您也将得到天下人的敬畏。如果偷偷地在江中杀死我，怎么能显扬您的声威！"李雄假装吃惊，忙说："哪有这种事！"然后命人准备好厚礼，送张淳前往建康。

打这以后，前凉与东晋联络不断。张骏还写信给东晋朝廷，请求派郗鉴、庾亮率军北伐，与前凉一起消灭后赵，收复中原。石虎得知后大怒，派人拦截前凉的使者，阻止他们与东晋联络，并谋划吞并前凉。

如今，张骏死了，即位的是他那才十九岁的儿子张重华，这个消息让石虎重燃征伐的激情。

石虎迅速行动，先派大将王擢袭击前凉的武街[①]，抓获了几名护军将领，并将七千多户前凉百姓迁徙到自己的境内，接着又派悍将麻秋攻打金城[②]。

麻秋心狠手辣，杀人如麻。他打仗时，每攻下一处就要屠城，老百姓对他又恨又怕。夜里孩子哭闹不睡觉时，大人就吓唬说："别哭了，再哭麻秋就来了。"孩子吓得立刻不哭了。

金城太守张冲得知麻秋要来，吓得直接投降。凉州百姓惊恐万分。张重华只好调集境内的全部军队，让征南将军裴恒统率着抵御麻秋。可是，凉州境内多年没有战事，将士们都心存畏惧，裴恒年纪也大了，在军事上比较保守，固守在广武，不敢出战。

张重华觉得这样下去凉州要完了，便下令说："大家不拘一格，推荐可以退敌的人才。"

很多人推荐功臣老将，凉州司马张耽却说："我的主簿谢艾，很有才干，可以让他去对付麻秋。"

"谢艾？"朝廷沸腾了，这是一个前所未闻的名字，主簿是文官，那就说明他没上过战场。大敌当前，推荐这么一个人，开什么玩笑？

好在张重华是个血气方刚的年轻人，敢于打破常规，他马上召来谢艾。可是，当一个白白净净的年轻书生站在面前时，他还是有点儿失望，就问："你打算怎么抵御麻秋？"

谢艾坦然地分析了当前的形势，然后自信地说："如果您信得过

---

① 治所在今甘肃临洮东。
② 治所在今甘肃兰州市西北。

我，就给我七千人，我一定击退他。"张重华抱着试一试的态度，拨给他五千步兵、骑兵。

谢艾率军出了城，一路疾驰，来到距离广武城不远的振武，打算偷袭后赵军。当天夜里，有两只猫头鹰在军营附近叫个不停，将士们本就忐忑不安，听到鸟叫声更加恐惧，觉得这一仗凶多吉少。谢艾就对大家说："玩六博棋时，得到有猫头鹰图案棋子的人，总能获胜。现在猫头鹰在我们的军营中鸣叫，说明我们要打胜仗了！"大家虽然半信半疑，但紧张的气氛一扫而空。

而麻秋的军队以为前凉军势衰微，不敢出击，渐渐地就放松了警惕。当谢艾的军队突然杀来时，他们毫无准备，迅速溃败。麻秋心有不甘，就撤退到两国的边境线上，等待时机。

捷报传来，张重华大喜，封谢艾为福禄^①伯。谢艾一战成名，风光无限，这让前凉的王公贵族十分忌恨，便不停地挑拨离间。没过多久，张重华就贬谢艾为酒泉太守。

守在边境线上的麻秋高兴极了，再次侵犯前凉的战略重镇——枹（fú）罕^②。晋昌太守郎坦觉得枹罕城太大，不利于防守，打算放弃外城，专守内城。武成太守张悛反驳道："放弃了外城就会动摇人心，大事也就完了。我们必须固守外城。"凉将张瓘听从了张悛的意见。

很快，麻秋带着八万人马将护城河团团包围，他每天安排后赵士兵架云梯、挖地道，多路并进攻城。城中的士兵在张瓘的带领下，顽强抵抗，杀死数万后赵士兵。麻秋只好退守大夏^③，向石虎救援。

可是，石虎派去的援军也被张瓘击退。石虎气坏了，让中书监石宁率两万人马与麻秋会合。凉将宋秦得知，吓得带着两万多户人家投降了后赵。

---

① 治所在今甘肃酒泉市。
② 治所在今甘肃临夏东南双城堡大夏河北岸。
③ 今黄河支流大夏河。

张重华心急如焚，只好再次起用谢艾，给了他三万步骑兵，让他抵御麻秋大军。

谢艾就整顿军队，坐着轻便的车子，击鼓而来。麻秋远远地见他戴着白色便帽，一副书生打扮，就气得发狂："大战在即，谢艾故意穿成这样，真是欺人太甚！"他手一挥，三千名拿着黑色铁矛的龙骧骑兵便箭一般地冲向谢艾的军阵。谢艾身旁的将士大惊，劝道：

"谢将军，您应该骑马，这样跑得快一点儿。"谢艾置若罔闻，淡定地下了车，坐在一张胡床①上指挥作战。

龙骧骑兵冲到离谢艾不远处，见他的军阵后方旌旗密布，以为有很多伏兵，便停下脚步。谢艾的别将张瑁抓住这个机会，率兵从小路杀出，截断了龙骧骑兵的后路，龙骧骑兵顿时乱成一团。谢艾适时挥动令旗，下令攻击后赵大军。前凉将士如狼似虎，斩杀了一万三千多名敌兵。麻秋慌了，单人匹马逃回大夏。

麻秋连吃败仗，颜面扫地，他实在咽不下这口气，便纠集了十二万兵马，再次进攻前凉。姑臧城②惊恐万分，张重华急得要亲自出征，被谢艾劝阻。张重华就让谢艾担任抗击敌军的主帅。

出发前，谢艾召开誓师大会，突然一阵大风吹过，旌旗猎猎作响，飘向东南方。将领索遐就说："风向就是号令，现在旌旗指向敌人，这是上天在帮助我们。"大家听了，士气大增。

谢艾率军来到神鸟③，先打败了王擢的前锋部队，随后又击溃麻秋。麻秋心灰意冷，将军队退回黄河以南，以后再也不敢进攻前凉。

石虎也非常沮丧，叹息道："我靠一部分军队平定了九州，如今以九州的兵力却打不下一个枹罕，凉州仍有人才，不可图啊！"

①　又名交床、绳床、逍遥座。一种能折叠能挂的轻便坐具。古代西北少数民族用此物。
②　前凉国都。治所在今甘肃武威市。
③　治所即今甘肃武威市。与姑臧同城分治，神鸟理西，姑臧理东。

指成全别人的好事，帮助别人实现愿望。

造　　句：成人之美是一种高尚的道德修
养，既给别人带来机会，也为
自己开拓了更广阔的空间，所
以孔子才会说："君子成人之
美，不成人之恶。小人反是。"
近义词：助人为乐、急公好义
反义词：掠人之美、落井下石

【 束之高阁 】

《资治通鉴·晋纪十九》

时杜乂、殷浩并才名冠世，翼独弗之重也，曰："此辈宜束之高阁，俟天下太平，然后徐议其任耳。"浩累辞征辟，屏居墓所，几将十年，时人拟之管、葛。

译 文

当时杜乂、殷浩都以才名冠绝当代，唯独庾翼轻视他们，说："这种人应当捆起来放到高高的阁楼上去，等到天下太平，再慢慢考虑他们的职务。"殷浩多次拒绝朝廷的征辟，摒绝世事，隐居在墓地附近，这样将近十年，当时的人把他和管仲、诸葛亮相提并论。

乌龙[①]传令灭成汉

当年，东晋平定了苏峻之乱后，国舅爷庾亮深深自责，打算引咎辞职，从此隐居山林。晋成帝司马衍不答应，还安慰他说："这是国家社稷的灾难，不是舅舅您的错，您不要太自责了。"虽然成帝的话很暖心，但是堵不住悠悠众口，庾亮即便不隐居山林，也没脸待在京城，便去了芜湖。

过了四年，陶侃因病去世，成帝就让庾亮接替他的职位，负责荆、豫、益等六州军政，镇守武昌。

庾亮权力大增，又握有重兵，自信也跟着回来了。当时丞相王导辅政，他性情宽厚，所委任的赵胤、贾宁等将领，经常不守法令，大臣们为此忧虑不已。庾亮就写信给郗鉴，想共同发兵废黜王导。郗鉴拒绝了。有人将此事告诉王导，让他多加防备。王导却说："我和庾亮休戚与共，怎么会传出这种庸俗的言论？一定是有人试图离间我们。即使庾亮真有这个心思，我大不了丢下官印，归隐还乡，又有什么好怕的！"

王导的态度这么超然，庾亮感觉自己的一拳打在了棉花上，挺没意思的，于是将心思转移到收复失地上。他派将领毛宝、樊峻戍守与后赵接壤的邾（zhū）城[②]，并向朝廷上疏请求攻打后赵。王导同意了，郗鉴却反对说："我们准备得还不充分，不能贸然行事。"

---

① 本意是黑龙。后来演变成做出了与本意相违背的事情。
② 在今湖北黄冈市黄州区北。

北伐一事就搁置了下来。

石虎却感受到了来自东晋的威胁，就派石闵等将领攻打邾城。毛宝向庾亮求援，庾亮却认为邾城城池坚固，没有及时派兵，最终邾城失陷，毛宝、樊峻身死。

各种指责纷至沓来，庾亮备感压力，很快就抑郁而终。而王导也在他之前病逝，临终前向成帝推荐了丹杨尹何充。何充才识过人，刚强果敢，成帝就任命他为护军将军，又召庾亮的弟弟庾冰为丞相，让他们共同辅政。庾冰非常勤勉，不分昼夜处理政事，提拔后进，敬重当朝贤士，时人都称他为贤相。庾冰也不避嫌，让弟弟庾翼接替了庾亮的职务。

庾翼为人慷慨，很有声望，还写得一手好字，可以与王导的侄子、右军将军王羲之相媲（pì）美。但当时很多人对庾翼出镇武昌感到担忧，结果庾翼到任后，把军政事务处理得有声有色，令人刮目相看。

庾翼有一个好朋友叫桓温，出身于谯郡①的世族大家，是东汉经学大师桓荣的后代。按理说，桓温应该像许多出身名门的世家子弟一样，走上读书做官的道路，但是他从小就显得另类。

桓温十五岁那年，苏峻在历阳起兵叛乱，桓温的父亲桓彝当时在历阳做官，便带兵救援朝廷，结果被苏峻的部将设计害死，一位名叫江播的县令也参与其中。在父亲的丧礼上，桓温当着众亲友的面立下重誓："我一定要报仇雪耻！"

几年后，江播死了，他的儿子江彪害怕桓温前来寻仇，便在灵堂四周藏了兵器，日夜安排人值守。前来吊丧的人络绎不绝，桓温怀揣着一把刀，混进去刺死了江彪。

①　今安徽亳州市。

手刃仇人的桓温被人们视为英雄，不但没有受到朝廷的惩罚，还因此声名大噪，成为南康长公主的夫婿。桓温却觉得英雄无用武之地，经常去找好朋友庾翼谈心，两人还相约收复中原，共济天下。所以，庾翼经常在成帝面前说："桓温是当今的大名士，拥有英雄之才，希望您不要只当他是寻常的皇室女婿，应当委以重任，他一定会建立功勋的。"

成帝笑着问："殷浩也很有名，你怎么不推荐他呀？"

殷浩也是当时的名士，他精通玄学，擅长辩论。曾经有人问他："为什么想做官的时候要梦到棺材，想发财的时候要梦到大粪？"殷浩不屑地回答："官意味着腐朽的东西，想做官就会梦见与腐尸相关的棺材。财本就是粪土，想发财时自然会梦到大粪。"既然对升官发财充满蔑视，殷浩就拒绝朝廷的征召，每天不问世事，隐居在墓地附近。当时的人把他和管仲、诸葛亮相提并论，甚至把他的是否出仕跟东晋的兴亡挂钩。名士谢鲲的儿子谢尚等人曾经去探望他，回来后都担忧地说："殷浩不出来做官，百姓怎么办啊？"庾翼也曾经写信请殷浩出来当官，殷浩却毫不理会。

想起这些事，庾翼就笑着回答成帝："皇上，殷浩这种人应当束之高阁，等天下太平了，再考虑给他们职位。当务之急，还是要重用桓温这种可以匡时济世的能人。"

咸康八年（公元 342 年），成帝得了重病，由于他的两个儿子司马丕和司马奕都还小，庾冰担心换了皇帝后，庾家会失去权势，就不顾何充的反对，请求立成帝的弟弟司马岳为太子。成帝同意了，在他死后，司马岳即位为晋康帝。庾翼趁着手中有权，任命桓温为徐州刺史，开始部署北伐的事宜。

没想到，北伐军还没出征，康帝也死了。这次，何充坚持要立康帝的长子司马聃（dān）为帝，即晋穆帝。穆帝只是一个两岁的孩子，所以由丞相何充、会稽王司马昱、司徒蔡谟（mó）共同辅政。

庾氏的权势渐渐衰弱，庾冰在忧惧中病故。过了两年，庾翼也身故。临终前，他上表请求让儿子庾爰（yuán）之接替自己的职位。庾氏家族世世代代驻守西部藩镇，深得人心，因此朝臣们都说："于情于理，都应当同意庾翼的请求，以安人心。"

何充想彻底终结庾家的权势，就说："荆楚是国家在西方的门户，人口众多，地势险峻，它北边挨着凶悍的胡人，西边紧邻强大的汉国，如果派得力干将镇守，平定中原不在话下；如果用人不当，那么国家的命运就令人担忧，怎么能让年轻的白面书生担任这样的要职呢？我看桓温文武全才，有胆有谋，就让他去吧。"

大臣们担忧地问："那庾爰之肯让给桓温吗？如果他率军抗命，就会引发动乱。"

何充胸有成竹地说："你们放心，桓温足以对付他。"桓温到任后，庾爰之果然不敢和他相争。

丹杨尹刘惔（dàn）与桓温相交多年，对他了如指掌，就对会稽王司马昱说："桓温的确有才干，可是野心也不小。荆州太重要了，不能让他占据，最好是您亲自镇守。"司马昱不听。刘惔又请求道："那么，让我去荆州任职，以便观察桓温的一举一动。"司马昱也不同意。

桓温怕刘惔再搞鬼，就趁雪天打猎的时候登门拜访。刘惔上上下下打量了他一番，问："老贼，你穿得这样整齐，想去干什么？"桓温笑着回答："我不去打猎，你哪能安坐在家中清谈呢！"意思很明白，没有我们武将保家卫国，哪有你们文臣的清闲日子。

桓温受庾氏兄弟的影响，胸怀"灭胡平蜀"的志向，因此对后赵、成汉的动向格外关注。经过多方考虑，他打算由易到难，先发兵攻伐成汉。

此时成汉的帝位已经传到第五代皇帝李势手里。由于蜀地多年太平无事，李势便成天躲在深宫里，很少与公卿大臣接触，也不操心国家大事。很多獠（liáo）人① 趁机走出深山，攻击蜀地百姓，再加上遭逢荒年，成汉国内一片萧条。

桓温便上书请求出兵伐蜀，还没有等到朝廷回复，他就急不可耐地带着兵马出征了。

朝中的有识之士都说："成汉立国很久了，经过几世的积累，基础牢固，而且蜀地遥远，道路又艰险，桓温带着那么点儿兵马就敢出征，恐怕不会成功！"

刘惔却胸有成竹地说："桓温一定能取胜！"

有人问他："你为什么这么肯定呀？"

刘惔脸上露出一丝苦笑，说道："桓温喜欢赌博，而且手段十分精准，每次都是有十足的把握才下注。所以，我不担心他攻不下蜀地，我担心的是攻克蜀地之后，他会以军功要挟朝廷。"

永和三年（公元 347 年）二月，桓温率军抵达青衣②，有人建议兵分两路出击。部将袁乔提出反对意见："现在我们孤军深入，分兵会导致人心不齐，万一失利，这次讨伐就会失败。最好的办法是集中全部力量，一战决胜负。"

桓温赞许地看着袁乔。袁乔又建议道："我们把做饭的炊具全都扔掉，只带三天的粮食，不留一点儿退路，这样将士们才会拼死战斗。"桓温便留下老弱士兵守护辎重，自己率领主力直奔成都，与汉军展开了决战。

不料，桓温出师不利，前锋将领龚护战死，桓温的马头也被流箭射中。桓温心惊胆寒，就下令鸣金收兵。也不知道击鼓的士兵是

① 獠，本指称野兽。古代对南方某些少数民族的蔑称。
② 治所在今四川芦山。

没听清呢，还是过于慌乱，竟然敲响了发动总攻的鼓声。

鼓声一响，晋军士气突然高涨起来，袁乔趁热打铁，拔出宝剑，督促将士奋勇杀敌。最终，汉军溃败，李势只好向桓温投降。历时四十六年的成汉就此灭亡。

捷报传回东晋，满朝文武既高兴又尴尬，高兴的是桓温平定了蜀地，尴尬的是桓温行事张狂，不经同意就擅自出兵。经过多轮商讨，大家最终认为桓温的功大于过，便犒赏了他和他的军队。

自此，桓温倚仗军功，权势如日中天，久而久之，竟连朝廷也不放在眼里了。大臣们不由得叹道："刘惔真有先见之明啊！"

束，捆、扎。捆起来放到高高的阁楼上去。比喻弃置不用或搁下不用。

造　句：	东晋大诗人陶渊明曾经担任彭泽县令，因为看不惯官场中的尔虞我诈，便将理想束之高阁，从此归隐乡间。此后，他潜心创作了许多脍炙人口的田园诗，被誉为"田园诗派之鼻祖"。
近义词：	置之不理
反义词：	爱不释手

① 这个故事的原文里还有成语"休戚与共"（忧喜、福祸彼此共同承担。形容关系紧密，利害相同）。

【 天崩地陷 】

《资治通鉴·晋纪十九》

宣乘大辂，羽葆华盖，建天子旌旗，十有六军戎卒十八万出自金明门，虎从其后宫升陵霄观望之，笑曰："我家父子如此，自非天崩地陷，当复何愁！但抱子弄孙，日为乐耳。"

译 文

石宣乘坐大车，车上有鸟羽装饰的华盖，并树立天子才用的旌旗，十六路军队中的十八万士兵从金明门出发，浩浩荡荡跟在后面。石虎登上后宫的陵霄观眺望，笑着说："我家父子关系这么和谐，除非天崩塌、地陷落，还有什么可担心的呢！我只管去抱儿子、逗孙子，终日享受天伦之乐喽。"

虎毒也食子

后赵在凉州吃了败仗，石虎的心情糟糕到了极点，只能发泄在打猎上。可是他身材高大肥胖，没有任何马能够驮得动，就特制了一千辆打猎的专车，定期举办打猎比赛。他还圈划出一片方圆千里的猎场，让御史监护，如果有百姓胆敢伤害猎场中的禽兽，就要被处以极刑。

石虎还十分贪恋女色，宫中女官已经很多了，他还不断增加，并分为二十四个等级，又下令从民间征选三万名女子，分成三个等级，配到后宫、东宫以及各位王公府中。各个郡县为了完成任务，经常强夺百姓的妻子，抢不到就杀害她们的丈夫。美女送到邺城后，石虎亲自在殿前挑选、分级。选美工作完成得好的官吏，可以封侯。

尚书朱轨觉得再这样折腾下去，后赵迟早会完蛋，便批评了几句。石虎大怒，立即把他杀了，还专门制定刑法，惩治私下议论朝政的人，并鼓励下级告发上级，奴仆告发主人，以致大臣们上朝时只能以目光互相示意，不再敢来往交谈。

这时，有个叫吴进的和尚向石虎进言说："胡人的命运将要衰落，晋朝会复兴，应当让晋人服苦役，压制他们的气势。"石虎就让尚书张群征发附近各郡十六万劳工、十万辆车，修筑邺城北边的华林苑。司徒申钟、赵揽等人上疏劝阻："现在天文星象错乱，百姓生活悲惨，不宜加重他们的负担。"石虎勃然大怒："即使宫苑和围墙早晨建成，而我晚上就死去，我也没有遗憾。"说完催促张群日夜赶工。偏偏天降暴雨，一连下了七十多天，劳工们却还要在雨中干活，不少人因此丧命，石虎却无动于衷。

石虎不仅将普通百姓的性命视如草芥，对自己的亲生儿子也冷酷无情。石虎有十几个儿子，他刚刚篡位时，让太子石邃监管国事，只有祭祀郊庙、选任地方官员、征伐方面的大事才自己审议。他也喜欢石宣、石韬这两个儿子，经常对大臣们说："司马家的父子、兄弟自相残杀，导致晋国灭亡，所以我才能当上皇帝。而我家父子、兄弟感情融洽，我怎么会杀石邃，石邃又怎么会残害他的兄弟呢？"

讽刺的是，这话说完没多久，石虎就亲手把石邃杀了。事情的起因并不复杂。石虎个性喜怒无常，教育儿子非打即骂。每当石邃有事禀报时，石虎就不满地训斥他："这种鸡毛蒜皮的小事也要报告？"石邃吓得好长时间不敢禀报，石虎又不满地问："怎么不来禀报？"训斥完就抡起鞭子抽他。石邃不敢躲闪，任凭鞭子雨点般落在身上。这种事情发生多了，石邃的心中就种下仇恨的种子，私下对亲信李颜等人说："天子太难伺候了，我想先杀了他宠爱的石宣再造反，你们跟我干吗？"李颜等人吓得伏在地上，大气不敢出。

这天，石邃称病不上朝，带着五百多人骑马来到李颜家中赴宴。酒足饭饱后，石邃站了起来，对李颜等人说："走，跟我去冀州杀死石宣，胆敢不从的，就地斩首！"说完就跌跌撞撞地往外走，大家吓得跟了上去。走了几里路后，不少人因为害怕，溜走了。李颜便跪在地上，极力劝阻，石邃这才昏昏沉沉地返回宫中。石邃的母亲郑氏听说后，又惊又怕，派人责问石邃。石邃就杀死来人，然后装病。

石虎得知太子生病，心里也着急，准备前往东宫探望。他刚要出发，忽然想起高僧佛图澄曾经劝他"不宜经常去东宫"的话，就先派了一名亲信女官前去察看。过了一会儿，女官披头散发、满身血污地跑了回来，惊慌失措地说："太子要谋反。"石虎大惊，立即拷问李颜等人。李颜不敢隐瞒，一五一十地把事情原委说了。石虎怒不可遏，当即杀了他们，并囚禁了石邃。

毕竟父子连心，没过几天，石虎就心软了，赦免了石邃，还在殿中召见他。但石邃恨父亲幽禁自己，见了面只是朝他拱了拱手，就往宫外走，连一句认错的话都没说。石虎追上去说："你母亲很想你，去看看她吧。"石邃却头也不回地走了。石虎被彻底激怒了，高喊道："我能立你，也能废你！"

石虎就杀死石邃，立石宣为太子，但他怕石韬不高兴，就让二人轮流裁决朝政大事。司徒申钟觉得不妥，劝谏道："赏赐或者惩罚，是君王掌握的大权，不能随便交给别人。太子的职责是侍养父母，不应当参与朝政。您难道忘了石邃的教训？况且，让他们轮流执政，权力分散，很容易发生祸患。父母爱孩子却不知道用正确的方法，反而会害了他们的。"石虎不听。

等到连绵的暴雨终于停歇，石虎心中的阴霾也一扫而空，就让石宣到各地山川去祈福。石宣乘坐大车，浩浩荡荡从金明门出发时，石虎登上后宫的陵霄观眺望，笑着说："我家父子这样和睦，除非天崩地陷，还有什么可愁的呢！我只管去抱儿子、逗孙子，终日享受天伦之乐喽。"

石虎不想厚此薄彼，没过多久又让石韬到各地巡视，出行规格和石宣一样。石宣见石韬和自己这个太子平起平坐，心中十分不爽。

一次，石宣因为一件小事违背了石虎的旨意，石虎愤怒地说："真后悔当初没立石韬为太子！"

这话传到石韬耳朵里，他很得意，变得越发傲慢起来，在府里建造了一座宫殿，名为宣光殿，横梁长达九丈。石宣认为殿名中的

"宣"字冒犯了他，怒气冲冲地带着几百人冲进石韬府中，当场杀死工匠，砍断横梁，然后大模大样走了。石韬怒不可遏，又把横梁加长到十丈。石宣暴跳如雷，与亲信杨怀、赵生密谋，打算先杀死石韬再谋反。杨怀、赵生等人便偷偷潜进石韬的府中，砍掉他的手脚，将他折磨致死。

得知爱子死于非命，石虎当场昏厥过去，等苏醒过来后，他挣扎着要去参加石韬的丧礼。司空李农连忙阻拦："现在还不知道凶手是谁，也许凶手还没有离开京城，您不要轻率出行。"石虎心头一惊，又想到佛图澄的话，就加强宫中守备。

石宣大摇大摆地去吊唁，还让人揭开覆盖尸体的布，盯着面目全非的石韬看了好一会儿，才"呵呵"笑了几声，扬长而去。

有人将石宣的反常举动报告给石虎。石虎心惊不已，立即派人把石宣抓来，一番审问后，获知了全部真相。石虎愤怒得说不出话来，他把石宣囚禁在一个仓库里，用铁环穿透他的下巴并上锁，然后命人把杀害石韬的刀拿来，让石宣舔干净上面的血。佛图澄心有不忍，劝石虎："石宣、石韬都是您的儿子，如果为了替石韬报仇而杀死石宣，就是祸上加祸了。为什么不宽恕石宣呢？"

但此刻石虎谁的话也听不进去，他命人在城北堆上柴草，上面架设横杆，横杆的末端安置辘轳，绕上绳子，把梯子倚靠在柴堆上，接着让人揪着石宣的头发登上梯子，再把绳子套在他的脖子上，用辘轳绞上去，然后用杨怀等人对待石韬的方式折磨了他一遍。

等到石宣奄奄一息时，石虎又命人点燃柴堆，顿时浓烟烈焰冲天而起。石宣的惨叫声穿透长空，观看的人无不心惊肉跳。石虎却眼都不眨一下，冷酷地看完全过程，之后他又下令杀掉石宣的妻儿九人。石宣的小儿子才几岁，吓得直往石虎怀里钻，叫道："爷爷！爷爷！"石虎平时非常疼爱这个孩子，就抱着他痛哭。侍卫上前抱走孩子时，孩子死死地拽着石虎的衣服，连腰带都被拽断了，但石虎最终也没有宽恕他。即使这样，石虎还不解气，又将石宣的三百多名亲信车裂，把石宣居住的东宫改作养猪场，东宫十多万卫士全被贬去了凉州。

所谓虎毒不食子，可是石虎父子却一再上演骨肉相残的惨剧。接连失子的石虎也心力交瘁，得了一场大病，他担心自己活不了多久，就正式称帝，立年仅十岁的石世为太子。

没想到，被贬到凉州的东宫卫士在头领梁犊的带领下叛乱，击败李农等人的军队，攻取了荥阳与陈留等郡。石虎十分害怕，让燕王石斌、羌人首领姚弋仲、氐人首领蒲洪、养孙石闵等人率部讨伐。

姚弋仲带着八千人马先来到邺城，他冲进宫里，大声喊道："我要见陛下！"石虎正病得糊里糊涂，就对左右说："你们好好招待他，用上好的御食。"

酒菜摆上来了，姚弋仲却一把掀翻桌子，怒道："陛下召我来讨伐乱贼，应该当面向我传授退敌之计，难道我是为了吃一顿饭才来的吗？再说，如果陛下不见我，我怎么知道他现在是死是活？"

石虎只好强撑着病体见了姚弋仲。姚弋仲责备道："儿子死了，你很难过吧？要不然为什么病成这样呢？儿子小的时候你不好好教育他，所以长大后他才干出这种叛逆之事；既然如此，杀了他又有什么好难过的呢？你病了这么久，新立的太子又小，如果病情不见好转，天下必将大乱，这才是你要担心的。至于梁犊那些乱贼，目的只是烧杀抢掠，能成什么事？待老夫为你灭了他们！"

姚弋仲性情耿直暴烈，和人说话时，无论对方身份高低贵贱都直呼"你"，石虎了解他，所以并不生气，平静地说："朕封你为征西大将军，带上铠甲、战马，赶紧去平定梁犊吧。"

　　姚弋仲敏捷地跨上战马，问石虎："你看老夫能打败乱贼吗?"说完扬鞭策马，连句告辞的话也没说，就疾驰出宫。

　　没过几天，姚弋仲就平定叛乱，拎着梁犊的头颅回来了。石虎大喜，病也好了一大半，封姚弋仲为西平郡公。

天 崩 地 陷

比喻重大的事变。也形容巨大的声响。

造　句：	听到周恩来总理去世的噩耗，
	林爷爷觉得天崩地陷，眼前一
	黑，差点儿摔倒在地。
近义词：	天崩地裂、地动山摇

① 这个故事的原文里还有成语"抱子弄孙"（抱弄子孙，安享快乐）。

【 物极必反 】

《资治通鉴·晋纪二十》

　　故晋散骑常侍陇西辛谧，有高名，历刘、石之世，征辟皆不就；闵备礼征为太常。谧遗闵书，以为"物极则反，致至则危。君王功已成矣，宜因兹大捷，归身晋朝，必有由、夷之廉，享松、乔之寿矣"。

译　文

　　西晋的散骑常侍、陇西人辛谧，享有很高的声誉。前赵、后赵朝廷先后征召他做官，他都不接受，冉闵建立魏朝后，就备上厚礼，请他担任太常一职。辛谧拒绝了，写信给冉闵说："事物发展到极点，会向相反的方向转化。如今君王大功已成，应该带着这一辉煌战果，归身于晋朝，赢得许由①、伯夷那样的正直名声，享受赤松子、王子乔②那样的天年高寿。"

---

①　远古时期，尧听说许由德高望重，想传位给他。许由得知后连夜逃走。尧派人四处寻找，终于在箕山找到了他，请他出山为王。许由坚决不从，还觉得这种话弄脏了他的耳朵，就跑到河边反复冲洗，就有了"许由洗耳"这个成语。
②　赤松子、王子乔都是传说中长生不老的神仙。

冉闵发布"杀胡令"

公元 349 年，后赵皇帝石虎终于病逝，太子石世即位。石世只当了三十三天皇帝，石虎的第九子石遵就率军攻入邺城，杀死他，夺了帝位。此后，石虎的儿子们就踏上骨肉相残、争权夺位的老路，一如西晋的司马氏皇族。

石遵能顺利登基，离不开石虎的养孙石闵的大力支持。石闵是后赵猛将石瞻的儿子。石瞻本姓冉，名良，是地地道道的汉人。早前，冉良跟随流民队伍四处抢掠，被石勒活捉。石勒赏识他的骁勇，让石虎收为义子，并改名石瞻。后来，石瞻战死，留下年幼的儿子石闵，石虎像对待自己的亲孙子一样抚养他。石闵成年后，不仅勇悍善战，还极具智谋。当年在棘城，前燕悍将慕容恪带两千人马夜袭石虎，后赵各路大军都落荒而逃，只有石闵的军队毫发无损，自此得到石虎的重用。

石遵起事前，为了拉拢石闵，曾经向他许诺："你跟着我好好干，事成之后立你为太子。"可是石遵一登皇位，就忘了这事，转而立侄子石衍为太子。石闵非常不满，打算夺了兵权，再见机行事。当时兵权掌握在氐人首领蒲洪手中，石闵就对石遵说："蒲洪才能出众，又深得人心，派他镇守关中，恐怕以后关中就不归国家所有了。"石遵就罢免蒲洪的都督一职，由石闵接替。

石闵有了兵权，胆子就大了，他胁迫司空李农杀死石遵，迎立石虎的第三子石鉴即位，自己控制朝权。石鉴很害怕，打算除掉石闵，可还没等他动手，石虎的另一个儿子、镇守襄国的新兴王石祇，就在姚弋仲、蒲洪等人的支持下，向邺城打了过来。

城内的人都很恐慌，石闵却朗声说道："让我去会会他们！"他左手执长矛，右手执钩戟，骑着一匹叫朱龙的骏马，率领一千多名骑兵就前去迎敌了。双方遭遇后，没打几个回合，石闵就斩杀了对方三千余人。石祇吓坏了，只好撤军。

石闵带着人马返回邺城，路过一个叫胡天的胡人聚居区时，突然杀出来几支羯人队伍。羯人骁勇，石闵吃惊不已，不顾疲惫，指挥骑兵迎战，并最终杀死了全部羯兵。石闵越想越不对劲，一回到邺城，他马上冲进皇宫，见石鉴神色慌乱，就逼问道："怎么回事？"

"不关朕的事，是……是孙伏都要杀你！"石鉴结结巴巴地说。原来，龙骧将军孙伏都不满石闵擅权，在胡天埋伏下三千羯兵，欲置他于死地。

石闵怒不可遏，把石鉴囚禁了起来，又带着将士们把孙伏都和相关人员全都给杀了。宫中的胡人见宫中尸体遍地，吓得拿起兵器自保。石闵怒道："胆敢抵抗的胡人，一律砍头。"消息传出，城里的胡人惊慌失措，有的冲破关卡，有的翻越城墙，想方设法逃走。

石闵更加愤怒，向内外宣布："孙伏都等人造反，已经处决。从今天开始，城门大开，凡是和我同心的人留下，不同心的人想去哪儿就去哪儿。"

自从中原沦陷，胡人横行，汉人受尽欺侮，现在石闵愿意为他们出头，真是大快人心，于是汉人蜂拥进城，而羯人和其他胡人预感不妙，都削尖了脑袋往城外挤。

看到这一幕，石闵十分心寒，心想："我本汉人，从小到大都在为胡人卖命，胡人却处心积虑要杀我。既然如此，留着胡人干什么呢?"他立即发布了一道"杀胡令",规定凡是杀死胡人的汉人,都可以带着胡人的头颅前来领赏。

全城震动,被奴役多年的汉人纷纷抄起家伙,砍瓜切菜一样杀胡人,一天之中,被斩首的胡人多达数万。石闵还亲自率领汉人队伍追杀胡人,不论男女老少,尊卑贵贱,一律杀死。前前后后一共有二十多万胡人在这场屠杀中丧命,他们的尸体堆积在城外,任由野狗豺狼啃食。

邺城的胡人杀得差不多了,石闵又写信给边疆的镇将,让他们杀光军中的胡人。发展到后来,只要是鼻梁高一点儿、胡须多一点儿,长得像胡人的,都难逃一死,羯人近乎灭绝。赵将麻秋虽然是羯人,为表忠心,也杀死军中的几千名胡人,准备向石闵复命,结果路上却被蒲洪的儿子蒲雄活捉,他只好投降了蒲洪。

石闵仍不解气,又杀死石虎的二十八个孙子,然后宣布即皇帝位,改国号为大魏,恢复本姓冉。后世便将冉闵建立的政权称为冉魏。

既然扯起了汉人的旗帜,冉闵就派遣使者向东晋朝廷报告:"该死的胡人扰乱中原,罪大恶极,你们赶紧派军队来,和我一起讨伐他们。"东晋朝廷不作回应。

石闵讨了个没趣,心想要取得东晋的信任,得征召汉人名士辅佐自己。有个叫辛谧的西晋旧臣,一向享有很高的声誉,前赵、后赵先后征召他做官,他都没有答应。冉闵也想请辛谧出来,便备上丰厚的礼物,派人前去请。辛谧拒绝了,还写信给冉闵:"古人说,盛极必衰,物极必反。现在您屠胡灭石,大功已成,应该带着这个辉煌的战果,回归晋朝,一定会博得美好的名声。"然后就绝食而死。

辛谧宁死不从,让冉闵非常失落。没多久,更闹心的事又来了:

石祇在襄国称帝，延续后赵的命脉。冉闵正愁没处撒气，当即发兵攻打襄国。赵将石琨率众抵抗，双方相持了一百多天，仍分不出胜负。石祇很害怕，赶紧去掉皇帝的称号，改称赵王，向前燕求援，并承诺送去传国玉玺。此时前燕国主慕容皝已经去世，在位的是他的儿子慕容俊。慕容俊立即派大将悦绾带领三万人马前去救援。

石祇还不放心，又派人向羌人首领姚弋仲求援。姚弋仲给了儿子姚襄两万多人马，对他说："冉闵这个牲畜，屠灭石氏，忘恩负义，必须严惩！石虎以前待我不错，我应当为他复仇，可是我年老多病，没有精力亲征了。你的才能高出冉闵十倍，这次你带人去救援，如果不能砍下他的脑袋，你就别回来了！"

姚襄到达襄国，与冉闵杀得难解难分。这时，悦绾也率军赶到，在距离魏军几里远的地方停下，他让骑兵疏散开，每匹马背后都拖着大树枝，扬起漫天尘土。魏军以为有千军万马拥来，惊恐万状。姚襄、石琨趁机和悦绾三面夹击，石祇则冲击冉闵的后方。魏兵大败，死亡人数达十多万。冉闵在十名骑兵拼死保护下，灰溜溜地逃回邺城。

姚襄大胜回军，姚弋仲见他空手归来，怒气冲冲地问："为什么没把冉闵的头带回来？"他不由分说，痛打了姚襄一百杖。

冉闵不甘失败，在城中招兵买马，重整队伍。为了提升战斗力，他开始重用勇猛的胡人。经过一年多的时间，冉闵的军队又强大起来，再次攻到襄国，杀死石祇，后赵就此灭亡。在此期间，姚弋仲也病死了，临终前命姚襄率部众向东晋投降。

此时，中原地区只剩下前燕与冉魏两大政权，一场生死存亡的恶战在所难免。偏偏这个时候，冉闵的军粮告急。原来，冉闵刚起兵时，为了收买人心，大肆开仓放粮，将士们没有节制地吃喝，粮仓很快就见底了，而老百姓因为战乱，四处逃命，根本没有工夫耕种，所以打下襄国后，冉闵只得带着魏兵在附近的郡县找吃的。

公元 352 年，冉闵带着一万多魏兵来到安喜① 觅食。燕将慕容恪率军追击，一直追到廉台②。双方打了十场仗，慕容恪的军队没有赢一次，以致前燕将士一听到冉闵的名字就颤抖。为了鼓舞士气，慕容恪巡视军营，挨个安抚："冉闵有勇无谋，没什么好怕的！他的士兵长期挨饿，疲惫不堪，支撑不了多久！"

其实冉闵很有谋略，他知道自己步兵多，而前燕以骑兵为主，便率军向有利于步兵战斗的丛林开进。燕将高开就急了，对慕容恪说："不能让他们进入丛林，那样我们的骑兵就发挥不了优势，应当派轻骑兵拦截他们，把他们引诱到平地作战。"

慕容恪依计把魏军引到平坦处，然后将自己的军队一分为三，自己率领中军，并对左右两军的将领说："冉闵骄傲轻敌，仗着士气高涨，一定会与我们死战。我守在中军的阵地上等他，一旦我们交战，你们立刻从两翼发起攻击。"他精心挑选了五千名箭法高超的鲜卑人，穿上坚硬的铠甲，戴上铁制的面具，只露出一双眼睛，又给所有的战马都披上盔甲，只露出蹄子在外面，再用铁链把战马联结起来，组成坚不可摧的连环马阵。

冉闵见对方气势凶猛，也不胆怯，骑着朱龙马，旋风一样奔过去，在杀掉了三百多名燕兵后，他抬头看到前方有中军的旗帜，便拍马冲上去。前燕的左右两军立即从两翼夹击，和慕容恪的中军合力围攻冉闵。冉闵暗暗叫苦，一阵苦战，终于突围狼狈向东逃窜，可是才走了二十多里，那匹原本日行千里的朱龙就莫名其妙地死了，他只得束手就擒，最后被押到慕容俊处。

慕容俊见了冉闵，大声斥责道："瞧你一脸贱相，也配称

---

① 治所在今河北定州市东南。
② 在今河北无极西。

皇帝？"

冉闵嗤之以鼻："天下大乱，连你们这样的夷狄禽兽都能称皇帝，我堂堂中原英雄，为什么不能？"

慕容俊恼羞成怒，痛打了他三百鞭，再拉到龙城外的山上斩首。据说行刑后冉闵葬身处方圆几里的草木全都枯萎了。恰好这一年大旱，蝗虫成灾，慕容俊以为是冉闵的鬼魂在作祟，就派使者去祭祀他，并追封他为武悼天王。

公元 352 年，慕容俊即皇帝位，将都城迁到邺城。恰逢东晋的使者出使前燕，慕容俊便对他说："回去告诉你的天子，我趁着天下没有人才的时机，被中原地区推举为皇帝了！"

成语学习①

物 极 必 反

极，顶点；反，向反面转化。事物发展到极点，会向相反的方向转化。

造　句：《三国演义》开篇说"天下大势，分久必合，合久必分"，体现的就是"物极必反"的思想。
近义词：乐极生悲、否极泰来
反义词：千篇一律、一成不变

---

① 这个故事的原文里还有成语"勇而无谋"（虽然勇敢，但没有智谋）。

【 咄咄怪事 】

《资治通鉴·晋纪二十一》

　　浩少与温齐名，而心竞不相下，温常轻之。浩既废黜，虽愁怨不形辞色，常书空作"咄咄怪事"字。

译　文

　　殷浩年轻时就和桓温齐名，双方暗自争胜，不相上下，但是桓温经常轻视殷浩。殷浩被废黜以后，虽然脸上并没有表现出忧愁怨愤之情，但是常常用手在空中书写"咄咄怪事"四个字。

殷浩寄出一个空信封

氐人首领蒲洪出生于临渭①的一户氐族人家。这家人门前有一个水池，池中长出茂盛的蒲草，形状特别，族人们都惊奇，称他们家为"蒲家"，从此"蒲"成为他们家的姓。蒲洪出生那年，恰逢陇西地区大雨不止，百姓受涝灾之苦，编了一首童谣："雨若不止，洪水必起。"所以，他们家就给他取名叫"洪"。

蒲洪长大后当了氐人的首领，他看到天下大乱，就带着族人先后投降了前赵、后赵，迁居到河北地区。蒲洪才能出众，受到石氏父子的重用。石虎死后，他被冉闵夺去兵权，于是改换门庭，投奔了南方的东晋。东晋朝廷非常重视蒲洪，封他为氐王，负责北伐中原的工作。

虽然已经是氐王了，可是只管氐人，蒲洪有点儿不满足，因为经过数十年的经营，他的实力已经壮大，野心也跟着增长。所以，冉闵的大魏政权刚倒台，蒲洪就自立门户，自称大将军、三秦王。因为应了谶文"草付应称王"，他宣布改姓为苻。

刚刚归降的赵将麻秋忌妒苻洪，产生了取而代之的念头，就假惺惺劝苻洪说："现在中原乱糟糟的，您不如向西夺取关中，稳定根基后，再东进争夺天下，到那时还有谁敢与您为敌！"

苻洪原本也有这个心思，赞道："你和我想到一块去了。"他叫

① 在今甘肃秦安东南。

人备下好酒好菜招待麻秋。麻秋暗中在酒中下毒。苻洪中毒后，挣扎着召来儿子苻健，杀死了麻秋。临死前，苻洪交代儿子说："关中地势险要，我之所以迟迟没进入关中，是错以为自己可以平定中州①，没想到被麻秋这混蛋所害。以你们兄弟现在的力量，一时半会儿也平定不了中州。我死后，你们立即入关！"

苻健依从父亲的遗言，率部向西，顺利进入长安。他考虑到民心思念晋朝，就派使者前往建康进献俘虏和战利品，还积极地和征西大将军桓温结交，因此秦州、雍州的胡人、汉人全都归附了他。可是，去晋朝的使者还没回来，苻健就急吼吼地称帝，定国号为大秦，史称前秦。

桓温气得差点儿吐血，积极要求北伐，光是奏疏就写了好几份，朝廷却没回音。桓温暗中打探，才知道是殷浩的意思。原来，桓温灭了成汉之后，居功自傲，会稽王司马昱认为殷浩素有盛名，受到朝野推崇，就亲自写信请他出山，抗衡桓温。这次，殷浩答应了。

桓温和殷浩虽然年少时就齐名，但桓温一向自诩为英雄豪杰，不大瞧得上书生意气的殷浩，而殷浩也针锋相对，经常要与他一较高下。有一次，桓温故作轻松地问殷浩："咱俩谁厉害啊？"殷浩顺口答道："哎呀，我们也不是第一天认识了。如果硬要我选，我只愿意做我自己。"桓温说不过他，回去后就对别人说："小时候骑竹马，玩腻了我就把竹马扔了，殷浩却跑去捡。他从小就比不上我。"右军将军王羲之见他们关系紧张，担心影响朝政，就劝殷浩："你们都是国家重臣，要搞好关系，一致对外。"殷浩不听。

桓温见殷浩刻意阻挠北伐，很不服气，再次上疏要求北伐。这次朝廷倒是回复了，理由一大堆，归根结底就两字："不行。"桓温

①　今河南一带，因为处于九州的中心而得名。

满腔怒火无处发泄，便率领五万人马顺江而下，驻扎在武昌。

满朝文武都害怕得不得了，殷浩见桓温气势汹汹，也打起了退堂鼓，对左右说："桓温这是借出兵撒气，逼我辞职，我还是让一让他吧！"吏部尚书王彪之劝了半天，殷浩才作罢。司马昱怕事情弄得不可收拾，只好写信给桓温，劝他以大局为重。而桓温的本意只是吓唬吓唬朝廷，见他们服软，便心满意足地退了兵。

其实，司马昱也明白，中原大乱，确实是北伐的好时机，他只是不想让桓温去，于是让殷浩主持北伐大事。

永和八年（公元 352 年），殷浩率军出征。出发前，他从马上跌落下来，所有人都认为不吉利，王羲之也劝他不要去。

殷浩却有苦衷，心想："桓温平定了蜀地，立了那么大的军功，我不能落在他之后！"他任命安西将军谢尚、北中郎将荀羡为督统，驻扎在寿春。没想到，还没开战，军队就发生了内讧，起因是谢尚排挤部将张遇。张遇一怒之下占据许昌反叛，并向前秦请降。谢尚就约上刚刚归降的羌人首领姚襄，一起攻打张遇，眼看着就要得胜，前秦丞相苻雄正好率大军前来支援。谢尚大败，逃到芍陂。这次北伐就这样无功而返。

第二年，殷浩打算再次北伐，王羲之写信劝阻道："我们晋朝偏安江南已经很久了，平定中原，追求战功，不是眼下最要紧的事。现在国家财政困难，恐怕连淮南都无力保全，还谈什么北伐呢？不如回来守卫长江，好好治理地方，和老百姓一起从头奋斗，或许还可以救倒悬之急。"

殷浩不听，命姚襄当前锋，驻扎在历阳，自己屯兵寿春。姚襄觉得前燕、前秦势力正强，自己不是他们的对手，对北伐就不太上心。

姚襄少年时就有很高的名望，能文能武，口才出众，归降东晋后，朝中士大夫们都很喜欢他。这原本就引起殷浩对他的猜忌。如今，殷浩见姚襄将主要精力放在开垦屯田、训练将士上，担心他强盛后威胁更大，就囚禁了他的弟弟们，还多次派刺客行刺姚襄。也许是姚襄个人魅力太大，这些刺客竟然都告诉他实情，以致刺杀计划一次次流产。这让殷浩更加忌恨，干脆派部将魏憬带着五千人马袭击姚襄。没想到，魏憬战败被杀，手下士兵和马匹都被姚襄占为己有。殷浩火了，要把姚襄调离历阳。

姚襄担忧极了，让参军权翼向殷浩说明情况。一见面，殷浩就兴师问罪："我和姚襄都为君主效力，本应休戚与共，可是他经常独断专行，你说说能这样吗！"

权翼诚恳说道："当初姚襄带着数万兵将，不远千里归附晋朝，是因为朝廷有道义，大臣们贤良。现在将军您却轻信谗言，对他产生猜忌，实在不应该呀！"

殷浩不满地说："姚襄生性豪放，随意杀死将士，纵容小人抢夺我的马匹，你再说说这样对吗！"

权翼慢条斯理道："姚襄一心忠于晋室，怎么会滥杀无辜呢？他杀的是邪恶作乱的小人，这是为国家除害呀！"

殷浩又说："那么，他为什么要抢我的马匹呢？"

权翼呵呵一笑："那是您担心姚襄智勇双全，不好控制，要讨伐他，他出于自卫，才夺了您的马匹呀。"

殷浩知道遇上高人了，就不好意思地说："这是什么话呀，我怎么会讨伐他呢！"

权翼走后，殷浩打算将姚襄的事放一放，先谋划北伐。此前，他已经派人劝诱前秦将领梁安、雷弱儿刺杀苻健，许诺事成之后封他们做关右地区的高官。雷弱儿假装答应，约定时间让殷浩率军前来接应。偏巧这时，殷浩打探到有人夜袭苻健，就误以为雷弱儿等人已经得手，当即率兵北进，打算攻占洛阳。

姚襄也接到行军的命令，一路上他故意磨磨蹭蹭，预计殷浩快要到时，假装让士兵乘夜逃散，实际上悄悄地埋伏起来等候殷浩。果然，殷浩火速追赶逃兵，却中了姚襄的埋伏，就这样败回淮南。姚襄趁机渡过淮河，驻兵在盱眙（xū yí）[①]，并招募流民，扩充军队，设置地方长官，鼓励百姓从事农耕蚕桑。等一切安定下来后，他派使者到建康，控诉殷浩的罪行。

殷浩连年北伐，连年战败，耗费了大量人力、财力，不仅无功而返，还将姚襄逼反了，朝野怨言四起。桓温就上书列举殷浩的罪行。朝廷无奈，只得将殷浩贬为平民，流放到外地。自此，东晋的内外大权便集中在桓温手里了。

殷浩被贬后，言行举止跟从前一样，脸上绝不流露出半点儿忧愁怨愤之情，但是他常常用手在空中比画写字。有人问他："老兄，你到底写的什么字呀？"殷浩不答。那人循着他的笔势仔细辨认，原来是"咄咄怪事"四个字。

过了一年，桓温偶然想起殷浩，起了惜才之心，便对下属郗超说："殷浩还是有本事的，只是朝廷没有将他用对地方，假如让他做尚书令一类的官，他一定能干得很出色。"主意打定，桓温就写信给殷浩，问他的意愿。殷浩很高兴，立即回了一封信。在信将要送出时，他又担心信中还有不妥之处，反复拆开信封检查，结果忙中出错，送到桓温手里的竟然只是一个空信封。

桓温勃然大怒，说："殷浩呀殷浩，我诚心诚意任用你，你却故意戏弄我！"从此断了启用殷浩的念头。

---

① 今属江苏。

咄 咄 怪 事

咄，感慨声，表示吃惊。形容不合常理，难以理解的怪事。

造　句	他一向自以为是，这次竟然主动认错，真是咄咄怪事！
近义词	莫名其妙、不可思议
反义词	顺理成章、天经地义

---

① 这个故事的原文里还有成语"深谋远虑"（指计划得很周密，考虑得很长远）。

〖 负重致远 〗

《资治通鉴·晋纪二十二》

　　记室陈郡袁宏曰："运有兴废，岂必诸人之过！"温作色曰："昔刘景升有千斤大牛，啖刍豆十倍于常牛，负重致远，曾不若一羸牸（zì），魏武入荆州，杀以享军。"

译　文

　　桓温的记室、陈郡人袁宏说："国运有兴也有废，怎么能说是他们几个人的过错！"桓温脸色一变说："过去刘表有一头千斤重的大牛，每天耗费的草料、豆饼比一般的牛多十倍，可是等到拉重物走远路时，竟不如一头瘦弱的病牛。魏武帝曹操进入荆州后，就把它杀掉让士兵分吃了。"

符坚诛杀独眼暴君

没有了殷浩的制约，东晋朝中就没有谁能够阻挡桓温北伐了。

永和十年（公元354年），桓温出兵讨伐前秦。最终，两军在蓝田①展开了激烈的交战。前秦的一名独眼将领风一般地冲入晋军阵营，他挥动手中的长刀，接连砍翻十几名晋兵后，又迅疾退后，这样往返十多次，倒在他刀下的晋兵不计其数。

桓温远远望见，颤声问道："那人是谁？"属官答道："秦国的淮南王苻生。"桓温见将士们满脸畏惧，只好亲自挥动令旗，指挥战斗，终于击退苻生。晋军士气大振，在弓箭手的掩护下，向秦军发起总攻。

混战中，前秦太子苻苌"啊呀"一声，身子在马上晃了几晃，旁边的将士惊叫起来："太子中箭了！"赶忙护着他后退。一瞬间，秦军就像潮水般跟着蜂拥撤退。三辅地区的所有郡县便都投降了东晋。

桓温虽然打了胜仗，但是军粮也快没了。晋军出发时，桓温打算收割前秦的麦子当军粮，所以没有带太多粮草。不料，前秦人料到这点，提前收走了麦子。望着空荡荡的田野，桓温只好下令撤军。秦军闻讯，掉头追击，桓温屡战屡败，损失了近万将士。

前秦的损失也很大，最令苻健痛心的就是太子苻苌箭伤发作而

---

① 今陕西西安市的辖县。

死，他不得不重新考虑太子人选。皇后强氏想立小儿子、晋王苻柳，苻健不答应，因为此时民间出现一则"三羊五眼"的谶文，他就想：三只羊五只眼，少了一只，可不就是说苻生吗？

苻生从小就瞎了一只眼睛，性情十分暴烈。祖父苻洪曾经拿他的瞎眼开玩笑说："有人说，瞎孩子只有一只眼睛流泪，是真的吗？"

苻生怒了，拔出佩刀刺向自己的瞎眼，瞬间鲜血直流，他愤愤地说："这不是眼泪吗？！"

苻洪十分震惊，拿鞭子狠狠地抽他。苻生梗着脖子，大声说："我可以忍受刀砍剑刺的疼痛，不能忍受鞭子抽打的侮辱！"

苻洪怒道："你再顶嘴，我让你做奴隶！"

苻生冷冷地说："正好，我可以学学石勒。"

苻洪被气得目瞪口呆，便对苻健说："你这个儿子长大了肯定是个祸害，应该尽早除掉。"

苻健磨刀霍霍，准备杀掉苻生。这时，苻健的弟弟苻雄劝道："孩子还小，长大后自然会改，你怎么这样急不可耐呢？"苻生这才得以保命。

苻生成年之后力大无穷，能徒手与猛兽搏斗，跑起来赶得上飞驰的骏马，各种武艺都很精通。苻健因为苻生在与桓温交战时表现出色，又应了"三羊五眼"的谶文，就立他为太子。

第二年，苻健就死了。临终前，他担心苻生被大臣架空，就叮嘱道："各族的首领以及掌权的大臣，如果有谁不听你的号令，就要立即除掉。"苻生即位后，接见大臣们时，身边总是放满了刀、箭、锤、钳、锯、凿等刑具，凡是看不顺眼的人，就当场抓起来行刑。

一天，苻生宴请群臣，让大臣辛牢做掌酒官。大多数人都喝得七倒八歪，但还有几个清醒的。苻生就指着辛牢骂道："你很没用，

知道吗？你看看，竟然还有没喝倒的！"说着，操起身边的弓箭射向辛牢。可怜的辛牢就此一命呜呼。那几个人吓得猛往嘴里倒酒，最后一个个都醉得横躺竖卧，苻生这才高兴起来。

这年夏天，长安城刮起一阵狂风，掀掉屋瓦，拔起树木，有人就惊慌失措地喊道："寇贼来啦！赶紧关门！"大家都吓得一连四五天紧闭宫门。

苻生非常愤怒："是谁谎称'寇贼来了'的？找出来，我要挖了他的心！"

苻生的舅舅强平就劝诫道："陛下，这是天降灾祸，大家都很害怕，您应该多关心民众，祭拜神灵，以此来消除灾祸。"苻生立刻拿出他的刑具，准备凿强平的头。

当时广平王苻黄眉、新兴王苻飞、建节将军邓羌也在场，吓得连忙叩头说："强平是太后的兄弟，稍稍惩罚一下就行了。"

苻生瞪了他们一眼，骂道："是听你们的还是听我的？"当场将强平折磨致死。强太后得知兄弟惨死，也被活活气死了。

皇亲国戚的性命尚且遭到苻生的漠视，普通百姓在他眼中更是如同蝼蚁。有一年，从潼关以西直到长安，虎狼出没，它们不吃牲畜，专门吃人，老百姓吓得地都不种了。群臣请求朝廷祭祀神灵，免除祸害，苻生却说："野兽饿了就要吃人，吃饱了自己就会停止，有必要祭祀神灵吗？况且上天一向关爱民众，只是天下犯罪的人太多，上天才安排虎狼帮助我消灭他们！"

后赵灭国的教训就在眼前，在残暴嗜杀的苻生统治下，前秦还能走多远？举国上下人心惶惶。偏偏这个时候，桓温又出兵北伐了，不过，这次他的主要目标是羌人首领姚襄。

晋军从江陵出发，桓温与同僚们登上楼船，遥望中原，感慨地说："想当年，神州陆沉，百年基业变为废墟，王衍等人空谈误国，对此应当负一定的责任！"

属官袁宏不赞成桓温的观点，就说："国运有兴有废，也不能说是他们的过错。"桓温见他敢当面顶撞自己，脸色一变。

袁宏是当时的大才子，负责在军中拟写公文，每次他接到命令，就靠在马身上书写，一会儿工夫就写好了七张纸。桓温非常倚重他，此时只好强忍不快，说："我给大家讲个故事：过去刘表有一头千斤重的大牛，每天耗费的草料、豆饼比一般的牛多十倍，然而负重致远时，竟不如一头瘦弱的病牛。曹操进了荆州就把它杀掉，分给士兵吃了。"

桓温竟将袁宏比作大而无用的牛，左右都吓得额头渗出了汗。好在这只是行军路上发生的小插曲，晋军很快就到达伊水，顺利击败姚襄，收复了故都洛阳。

本来桓温这次北伐，跟前秦没有什么关系。可是姚襄失败后无处可去，就打起了关中的主意。符生赶紧派东海王符坚和符黄眉、邓羌前去抵御。结果，姚襄兵败身死，他的弟弟姚苌和权翼等人投降了前秦。

符生厚葬了姚襄等人，对立下大功的符黄眉却不仅不奖赏，还多次当众侮辱。符黄眉非常愤怒，谋划杀死符生，结果走漏消息，反被符生所杀。这件事牵连到不少王公贵戚，很多人因此丧命。

由于符生有生理缺陷，对于"残、缺、偏、只、少、无、不全"一类的字眼十分忌讳，谁要是说了，无论有意无意，都是死路一条。当时因犯了这个忌讳而死的人，不计其数。

可能杀人实在太多了，符生想了解一下舆论，就问左右："天下人是怎么说我的？"一位大臣立即跪下说："陛下主宰天下以来，赏罚分明，大家纷纷歌颂陛下，说现在真是太平盛世。"符生愤怒地说："你敢溜须拍马！杀了！"

过了几天，苻生又问同样的问题，有个大臣想借机规劝他一下，便委婉地说："陛下，您什么都好，就是刑罚稍微严厉了些。"苻生又愤怒地说："你胆敢诽谤我！杀了！"

就这样，前秦的大臣一个接一个地被杀，活着的都度日如年。刚投降的权翼也很害怕，就悄悄地去找东海王苻坚商量对策。

苻坚是苻雄的儿子，自出生就与众不同，眼里冒紫光，背上带红字。祖父苻洪觉得他天生异相，对他十分宠爱。苻坚七岁那年，有个叫徐统的后赵大臣，在路上遇到他，觉得他长得不一般，便拉着他的手说道："孩子，这地方是天子才能走的御街，你们这些小孩在这里玩耍，当心被抓起来！"苻坚镇静地说："守卫只抓犯罪的人，才不抓玩耍的小孩子呢。"徐统转头对手下人说："这孩子有霸王之相，日后定当大贵。"第二年，苻坚突然对苻洪说："我想请一个汉人老师教我读书。"苻洪惊奇地望着他说："我们氐族人从来只知喝酒吃肉，你竟然想读书，实在太好了！"就给他请了一位汉人学者做老师。苻坚长大后，受封龙骧将军、东海王，招贤纳士，准备大展宏图。

一见面，权翼对苻坚说："现在主上失德，全国上下怨声载道，只怕灾祸不远了。殿下您是人中豪杰，赶紧出来主持大局吧。否则，大权有可能落入他姓人手中！"

苻坚心里赞同，却畏惧苻生的勇猛，没敢当面表态，而是私下去请教和自己一向交好的尚书吕婆楼。吕婆楼非常支持苻坚，便向他推荐人才，准备发动政变。

苻生似乎也感受到来自苻坚的威胁。一天夜里，他喝得醉醺醺的，突然对服侍他的婢女说："苻坚兄弟几个也不可靠，明天就把他们杀了。"那名婢女正好是苻坚安插的亲信，她等苻生睡熟后，立即就把他的话告诉了苻坚。

当天夜里，苻坚、吕婆楼等人分别率领几百名勇士冲进宫中，守卫王宫的将士们早就恨透了苻生，这时都丢掉武器，归顺了苻坚。

这时，苻生还在呼呼大睡，他在梦中感到四周刀光剑影，不由得打了一个冷战，惊问："什么人？"听到周围的人说"强盗"，他又恼道："为什么不叩拜？"四周一阵哄堂大笑。

苻生坐起身来，怒吼道："为什么不赶快叩拜？不拜就杀头！"刚吼完，他发现苻坚带着一批人把自己团团围住，才知道刚刚不是梦。

苻坚先是废黜了苻生，后来又杀了他。公元357年，苻坚即位，为了博取东晋王朝与北方汉人的好感，他宣布撤销"皇帝"的称号，谦卑地自称大秦天王。

成语说
资治通鉴

负 重 致 远

负，背着；致，送到。背着重东西走远路。比喻担负艰巨任务。

造　句：这学期，李老师让我当班长， 说我能负重致远，带领大家在 班级评比中拿到好名次。	
近义词：任重道远	

---

① 这个故事的原文里还有成语"神州陆沉"（神州，指中国；陆沉，陆地无水而沉。中国大陆沉沦。比喻领土被敌人侵占）、"倚马千言"（倚靠在即将出发的战马前起草文件，千言立就。形容才思敏捷）。

【 扪虱而谈 】

《资治通鉴·晋纪二十一》

北海①王猛，少好学，倜傥（tì tǎng）有大志，不屑细务，人皆轻之。猛悠然自得，隐居华阴。闻桓温入关，披褐诣之，扪虱（shī）而谈当世之务，旁若无人。

译 文

北海人王猛，从小就勤奋好学，为人豪迈洒脱，心怀远大的志向，平时不屑于做那些琐碎的小事，人们因此轻视他。王猛毫不在意，成天悠然自得，隐居在华阴。桓温入关的消息传来，王猛便穿着一身粗布短衣前去拜访，一边摸着身上的虱子，一边谈论天下大事，旁若无人。

① 治所在今山东昌乐东南。

王猛真的很猛

符坚登基后，打算好好治理国家，可是他面对的是一个烂摊子：中原经历多年战乱，百姓本就颠沛流离，这几年朝廷又被符生搞得乌烟瘴气，怎么才能扭转局面，使得国富民强呢？符坚一想到这个问题就寝食难安，便去请教吕婆楼。

吕婆楼笑着说："我年纪大啦，干不成什么事。不过，我认识一个叫王猛的汉人，他的谋略世间少有，您可以问问他。"

符坚一听就来劲了，问："快说说，这个王猛有什么特别的地方？"

吕婆楼就仔细地介绍起来。王猛，字景略，北海郡人，个性洒脱，喜欢读兵书，满脑子都是谋略。王猛年轻时因为家里穷，以贩卖畚箕为生，大家因此笑话他。后来，他就去了邺城，可当时后赵的达官贵人都瞧不起他，只有司隶校尉徐统看出他不寻常，征他做官。王猛却预感到后赵将要灭亡，不肯应召，逃到华阴隐居起来。

等到桓温入关，收复洛阳之后，王猛就穿着一身粗布短衣，邋（lā）里邋遢（tà）地前去拜访。桓温客气地请他谈谈对时局的看法。王猛往席子上一坐，扪虱而谈天下大事，条分缕析，滔滔不绝，把在座的人都听呆了。

桓温也暗中喝彩，又问："我奉晋朝天子的命令，统率大军北伐，为百姓消灭残存的寇贼。可是我入关这么久了，三秦之地的英雄豪杰至今没有来归附，这是为什么呢？"

　　王猛淡淡一笑，说："您从南方远道而来，现在长安就在您眼皮底下，您却不渡过霸水拿下它，反而在这里盘桓。豪杰们都不明白您的心思，所以不来。"

　　这话说中了桓温的心事。这些年，桓温虽然积极北伐，但更多

是为了博取与东晋朝廷抗衡的资本，现在被王猛一语点破，不由得沉默起来。过了一会儿，他才感慨地说："江东的那些名士，没有一个有你这样的才华与见识！你和我一起回南方吧！"王猛拒绝了。

听到这里，苻坚好奇地问："桓温是一代枭雄，王猛既然主动拜访，又为什么不跟他南下呢？"

吕婆楼笑着说："王猛觉得桓温徒有虚名，看不上他呗。并且这些年晋朝被士族门阀轮流把控，像王猛这样出身寒微的人，没有一点儿根基，哪能得到施展本领的机会呢！"

苻坚连连点头，马上请来王猛。两人一见如故，谈起国家大事，非常投机。苻坚高兴地说："我遇到你，就像当年刘备遇到了诸葛亮啊！"当即任命王猛为中书侍郎，和权翼等人一起掌管机要事务。

王猛初来乍到就被委以重任，那些氐族的王公显贵以及功臣都对他十分厌恶。姑臧侯樊世最先跳出来发难，他在长安大街上拦住王猛，斥责道："我们辛辛苦苦打下江山，不能参与处理国家机要，你没有半点儿功劳，却专管机要大事。难道耕耘播种这种脏活累活由我们干，而你只管坐享其成吗？"

王猛不甘示弱："不错！我不仅要让你耕种，还要让你做好了饭端上来！"

樊世气得胡子都要竖起来了，骂道："姓王的，你等着瞧，我一定要将你的脑袋悬挂在长安城门上，否则我誓不为人！"

王猛立即把这件事情告诉了苻坚。苻坚很愤怒："一定要杀掉这个老头，才能让百官恭敬从命。"

恰好樊世进宫奏事，苻坚就故意对王猛说："我想让杨璧配我的公主，你觉得杨璧如何呢？"

樊世一听，勃然大怒："杨璧是我的女婿，这桩婚事早就定了，陛下您怎么能让他配公主呢？"

王猛立即训斥樊世："陛下是天下之主，而你不自量力，竟敢和陛下抢女婿，难道天下有两个皇帝吗？"

樊世暴跳如雷，起身就要打王猛，但被侍从死死拉住。樊世挣脱不了，便朝着王猛破口大骂。苻坚怒不可遏，下令杀死樊世。

朝中的氐族贵臣都愤愤不平，纷纷揭发王猛的短处。苻坚非常恼怒，将那些人臭骂了一通，还亲自动手狠揍了几个嚣张的臣子。从此，百官见到王猛连大气也不敢出。

当时，长安很多官员与豪强贪赃枉法，搞得民怨四起，苻坚就让王猛兼任京兆尹，和御史中丞邓羌一起抓京城的治安。

俗话说，新官上任三把火，王猛的第一把火就瞄准了皇太后的弟弟强德。强德仗着自己是皇亲国戚，经常抢掠财物、妇女。王猛收集到确凿的证据，就先拘捕了他，再给苻坚写了一份奏章。苻坚大惊，立即派使者前来赦免强德。使者火速跑到王猛那里，还没来得及开口，王猛就气定神闲地说："强德刚被斩首。"使者目瞪口呆，苻坚也无可奈何。

在王猛严厉迅速的整治下，此后又有二十多位权贵豪强、王公贵戚或被处死或被黜免。朝野震栗，京城治安迅速好转。

苻坚听到奏报，感叹地说："我到现在才知道天下是有法律的！"于是更加看重王猛，连续五次给他升官。这一年，王猛才三十六岁，却已经权倾朝野。

王猛也不负苻坚所托，一心一意为他治国理政。他建议苻坚网罗天下人才，由各州郡地方官分别荐举孝悌、廉直、文学、政事等科目的人才，然后由朝廷对他们进行考核。如果举荐的人才优秀，举荐者可以得到奖赏；反之，则给以责罚。因此人们都不敢随便推荐，也没有走关系送礼以求官的现象，读书人都自我勉励。在这种风气的带动下，前秦的官吏都很称职，百姓安于农事，国库充实，

盗贼几乎绝迹。

但是王猛一刻也没有放松，国内虽然理顺了，前秦面临的外部威胁还有不少。虽然此时匈奴铁弗部的刘卫辰、鲜卑破多兰部的没弈干都率领自己的部众投降了前秦，还有乌桓的独孤部也跑来依附，但是东边的前燕，南边的东晋，北边的代国都不容易对付，西边的麻烦也不小，不仅有张氏的前凉，还有氐人建立的仇池国和吐谷浑①部落。

这些年，前凉内乱不止，国势衰微，王猛决定拿前凉开刀。恰好羌人首领敛岐率部背叛前秦，投降前凉的叛将李俨。李俨顺势占据大夏、武始、枹罕等地割据自立，宣布与前秦、前凉绝交。王猛便率领姚苌等将领讨伐敛岐。

敛岐的部落以前依附于姚弋仲，见姚苌来了，就全都投降了。而凉王张天锡则出兵打败了李俨的军队，夺回大夏与武始，又进逼李俨据守的枹罕。李俨很害怕，转而派使者向前秦求援。王猛很快率军赶来，在枹罕城东击败张天锡的军队。

张天锡不甘失败，便与王猛在城下相持。王猛写信对他说："天子派我来救援李俨，没想到却和您打起了仗。现在我只能待在这里，等候天子下发的新诏令。两军相持旷日持久，我担心对秦、凉两家都不利。如果将军您能够撤退，让我带着李俨东归，而您迁徙这里的百姓西归，不是挺好的吗？"

张天锡便指着信对将领们说："你们看看，王猛和我的本意是一样的呀。这次我来就是平叛，不是和秦国交战的。"于是撤军西归了。

李俨解了围，他的部将贺肫却劝他说："您英明神武，将士们又

---

① 吐谷浑是慕容部首领慕容涉归的庶长子，当年慕容廆即位后，容不下吐谷浑，吐谷浑就西迁到陇地。

骁勇强悍，不能束手就擒呀！王猛现在孤军远来，兵疲马乏，而且是应我们的请求来救援的，一定不会提防我们。这正是我们消灭他的好机会呀。"

李俨犹豫了片刻，说："别人刚刚救了我们，现在我们却反咬人一口，将来天下人会怎么议论我啊？我还是固守城池，磨得他们弹尽粮绝，自行撤退吧。"

王猛见枹罕城门紧闭，猜到事情有变，就要求进城和李俨见面。李俨见他穿着便衣，坐在一辆车上，身边只有几十名随从，就没有怀疑，打开城门请他们进入。结果，门刚打开，埋伏在城外的秦军就蜂拥而入。最终，王猛斩杀了贺肫，带着李俨回到长安。

前秦不费一兵一卒得到枹罕等地，苻坚十分欢喜，对王猛说："您辛苦操劳，日理万机，有了您，我就像周文王得到了姜太公似的，从此可以优哉游哉地享清福啦！"

成语学习①

扪 虱 而 谈

扪，按。一面按着虱子，一面谈话。形容谈吐从容，无所畏忌。

造　句：	魏晋时期，名士们吟啸山林、醉酒狂欢，做了许多有违儒家礼教的事。也就是在这个年代，王猛"扪虱而谈"成为一则典故。

---

① 这个故事的原文里还有成语"旁若无人"（形容态度傲慢，不把别人放在眼里）、"旷日持久"（荒废时日，长期拖延）、"优哉游哉"（指生活悠闲自在）。

〖 文武兼备 〗

《资治通鉴·晋纪二十三》

恪曰："臣闻报恩莫大于荐贤，贤者虽在板筑，犹可为相，况至亲乎！吴王文武兼资，管、萧之亚，陛下若任以大政，国家可安；不然，秦、晋必有窥窬之计。"言终而卒。

译 文

慕容恪说："我听说报恩没有比荐举贤才更重要的了，贤能的人虽然隐匿在卑微的役夫中间，也可以启用为宰相，何况是近亲呢！吴王慕容垂同时具备文才和武才，才能仅次于管仲、萧何，陛下如果将朝廷大政委托给他，国家就可以安定；否则，秦、晋两国一定会有对付我们的办法。"说完这话，他就死了。

燕王托孤慕容恪

　　那一年，慕容俊称帝的消息传来，鲜卑段部的首领段龛[①]的心里很不痛快，他仗着有东晋这个后台，写信狠狠地斥责了慕容俊一通。慕容俊勃然大怒，又担心段龛盘踞广固城势力会越来越大，就命太原王慕容恪出兵攻打他。

　　慕容恪率军迅速渡过黄河，在广固城外一百多里处大破段龛的军队。段龛逃回广固，慕容恪进军包围了城池。一连多日，段龛坚守不出，慕容恪也不下令攻城。前燕将领急了，纷纷请战，慕容恪就耐心地给大家讲了一番用兵的道理，最后说："眼下段龛坚守城池，城中的兵力虽然强大，且军民上下一心，如果我们非要强攻，花几天工夫也是可以攻下的，可这样势必增加我军的伤亡。近年来，中原地区大战小战没停过，将士们累得连短暂的休整也没有。每次想到这事，我都无法入睡，怎么能轻易地让将士们流血牺牲呢！重要的是打下城池，而不是马上成功！"

　　众将领都说："我们这些人蠢笨，真没想得这么深远。"前燕士兵听了，感激得流下眼泪，反而不顾休息，日夜不停地筑高墙，挖深壕，将广固围得铁桶似的。当地百姓听说后，也非常感动，争相运粮支援燕军。

　　几个月过去了，城里缺少粮食，饿急了的人们开始自相残食。

---

① 段部首领段兰之子。

段龛没办法，连忙向东晋求援。可是，东晋的徐州刺史荀羡率领援兵到达琅邪后，畏惧前燕兵力的强大，不敢继续前进。段龛不甘困守孤城，就调动全部兵力出城战斗，却被慕容恪的军队一举击败，段龛只得投降。

这时，原后赵将领张平、李历、高昌也率部前来投降，前燕实力大增。见形势大好，慕容俊雄心顿起，在全国范围内征赋调兵，准备进攻前秦与东晋。

谁知募兵工作才开始，慕容俊就得了重病，变得疑神疑鬼，担心有实力的王爷会夺权，尤其是当年在棘城之战中，打得石虎大军狼狈逃窜的吴王慕容垂。

慕容垂原名慕容霸，是慕容皝的第五个儿子，小名叫阿六敦，长得高大威猛，手长过膝。慕容皝非常宠爱他，经常说："这个孩子志向阔达，最终可能破坏人的家业，也可能成就人的家业。"于是给他改名叫"霸"，准备立他为太子。后来大臣们都反对废长立幼，慕容皝才没有这么做，然而对慕容霸的宠爱一直超过慕容俊。

因此，慕容俊一直不喜欢慕容霸，当了皇帝以后变着花样为难他。有一次，慕容霸军训时不小心从马背上摔下来，磕坏了一颗门牙，慕容俊就把他的名字改为"夬（jué）"，后来又说他的名字应验了某谶文，又改名为"垂"。

名字虽然改了，可是威胁还在，慕容俊就将慕容垂调到龙城。慕容垂很会打仗，为人又谦逊，龙城的老百姓都很拥戴他。慕容俊更加不安，马上召慕容垂回邺城。这次，他打算从慕容垂的妻子段妃身上找突破口。段妃是段部首领段末柸的女儿，性格刚烈，瞧不起出身卑微的皇后可足浑氏。可足浑氏就经常说段妃的坏话，慕容俊因此对她也十分恼火。中常侍涅皓便迎合慕容俊的心意，诬告段妃和大臣高弼使用巫蛊邪术害人。

慕容俊命人拘捕了段妃和高弼，打算以此株连慕容垂。没想到，无论怎么严刑拷打，二人却始终不肯屈招。慕容垂怜惜段妃，私下派人劝她说："人总有一死，你何必忍受这样的毒打呢？不如就招了吧，免受皮肉之苦。"

被折磨得血肉模糊的段妃叹息道："难道我喜欢死吗？如果为了迎合邪恶而诬蔑自己，上对不起祖宗，下连累您，我宁死也不能这么做！"慕容垂因此免遭祸害，而段妃最终惨死狱中。慕容俊没办法，就调慕容垂去镇守辽东。

慕容垂怀念冤死的段妃，就娶她的妹妹为继室。可足浑氏很不高兴，马上将小段妃降为妾，把自己的妹妹长安君嫁给慕容垂当正室。慕容垂很忧伤，慕容俊察觉之后，对他的厌恶简直到了极点。

所以，慕容俊担心自己死后，慕容垂会对太子不利，就趁着自己还有一口气，把他从辽东又召回了邺城。

过了几个月，慕容俊病情越来越重，就对弟弟慕容恪说："我怕是活不长了。现在晋、秦二国尚未平定，太子还小，我担心他没办法承担国家大任，想把天下托付给你。你觉得怎么样？"

慕容恪吓了一跳："太子虽然还小，但是天性聪慧，一定能成大事。我是什么人，怎么敢当正统的君主呢？"

慕容俊故作愤怒地说："我们兄弟之间，难道还用得着这么虚伪推辞吗？"

慕容恪诚恳地说："陛下如果觉得我能够承担重任，就让我辅佐少主吧。"

慕容俊这才露出笑容，说："你能做辅佐幼主的周公，我就死而无憾了！"

公元 360 年，慕容俊去世，十一岁的太子慕容暐（wěi）即位，慕容恪担任太宰，总揽朝政，太傅慕容评、太保阳骛、太师慕舆根参与辅佐朝政。

慕舆根对自己的职位比慕容恪低一直不服气，经常想取而代之。当时，太后可足浑氏经常干预朝政，慕舆根就鼓动慕容恪说："现在主上还小，太后干预朝政，您应该多加防范。我们大燕国能够有今天的局面，都是您的功劳。自古以来就有哥哥死了弟弟即位的例子，您应该废黜幼主，自己当皇帝。"

慕容恪怒斥道："我和你一同接受先帝的遗诏，辅佐主上，你怎敢说出这样大逆不道的话？！"

慕舆根碰了钉子，只好灰溜溜地走了。慕容垂知道后，劝慕容恪说："慕舆根没安好心，应当趁早除掉。"

慕容恪摇了摇头："先帝刚刚驾崩，晋、秦二国就盼着我们出乱子呢，如果我们辅政大臣自相残杀，恐怕引发内乱，暂且容忍他吧。"

司空皇甫真也向慕容恪进言说："慕舆根本来就是平庸小子，得到先帝宠爱，才参与辅政。现在他骄横狂妄，只怕最终要作乱，您应当及早处置他。"

慕容恪还是没有答应。不料，慕舆根却恶人先告状，对可足浑氏和慕容暐说："慕容恪、慕容评图谋不轨，我请求率卫兵去消灭他们。"

可足浑氏正要点头，聪明的慕容暐却拒绝了，说："太宰与太傅都德才兼备，所以被先帝选为托孤重臣，我相信他们一定不会干那样的事情。不会是太师你自己想作乱吧？"

慕舆根被呛得说不出话来，他眼珠一转，又请求迁都到龙城，可足浑氏与慕容暐没有同意。慕容恪这才意识到留着慕舆根可能酿成大祸，便把他杀掉了。

前燕刚遭受大丧，现在又诛杀了一名辅政大臣，宫廷内外都忧惧万分，但是慕容恪举止如常，每次出入宫廷，都只带一名随从。

有人劝他说："非常时期，请多加防备。"慕容恪却说："现在人心惶惶，我的一举一动足以安抚他们。如果我都惊惶不安，那百姓还能依靠谁呢？"人心因此稳定了下来。

慕容恪虽然总揽朝权，但是严格遵守朝廷礼法，从来不独断专行，每件事情都要和慕容评等人商议。他虚心对待读书人，向他们征求治国良策，并根据他们的才能授以官职。如果有官员犯了错，他也不公开宣布，而是保留他们原来的官阶等级，仅仅调动他们的工作，以示惩罚。当时的人都以受到这样的处置为耻辱，大家就很自觉地遵守法纪。一旦有人出现小过失，同僚便会责备说："你又想让太宰公调动你的官职啦？"

慕容恪又重用慕容垂，让他担任征南将军，负责河南等地的军事。经过多年的努力，前燕的版图占据了北方大半土地，疆域一度超过了前秦和东晋。

前燕建熙六年（公元365年），慕容恪与慕容垂攻打洛阳，关中地区大受震动，前秦国主苻坚很担忧，亲自率军驻扎在陕城防备。

然而，也许是操劳过度，也许是天妒英才，慕容恪没能带领前燕再进一步。攻下洛阳的第二年，慕容恪就得了重病，在病榻上他还惦记着国事，担心慕容暐年少，手无实权，就进言说："慕容垂的才华超过我十倍。我死后，希望陛下重用他。"慕容暐受到父母的影响，也很不喜欢慕容垂，所以听了这话，一直沉默不语。

过了几天，慕容恪病情恶化，慕容暐亲自探望，并向他询问后事。慕容恪再次说："我听说报恩没有比荐举贤才更重要的了，贤能的人虽然隐匿在卑微的役夫中间，也可以启用为宰相，何况是近亲呢！慕容垂文武兼备，有管仲、萧何那样的贤才，陛下如果将朝政委托给他，燕国就可以安定，否则，秦、晋两国一定有办法对付我们。"说完，他就死了。

原文为"文武兼资"。同时具有文才和武才，文武双全。

造　句：	十六国时期，以慕容廆、慕容
	垂等为代表的慕容鲜卑大放异
	彩，他们文武兼备、能征善战，
	先后建立了前燕、后燕等政权。
近义词：	文武双全、文武兼济

成语说
《资治通鉴》

【 先发制人 】

《资治通鉴·晋纪二十四》

　　太后可足浑氏素恶垂，毁其战功，与评密谋诛之。太宰恪之子楷及垂舅兰建知之，以告垂曰："先发制人，但除评及乐安王臧，余无能为矣。"垂曰："骨肉相残而首乱于国，吾有死而已，不忍为也。"

译　文

　　太后可足浑氏素来厌恶慕容垂，诋毁他的战功，与慕容评密谋要杀掉他。太宰慕容恪的儿子慕容楷以及慕容垂的舅舅兰建知道此事，便对慕容垂说："你要先发动进攻取得主动权，只要除掉慕容评及乐安王慕容臧，其他人就无能为力了。"慕容垂说："骨肉相残，并且带头在国家作乱，我宁可一死，也不忍心那样做。"

赢了敌人输给亲人

当初慕容俊去世时，东晋的朝臣都认为可以趁机收复中原，大司马桓温却说："等等吧。慕容恪还活着，麻烦大着呢！"现在慕容恪死了，桓温觉得收复中原的机会来了。

太和四年（公元 369 年）夏初，桓温率领五万步骑兵北伐前燕。当时天气干燥，晋军一路向北，到达金乡^①时，已经远离水网密布的南方，当地的河流水位很浅。桓温就派人开凿了一条三百里长的河道，引汶（wèn）水^②入清水河，再让船队从清水河进入黄河，舰船连绵几百里。

这时，参军郗超对桓温说："从清水进入黄河，不能保证粮道通畅，如果敌人据城自守，打消耗战，我们就危险了。"

郗超是郗鉴的孙子，蓄着长长的胡子，人称"长胡子参军"。他善于言谈，见解精妙入微。桓温清高自负，一般人入不了他的眼，唯独与郗超交谈之后，他说："郗超真是深不可测啊！"于是尽心礼待郗超，重要的事情都要询问他的意见。所以，桓温听他这么一说，就认真地问："你有什么办法应对呢？"

郗超就建议道："我们集中所有兵力攻打邺城，燕人畏惧将军您的威势，一定会弃城而逃。假如他们坚守城池，我们就与他们决一死战。"

---

① 在今山东西南部。
② 即今大汶河。在今山东。

桓温摇了摇头，说："这个方案过于冒险，而且强行攻城会导致太多伤亡。"

郗超又提出另一个方案："如果您想要一个万全之计，不如派人先在黄河、济水一带驻军，控制水路运输，囤积粮草，等到明年再进攻。"

桓温数次利用北伐提高自己的地位，让东晋朝廷心怀忌惮，朝中反对北伐的声音一直没有断过。桓温不想给这些反对派留下话柄，也担心北伐时间过长，朝廷内部发生变故，便说："不，我们要沿途推进，力争速战速决。"

就这样，东晋大军势如破竹，接连击败前燕将领慕容忠、慕容厉、慕容臧等人的军队，攻下沿途的不少城池，抵达渡口密集的枋（fāng）头①，兵锋直指邺城。

告急文书一封接一封送到，前燕朝廷震动，大家都指望太傅慕容评出来主持大局。慕容恪死后，前燕国主慕容暐最终没有重用慕容垂，而是任命资格老的慕容评为太傅，由自己的弟弟慕容冲担任大司马。慕容评才能平庸，根本不懂治国的方法，在外交上也只求闭关保国。这时，他就建议道："陛下，晋军来势凶猛，我们不如暂时放弃邺城，迁往故都龙城。"

慕容评一发话，众大臣就纷纷附议，慕容暐正打算采纳，慕容垂却怒斥道："大敌当前，国家危亡，你们不想着组织兵马抵抗，反而主张弃城逃跑！我真是替你们感到羞愧！"

慕容评恼羞成怒，说："你本事大，你去抵抗好了。"

慕容垂便转而对慕容暐说："陛下，臣请求迎战晋军，如果不能取胜，到时候再迁都也不迟。"

————————————

① 在今河南浚县西南。

慕容暐也无计可施，便命慕容垂与他的弟弟、范阳王慕容德率领五万人马去抵御桓温，又派使者向前秦国主苻坚求援，许诺事成之后把虎牢①以西的土地送给他们。

苻坚召集群臣商议，大臣们都说："过去桓温讨伐我们，都到霸上了，也不见燕国来救援我们；现在桓温讨伐燕国，我们为什么要救！再说，燕国并不向我们称藩，我们有什么理由出兵！"

王猛当时一句话也没说，退朝后，他悄悄向苻坚进言："燕国虽然强大，但是慕容评不是桓温的对手。如果桓温最终顺利灭掉燕国，接下来就要对付我们了。眼下不如与燕国合力击退晋军。等到晋军一退，燕国也精疲力竭了，我们就可以趁机进攻，实现统一北方的功业！"苻坚非常赞同他的意见，就让邓羌带着两万精兵去配合慕容垂作战。

此时，慕容垂已经在枋头附近扎下营寨，他对部将们说："这次桓温率大军深入我国，受制于粮草补给，一定想速战速决。前面他打了几个胜仗，却没有乘胜前进，反而扎营滞留，真是愚蠢。现在是枯水季节，航运困难，我们坚守不出，耐心等待晋军粮食耗尽，到那时一战就能打败他们。"

慕容垂能想到的，桓温也想到了，所以他派部将袁真去夺石门水道，保障晋军的水运道路畅通。谁知，慕容德率领一万多骑兵先占领了石门，袁真的军队几次强攻都被打退。航路堵塞，晋军粮草告急，慕容垂趁机向晋军发动进攻。

桓温正苦思着对策，又有探子报告说："秦国的援军快到了。"接二连三的坏消息让东晋将士失去斗志，桓温知道不能取胜，便下令放火烧船，马上撤退。

① 即成皋，在今河南荥阳市西北，地势险要，又是交通要道，历来是兵家必争之地。

前燕将领争着去追击桓温，慕容垂全都不准，说："还不到追的时候！桓温是一个久经沙场的老将，不会不明白撤军易受袭击的道理。撤走前，他一定做了一番部署，挑选精兵强将殿后。我们先精心准备，等他放松戒备再追击。"说完，安排慕容德埋伏在桓温撤军的路上。

果然，桓温留下了一支精兵伏击燕军的追兵。这支精兵部队埋伏了两天两夜，也不见燕人追来，担心自己离主力部队越来越远，便全力追赶。慕容垂闻讯，马上带着八千精锐骑兵，悄悄地跟在后面。

晋军主力一路上挖井饮水，边撤边戒备，走了好几天，都没有发现追兵，桓温误以为殿后的精兵阻击了前燕的追兵，就下令日夜兼程赶路。一连走了几天，晋军将士疲乏极了，走着都能睡着。

慕容垂得到情报，对将领们说："现在我们可以进攻了。"他一马当先，燕军将士紧随其后，不久追上了桓温的大军，并与慕容德分兵夹击。晋军将士本就精疲力竭，又毫无戒备，瞬间被杀得晕头转向，死了三万多人。一部分晋兵好不容易杀出重围往回逃，又遭到秦将邓羌的堵截，再次倒下一大片。

慕容垂胜利归来，声名更加显赫，这让太傅慕容评十分忌恨。慕容垂为将士们请功的奏章，慕容评全都压下不办。慕容垂没办法，只好在朝堂上和慕容评据理力争，以致二人矛盾公开化。

太后可足浑氏历来厌恶慕容垂，趁机诋毁慕容垂的战功，并和慕容评密谋要杀掉他。太宰慕容恪的儿子慕容楷以及慕容垂的舅舅兰建知道了此事，就对慕容垂说："你要先发制人，争取主动权，只要除掉慕容评等人，其他人就无能为力了。"慕容垂说："我宁可一死，也不忍心骨肉相残，并且带头在国家作乱。"不久，二人又来报信说："可足浑氏就要对你动手，你别再犹豫了！"

慕容垂还是不同意，却又不知如何是好，就忧心忡忡地回到家。他的长子慕容令问明情况，说："既然朝廷容不下您，您还是带着我们回龙城躲一躲吧。到时候再写信给陛下，诚恳地请求谅解。如果陛下不肯原谅，我们还可以据守龙城。"

这次，慕容垂同意了，假装出城打猎，带着一队骑兵，和儿子慕容令、慕容宝、慕容农、慕容隆以及小段妃、慕容楷等人准备逃往龙城。谁知他的小儿子慕容麟因为平时不受宠，跑回去告密，慕容评便派人追击他们。慕容令发现追兵，就对慕容垂说："看来龙城是回不去了。我听说苻坚正在网罗天下英才，我们去投奔他吧。"

当时太阳快要落山了，慕容垂望着如血的残阳，叹道："除此之外，我们没有地方可去了！"

苻坚早就想攻打前燕，只是忌惮慕容垂的威名没敢发兵，现在慕容垂主动前来投奔，他狂喜不已，亲自带着队伍，浩浩荡荡地来到郊外迎接。

两人见了面，真是英雄惜英雄。苻坚拉着慕容垂的手说："您是人中豪杰，一定会干出一番大事。和我一起平定天下吧，将来我把您的故国还给您。"慕容垂见他如此真诚，感动地说："我前来投奔您，能被免罪已是万幸，哪里还敢奢望其他呢？"

苻坚封慕容垂为冠军将军，给他们父子厚重的礼遇。关中的士人百姓都听过慕容垂父子的名声，也十分倾慕他们。只有王猛再三提醒苻坚："慕容垂父子就像龙虎，不是能够驾驭的人，一旦他们得到机会，我们将无法控制，不如尽早除掉。"

苻坚向来对王猛言听计从，可是这次他拒绝得很彻底："你说的是什么话？我正要招揽各路英雄来助我平定天下呢，怎么能杀掉他们？"

成语说
资治通鉴

成语学习①

先 发 制 人

发，开始行动；制，约束、控制。先发动进攻就能取得主动权，控制对方。

造　句：	这次中国女排能在奥运会上获得冠军，主要原因是采取了先发制人的战术，女排姑娘们开局就取得领先，在气势上压倒了对手，并将优势一直保持到最后。
近义词：	先声夺人、先下手为强
反义词：	后发制人、以守为攻

---

① 这个故事的原文里还有成语"深不可测"（深得无法测量。比喻对事物的情况捉摸不透）。

【 釜中之鱼 】

《资治通鉴·晋纪二十四》

猛潜如安阳谒坚，坚曰："昔周亚夫不迎汉文帝，今将军临敌而弃军，何也？"猛曰："亚夫前却人主以求名，臣窃少之。且臣奉陛下威灵，击垂亡之虏，譬如釜中之鱼，何足虑也！监国冲幼，鸾（luán）驾远临，脱有不虞，悔之何及！陛下忘臣霸上之言邪！"

译文

王猛悄悄地来到安阳谒见符坚，符坚说："过去周亚夫不出军营迎接汉文帝，如今将军大敌当前却抛下部队，为什么呢？"王猛说："周亚夫那是为了博取名声，我私下里很看不起他。而且我仰仗陛下的声威，攻击行将灭亡的敌虏，就像抓在锅里游着的鱼那么容易，哪里值得担忧！年幼的太子留守京城，君王却离京远行，万一发生不测，后悔莫及！陛下忘记臣在霸上所说的话了吗！"

邓羌临阵要官

在枋头之战中，前燕为了得到前秦的支援，允诺割让虎牢以西的土地给他们。可是，桓温的大军一撤退，慕容暐就反悔了，派使者对苻坚说："上次派去的使者不会说话，导致您有这样的误会。秦、燕是相邻的国家，大家是唇亡齿寒的关系，一起分担灾难是人之常情。"

苻坚大怒："你不给，我自己拿！"前秦建元五年（公元369年），他任命王猛为主帅，和洛州刺史邓羌、建威将军梁成率领三万兵马攻打洛阳。

王猛担心自己这一走，刚投降的慕容垂父子会在京中兴风作浪，就对慕容垂说："慕容公啊，燕国的情况你们比较熟悉，我想请您的儿子慕容令担任向导。"

慕容垂以为王猛有意栽培儿子，非常感激，备下宴席为他饯行。两人边喝边聊，气氛十分融洽。

酒过三巡，王猛假装不经意地说："明天我就要远征了，您送我点儿什么东西，好让我在前线可以睹物思人。"慕容垂爽快地解下随身的佩刀给他。

抵达洛阳后，王猛花重金买通了慕容垂的亲信金熙，让他诈称是慕容垂的使者，带着佩刀去找慕容令，并假传慕容垂的话："我们父子被迫投奔秦国，只是想活命而已。现在王猛对我们十分憎恨，成天在秦王面前说我们的坏话。虽然秦王表面上对我们不错，可是人心难测啊。恐怕我们终究难逃一死。有人说，燕国对逼我们离开一事很后悔，所以我打算返回燕国，现在已经在路上了。情况紧急，来不及写信，特地让金熙带刀捎话给你。见刀如见我，你赶紧前来与我会合。"

慕容令虽然半信半疑，可看到父亲的佩刀，最终还是相信了。次日，他借口出城打猎，逃回前燕。

王猛当即上表陈述慕容令叛变的罪行。慕容垂大惊，他估计这次难逃一死，也不打算向苻坚辩解了，马上逃离京城，结果刚逃到蓝田，就被抓了回去。

出乎意料的是，苻坚不但没有降罪，反而好言宽慰他："你们在燕国受到排挤才来投奔我，你的儿子不忘本，想方设法回去，但是燕国将要灭亡，我担心他此去凶多吉少啊！再说，父子兄弟，罪不株连，你又何必因为害怕而再次逃亡呢？"慕容垂听了，感激涕零。

慕容令就没有父亲那样的好运气了。前燕怀疑他是前秦派来的奸细，贬他到遥远的地方。慕容令不甘心，就率军反叛，最后兵败被杀。

王猛的反间计虽然没能除掉慕容垂，却间接把慕容令杀了，他料想慕容垂现在处于悲痛和惊骇中，不会生事，便把心思放在攻取洛阳上。他先派精锐骑兵突袭洛阳东边的荥阳，歼灭一万多前燕兵马，接着写了一封信给洛阳守将慕容筑："我们已经攻下了虎牢等险关，切断了通往各个重要渡口的道路，荥阳的援兵是不可能来了。我部署在城下的军队，您也看到了，岂是您区区三百将士可以应付的？"慕容筑十分害怕，就献城投降。

能够兵不血刃拿下洛阳城，王猛很高兴，便留邓羌镇守，自己返回长安，为继续攻打前燕做准备。

第二年六月，王猛率领六万大军再次讨伐前燕。苻坚亲自送到

霸上，并对王猛说："谋取关东的事情就交给你啦！你先拿下壶关，再攻上党，然后长驱直入夺取邺城。这就叫迅雷不及掩耳。到那时，我要亲率大军，运载粮草，水陆并进前来接应你。所以，你不要有后顾之忧啊！"

王猛信心满满地说："陛下放心，臣将按照您的计划，以秋风扫落叶之势平定燕国！到那时，不用麻烦您出征，您只要准备好给燕国俘虏住的屋子就行啦。"苻坚听了十分高兴。

八月，王猛顺利拿下壶关，攻克晋阳。慕容评亲率三十万大军来到潞川①，与秦军对峙。见自己的兵力是秦军的五倍，慕容评叫嚣道："王猛孤军深入，军粮肯定支撑不了多久。我们什么都不做，就能拖垮他们！"

前燕大军于是固守不出。没想到，慕容评贪婪的本性竟然在这个时候暴露出来，他下令封锁山林及水源，大肆向军中将士卖柴卖水，牟取钱财。前燕将士为此十分愤慨，完全没有斗志。

王猛探得情报，大笑道："慕容评真是一个奴才，不要说三十万燕军，就是有亿兆这样的燕军也不值得害怕！"他派出五千骑兵，乘夜偷袭前燕军营，一把火将他们的辎重全烧了。

大火熊熊，照亮夜空，连邺城的慕容暐都惊动了，派使者斥责慕容评："大敌当前，你却只顾自己发财！你疯了吗？我命令你将全部钱财拿出来，激励将士战斗。"慕容评只好散发财物，并与王猛约定决战的时间。

接到战书，王猛琢磨开了：秦军能不能以少胜多，既取决于士气，也取决于将领的作战能力，尤其是邓羌、张蚝（háo）、徐成等人。想到这里，王猛打算先考验一下他们，便对徐成说："你带一队

---

① 今山西浊漳河。

精兵去侦察燕军的布阵方案，中午必须回来，否则军法处置。"

到了中午，徐成没有回来，直到黄昏才匆匆赶回。王猛大怒："军中无戏言，将徐成斩了。"

邓羌急忙求情："如今敌众我寡，明天一早就要开战。徐成是猛将，到时候定能杀敌无数，姑且宽恕他。"

王猛断然拒绝："不杀徐成，无法服众！"

邓羌再三请求："徐成是我手下将领，虽说延误了归期应该斩首，但我愿意和徐成一起杀敌赎罪。"

王猛板着脸，就是不同意。邓羌火冒三丈，扭头回到自己的军营，集合士兵，打算攻打王猛的大营。

王猛派人去问邓羌："你这是想干啥？"

邓羌气鼓鼓地说："我们前来讨伐燕国，现在身在贼地，却自相残杀，这样怎么能打胜仗？到时候六万将士没一个能活着回去，与其这样，不如先把王猛干掉！"

王猛听了回报，哈哈大笑，说："好一个邓羌，既仗义又勇猛！有这样的将领，明天决战我们定能胜利。为了大局考虑，这次我就不杀徐成！"

邓羌十分欢喜，跑到王猛那里谢罪。王猛亲热地拉着他的手说："我只是考验将军罢了，你对部下尚且忠义，何况是对国家呢！我不再担心敌人了！"

第二天一大早，王猛召开誓师大会，说："我王景略深受国家的厚恩，肩负重任，与各位一起深入贼地，已经没有退路。今天我们在此和燕军对决，大家要努力战斗，只进不退。等我们杀光敌军，胜利回国，就可以接受君王的封赏，回家与亲人欢庆痛饮。人活一世，这才是堂堂大丈夫所为啊！"将士们听得激情澎湃，纷纷扔掉粮食，打碎锅碗瓢盆，发誓说："我们定与燕军血战到底。"

然而，等到两军对阵，前秦将士虽然个个踊跃争先，呐喊着前进，但燕军兵力毕竟五倍于他们，渐渐地秦军开始力不从心了。王猛见状，忙唤："邓羌呢？"

邓羌应声来到跟前，只听王猛对他说："这次敌众我寡，非将军不能破敌。成败在此一举，拜托了！"

看着心急火燎的王猛，邓羌却慢悠悠地说："出力死战没问题，但是如果能让我当司隶校尉的话，我会更卖力的。"

大战在即，邓羌居然索要高官当，王猛有点儿生气，说："司隶校尉是守卫京师的重职，一向由君王任命，不是我能决定的。但我一定会请求封你为万户侯。"邓羌一听，气呼呼地退回军营。

不一会儿，两军陷入混战，王猛见情势紧急，又召唤道："邓羌呢？"邓羌装作没听到。

王猛心想："邓羌就像一匹烈马，难以驯服，可是他有勇有谋，为人仗义，军中无人能及。我作为统帅，不就是要容忍下属的短处，利用他的长处吗？"于是主动跑到邓羌身边，答应了他的要求。

邓羌高兴得跳了起来，立刻跨上战马，挥舞着战矛，四番进出前燕军阵，杀伤对方数百人。前秦将士大受鼓舞，奋勇搏杀。到中午，燕军终于败下阵来，被俘虏、斩杀了十多万人。慕容评吓得只身骑马逃走。

秦军乘胜东进，包围了邺城。捷报传到长安，苻坚兴奋地带上粮草，率领十万精锐赶往邺城，七天后来到安阳，大宴故旧亲朋。

王猛得知后，悄悄前去谒见。见了面，苻坚笑着问他："过去周亚夫不迎接汉文帝，如今大敌当前你却抛下军队，为什么呢？"

王猛说："周亚夫那样做是为了博取名声，我私下里很看不起他。而且我仰仗陛下的声威，攻击将要灭亡的敌虏，就像捉釜中之鱼，哪里值得担忧！现在您留下年幼的太子留守长安，自个儿跑到前线来，万一有什么不测，后悔都来不及！陛下难道忘了臣在霸上说的话吗！"苻坚笑了笑。

　　前燕各郡县听说苻坚的大军到了，全都向前秦投降。慕容暐在逃跑路上被抓，曾经强盛一时的前燕就此灭亡。

釜 中 之 鱼

釜，古代的一种锅。意思是在锅里游着的
鱼。比喻不能久活。

造　句：	现在敌军已经进入埋伏圈，成
	了我们的釜中之鱼，被歼灭是
	迟早的事。
近义词：	釜中游鱼、风中之烛

〖 流芳百世 〗

《资治通鉴·晋纪二十五》

　　大司马温，恃其材略位望，阴蓄不臣之志，尝抚枕叹曰："男子不能流芳百世，亦当遗臭万年！"术士杜炅能知人贵贱，温问炅以禄位所至。炅曰："明公勋格宇宙，位极人臣。"温不悦。

译　文

　　东晋大司马桓温，倚仗他的才能、地位和声望，暗中怀有犯上作乱的野心，他曾经抚枕慨叹道："男子汉大丈夫不能让美名流传后世，也应当让恶名永远遗留下去！"有个叫杜炅的方士，能预测人的贵贱，桓温就问他自己的官位能到什么地步。杜炅说："明公您的功勋举世无双，官位能达到臣子的顶峰。"桓温听后不高兴。

谢安东山再起

"男子汉大丈夫，不能流芳百世，也应当遗臭万年！"说出这番豪言壮语的，正是东晋大司马桓温。桓温老早就清楚，在门阀士族控制的东晋朝廷里，要想获得巨大的声誉，只能通过不朽的战功来实现，因此他不顾反对，先是出兵平定蜀地，后来又几次北伐，一度收复故都洛阳，可谓战功累累，照这个势头发展下去，他有可能"流芳百世"。

可是，当个人声望达到巅峰后，桓温的野心也膨胀到了极点，渐渐有了"遗臭万年"的心思。有一次，桓温听说方士杜炅（jiǒng）能够预测人的贵贱，就问他："我的官位能够到达什么地步？"杜炅说："您的功勋举世无双，官位能到达臣子的顶峰。"桓温听后不高兴，想再立战功，然后顺理成章地接受加九锡的礼遇，这才有了北伐前燕的举动，谁知竟然在枋头栽了个大跟头。

桓温深感耻辱，就把责任推卸到部将袁真身上，请求朝廷贬他为平民。袁真非常愤怒，就占据寿春①反叛，并向前燕、前秦求援。桓温早有准备，率军攻破寿春，击退了两国的援军。

总算打了胜仗，桓温非常高兴，问郗超："这次胜利足以洗雪枋头的耻辱了吧？"

郗超不假思索地吐出两个字："不能。"他刚想继续说下去，见

① 后来东晋孝武帝为了避帝后郑阿春的名讳，改寿春为寿阳。

桓温闷闷不乐的样子，就打住了。

这天晚上，郗超留宿在桓温府中。夜半时分，他辗转反侧，始终睡不着，就对桓温说："明公，您没有考虑什么吗？"

桓温疑惑地问："你想说什么？"

郗超说："明公肩负统一天下的重任，做了许多贡献，如今六十岁了，还要经历枋头之败的耻辱。如果不建立非常的功勋，只怕无法镇服天下百姓！"

见桓温沉默不语，郗超直截了当地说："只有做出废立皇帝那样的大事，才能建立更大的威势，使四海归服。"

桓温早就怀有这个心思，可是废黜皇帝得有理由啊，皇帝司马奕①平素小心谨慎，没有什么过错。

郗超看出桓温在犯难，就提醒道："可以在他的私生活上做文章。"

桓温眼前一亮，第二天，他就找人散布谣言："当今皇上生理有缺陷，不能生孩子。他的三个儿子都是几位妃子与别人私通生下的，将来他们继了位，皇室基业就变成外姓人的啦。"

这话传到民间，人们真假难辨，街头巷尾议论纷纷。桓温便以此为理由，劝褚太后同意废黜皇帝。两天后，桓温召集百官到朝堂。由于东晋建立以来从来没有发生过废立皇帝的事，桓温心里很紧张，百官也不知道有什么程序。尚书左仆射王彪之知道无法阻止桓温，便对他说："您废立皇帝，应当学习前代的规矩。"说完命人拿来《汉书·霍光传》，带领众人照着书中的做法举行了仪式，宣布褚太后的诏令，废黜司马奕为东海王，由会稽王司马昱即位，他就是晋简文帝。

---

① 晋穆帝驾崩后，没有继承人，褚太后认为司马丕是皇室正统嫡传，本来早就该登基为帝，于是让他奉接帝位，为晋哀帝。四年后，哀帝驾崩，也没有后嗣，褚太后便让他弟弟司马奕继承帝位。

前秦国主苻坚听说后，对群臣说："桓温数次北伐，先后在霸上和枋头失败，他不反思自己的过错，给天下人一个交代，却利用废黜君主来满足自己对权力的欲望。一个六十岁的老头子，还做出这种大逆不道的举动，将来靠什么容于天下呢？老百姓常说：'对妻子不满，却向父亲发脾气。'大概说的就是桓温这种人吧。"

桓温既然已经干了"遗臭万年"的大事，就不会在乎天下人的想法了。现在他忙着干另一件大事，那就是除掉身居要职却反对自己的人。

当初，桓温的老对头殷浩在流放地去世，桓温派人送了封信去吊唁他。殷浩的儿子殷涓没有回复，事后也没有拜访桓温，而是与武陵王司马晞出门游玩。司马晞喜欢习武练兵，深得简文帝信赖。此外，庾氏家族的庾蕴兄弟六人，都在朝中担任重要的职位。桓温很忌惮他们的势力，就诬告他们阴谋造反，上表请求全部诛杀。

简文帝不忍那样做，下诏说："这种事情我听都不愿意听，何况还要我下令呢？事关重大，再商议一下吧。"

桓温很恼火，再次上表要求杀掉他们，言辞相当激烈。简文帝无奈，亲自写了一封诏令给桓温："如果晋朝还能延续下去，你就不必请示，照自己的想法去做好了；如果晋朝气数已尽，那朕就退位让贤吧。"

桓温怕把简文帝逼得太紧，对自己没好处，就没有坚持杀司马晞，只是将殷涓、庾蕴等人灭族。

自此，桓温威势愈加显赫，朝中大臣都不敢直视他。侍中谢安见到桓温，远远地就开始叩拜。这让桓温非常吃惊，问他："您这是什么意思？"

要知道，谢安年轻时就享有盛名，王导等人非常器重他。不过，谢安不想当官，每天只是和王羲之等人跑到会稽郡的东山游玩。

庾冰几次征召谢安出来做官，他不得已答应了，结果只干了一个月就告假，隐居在江宁的土山。他思念故乡，就模拟东山的景色，在山上搭建亭台楼阁，还将土山改名为东山，过起了悠闲的生活。后来，谢安的弟弟谢万因战败被朝廷贬黜，谢氏家族受到沉重的打击，四十多岁的谢安才接受桓温的征召，再次出来当官。

桓温非常器重谢安。有一次，桓温去谢安的住处，正碰上他在整理头发。谢安动作慢吞吞的，桓温的左右都有点儿不耐烦，桓温却说："等他戴好帽子再相见。"

所以，当桓温见谢安远远地朝自己叩拜时，他十分吃惊，忙问原因。谢安严肃地答道："没有君主先叩拜，臣子后还礼的道理。"

桓温听了，面有得色，觉得眼下一切都很顺利，便决定率军返回姑孰①，遥控朝政，朝中则安排郗超坐镇。

因为桓温的缘故，大家都害怕郗超。一次，谢安与左卫将军王坦之一起拜访郗超，可等到太阳快落山了，郗超都没有叫他们进去。王坦之愤怒地想离开，谢安却淡淡地说："你就不能为保全性命再忍耐一会儿吗？"

其实，不仅谢安等人如履薄冰，简文帝也过得提心吊胆。有一天，郗超在宫中当班，简文帝小心地问道："大司马应该不会再废黜皇帝了吧？"

郗超说："大司马正日夜为国家操心，我愿用我家一百多口人的性命保证，绝对不会发生那种不正常的事情了。"

简文帝听了，稍稍心安了些，可没过几天他又胡思乱想起来，并很快抑郁成疾，只好紧急征召桓温入朝，交代后事。可是，朝廷接连发出四道诏令，桓温都推辞不来，简文帝只好学着当年的刘备，

---

① 今安徽当涂。

写下遗诏："太子年幼，大司马可以辅佐就辅佐，如果不能辅佐，就自己取而代之吧。"

左卫将军王坦之得知诏书内容，惊得直冒冷汗。如果桓温得了这份遗诏，他会学鞠躬尽瘁的诸葛亮，还是效仿篡汉自立的王莽，谁都无法预料。事关晋朝的国运，王坦之赶紧追回诏书，当着简文帝的面撕得粉碎，并严肃地说："天下是司马氏的天下，您怎么能擅自让给外姓人呢？"

简文帝见还有王坦之这样的忠臣，略感欣慰，就让他重拟了诏书："事关国家大事，都要听大司马桓温的。"

几天后，简文帝就驾崩了，群臣都不敢确立继承人。有人就提议："应当让大司马桓温入朝处理此事。"王彪之声色俱厉地说："天子驾崩，太子继位是天经地义的事，大司马怎么能提出异议？再说，如果事先向他询问，反而会被他责备。"

朝臣们便不再主张召回桓温，太子司马曜顺利即皇帝位，他就是晋孝武帝，他的弟弟司马道子被封为会稽王。由于孝武帝年幼，太后想让桓温摄政。命令已经公布了，王彪之又将它追回。

桓温原指望简文帝临终前将皇位禅让给自己，不这样的话，也应当让他摄政，所以才一再推辞进京。如今一切都落空了，他怀疑是王坦之、谢安在背后捣鬼，打算在入京朝拜孝武帝的时候，教训一下他们。

听说桓温要入京，孝武帝派谢安、王坦之等人到新亭迎接。京都人心浮动，都说："这次桓温入朝，打算杀掉王坦之、谢安！"王坦之非常害怕，谢安则神色不变，说："晋朝国运的存亡，取决于此行。"

桓温抵达后，大臣们见他身后重兵守卫，全都惊慌失色，倒头就拜。王坦之汗流浃背，连手板都拿倒了。只有谢安面不改色，从容就座后，对桓温说："我听说，'诸侯有道，守在四邻①'，您哪里用得着安排这么多人呀？"

桓温见谢安态度雍容，便笑着说："不得不这样做呀。"当即下令撤走卫兵，与谢安笑谈了很久。

考虑到东晋一朝的实权都掌握在门阀士族手中，而王、谢二人来自当时最鼎盛的门阀家族，桓温最终没有对他俩下手。

过了两年，桓温得了重病，他暗示朝廷给自己加九锡的礼遇，并多次派人去催促。谢安、王坦之就让袁宏拟写锡文。袁宏拟好后，给谢安看。谢安说："好是好，个别地方我还要修改一下。"他把稿子留下，一连修改了十多天，一直到桓温死，都没定稿。

---

① 意思是：有道的诸侯，谨守四方，不担心别人来侵犯。

流 芳 百 世

流，流传；芳，香，指好名声；百世，时间久远。好的名声永远流传下去。

造　句：	两晋时期，屠杀胡人、建立大
	魏的冉闵，有人说他是拯救华
	夏、流芳百世的汉家英雄，也
	有人说他是忘恩负义、遗臭万
	年的刽子手。
近义词：	流芳千古、名垂青史、永垂不朽
反义词：	臭名昭著　遗臭千秋、臭名远扬

---

① 这个故事的原文里还有成语"东山再起"（即出东山而被起用。原比喻隐居后再次出来任职。现多比喻失势后再起用）、"遗臭万年"（恶名永远遗留下去，受人唾骂）、"心如刀割"（内心痛苦得像刀割一样）、"入幕之宾"（比喻关系亲近的人或参与机密的人）、"位极人臣"（君主时代指大臣中地位最高的人）。

【 战无不克 】

《资治通鉴·晋纪二十五》

　　猛为相，坚端拱于上，百官总己于下，军国内外之事，无不由之。猛刚明清肃，善恶著白，放黜尸素，显拔幽滞，劝课农桑，练习军旅，官必当才，刑必当罪。由是国富兵强，战无不克，秦国大治。

译　文

　　王猛担任宰相，苻坚端坐拱手，无为而治，百官统属其下，军队及国家内政、外交事务，没有不经由他手的。王猛刚正贤明，清廉严肃，褒贬鲜明，他放逐罢免尸位素餐者，提拔重用有才而不得志者，劝勉农耕桑蚕，训练军队，任命的官职都符合官员的才能，而施行的刑罚则一定与犯人的罪过相符。因此秦国国富兵强，攻战没有不取胜的，以致出现大治局面。

苻坚横扫北方

十二月的一天，有人突然闯进长安的明光殿里大喊："鱼羊吃人，一个不剩！"声音诡异、凄厉，在殿堂上方久久回荡。根据当时流行的谶纬之说，鱼羊合起来就是"鲜"字，这是有人想用这则谶语说明鲜卑人要造反！苻坚这么一想，就命人去抓，喊叫的人却不见了踪影。

秘书监朱彤、秘书侍郎赵整闻讯赶来，齐齐跪在苻坚面前，说："陛下，请一定诛杀京城那些鲜卑人！"

前燕灭亡之后，苻坚就把慕容暐等燕国的王公贵族、文武百官以及四万多鲜卑百姓一起迁到长安居住。苻坚虽然是氐人，但是从小就崇尚汉文化，注重仁义教化，主张胡人、汉人地位平等，各族之间友好共处。因此，就像当年厚待慕容垂一样，他不仅没有处罚慕容暐、慕容评等人，还对他们封官的封官，赏赐的赏赐，待遇不比前秦的功勋旧臣差。

氐族高官们对此意见很大，阳平公苻融就上疏说："陛下兴师动众多年，好不容易才制服燕国人，将他们迁来长安。慕容氏父子兄弟是我们的仇敌，现在陛下对他们亲近宠幸，让他们掌握的权力，甚至高过朝中功臣。臣担心陛下养虎遗患啊！"

苻坚不以为然，回复说："朕正要统一天下为一家，把夷狄之人当赤子对待。与其忧心忡忡，不如提高自己的修养，不断完善自己，到那时还怕什么外患呢！"

对于朱肜、赵整的劝谏，苻坚一个字也听不进。赵整就私下里对朱肜说："我们还是请丞相再劝劝，兴许陛下听得进去。"

朱肜发愁道："你忘了当年慕容垂来投降时，丞相再三请求诛杀他，陛下就是不答应。后来丞相用上金刀计，也没能把他除掉。关于这事陛下谁的话也不会听。何况，丞相操持政事太辛苦，最近又生病了，还是不要让他烦恼吧。"

他们口中的丞相即王猛。前秦灭掉前燕之后，又马不停蹄灭了仇池国，王猛因功被封为丞相，回京主持朝政。王猛刚正贤明，那些不称职的官员都被他罢免，有才而不得志的人则得到提拔和重用。为了促进生产，解决关中少雨多旱的问题，他兴修水利，鼓励百姓耕种，使空废多年的仓库装满谷物。渐渐地，前秦出现难得的大治局面，国富兵强，战无不克。

然而，由于日夜操劳，王猛在当丞相的第三年就病倒了。苻坚心急如焚，亲自为他到南郊、北郊以及宗庙、社稷坛祈祷，又派侍卫到黄河、华山等地祈福。听说王猛病情稍稍好转，苻坚欢喜得马上宣布大赦。

王猛非常感动，拖着病体上书说："陛下威望与功业震动八方，现在全天下的土地，秦国已经占了七成；平定燕国等地，就像拾起一株小草那么容易。然而，善于开创者未必善于守成，善始者未必善终。所以，古时候的圣贤君主，无不战战兢兢，如临深渊。希望陛下能以他们为榜样！"苻坚每读一行字，就掉几行泪，读完了，衣襟全湿了。

过了一个月，王猛病危，苻坚亲自前去探望，询问后事。王猛睁开眼睛，吃力地说："晋朝虽然偏安江南，却是华夏正统。臣死之后，陛下万万不可图谋消灭晋朝。鲜卑、西羌才是我们的仇敌，恐怕将来成为国家的祸患，应该先消灭他们。"说完，就停止了呼吸。

符坚亲自装殓王猛，三次抚棺恸哭："难道老天爷不想让我统一天下吗？怎么这么快就夺走了我的景略呢？"

没有了王猛的辅佐，符坚只好凡事亲力亲为，每当这个时候，他就会对大臣们说："过去有丞相在，我这个帝王当得太容易了；自从丞相去世，我已经操劳得胡须头发都半白了。每当想到丞相，我心中就酸楚悲痛。"说到动情处，还会"吧嗒吧嗒"掉眼泪。

建元十二年（公元 376 年），符坚从失去王猛的悲痛中走出来，继续统一北方的征程。他命梁熙、姚苌等人率领大军攻打前凉，最终逼凉王张天锡出城投降，将七千多户当地的豪强世族迁徙到关中。接着，符坚将目光投向北方唯一剩下的割据政权：代国。

前秦崛起的这些年间，代国也在代王拓跋什翼犍的带领下进入鼎盛时期。拓跋什翼犍曾经在后赵当了十年的人质，接受了汉文化的熏陶。回国继位后，他改革代国落后的习俗，制定法律，重用有文化的汉人，使代国面貌焕然一新。邻近的匈奴铁弗部非常眼红，动不动就发兵侵犯，但都被拓跋什翼犍打败，只好乖乖投降。等到刘卫辰成为铁弗部首领，他占据着朔方，对代国降了叛，叛了降，反复无常。拓跋什翼犍忍无可忍，就率兵攻打他。

刘卫辰急忙向前秦求援。符坚便命幽州刺史符洛、镇军将军邓羌等率军攻打代国。拓跋什翼犍当时年老多病，无法出战，只好命白部、独孤部和南部大人刘库仁抵抗，结果都被击败。拓跋什翼犍只得率领国人迁走，等到秦军稍稍撤退，才返回云中郡。不料，没等拓跋什翼犍重整旗鼓，代国就爆发了内乱，拓跋什翼犍被杀。前秦大军得知，立即开赴云中，消灭了代国。

符坚想把拓跋什翼犍的孙子拓跋珪迁到长安，代国的长史燕凤请求道："代王刚过世，部属叛的叛，逃的逃，而拓跋珪还小，无力统领代国，应当留在部落中。陛下可以将代国一分为二，让刘库仁、刘卫辰分别统领，他们实力相当，能够互相制约。等将来拓跋珪长大，您再立他为王，他就会感念您存亡继绝的恩德，死心塌地当您的臣子，边境就能从此安定。"苻坚答应了。

前秦大军横扫北方，令偏安江南的东晋感到前所未有的压力，就向全国征召镇守北部边境的将领。谢安就荐举侄子谢玄为兖州刺史。

谢玄到任后，亲自招募勇猛的流民，组成一支精锐部队，名为"北府兵"。他任命彭城人刘牢之为参军，统领北府兵作为前锋出战。北府兵每战必胜，令胡人闻风丧胆。

前秦建元十四年（公元 378 年），苻坚兵分两路，一路由儿子苻丕率领七万兵马进攻襄阳，一路则由兖州刺史彭超、慕容垂、姚苌等人率军攻打淮南，试图东西夹击，一举消灭东晋。

东晋梁州刺史朱序起初认为秦军没有船舰，并不重视，等到秦将石越率领五千骑兵渡过汉水时，他才惊骇万分，当机立断固守中城。石越迅速攻克了襄阳外城，缴获了一百多艘船只，接运秦兵入城。

就在苻丕下令准备进攻中城时，朱序的母亲韩夫人闻讯，亲自登上城墙察看情况。当她来到西北角时，发现城墙并不坚固，当即说道："这里需要马上加固。"说完转身召集家中的女仆和城里的一百多名妇女，在这段城墙里边又斜着修筑了一道城墙。等到苻丕的军队攻打时，西北角的旧城墙果然一击就破，将士们便移到新城墙上防守。

苻丕担心伤亡过大，就没有强攻，朱序趁机多次率军出战，连续击败秦军，逼他们往后退。

苻坚大发雷霆，派人赐给苻丕一把宝剑，说："如果明年春天还攻不下襄阳，你就不用厚着脸皮回来见我了！"

苻丕吓坏了，就日夜不停地进攻。襄阳督护李伯护很害怕，就暗中向前秦请降，约为内应。苻丕大喜，对中城发动猛攻，最终活捉了朱序，送到长安。苻坚再次表现出他仁慈的一面，对朱序的气节赞不绝口，不仅没杀他，还留他在前秦当官。

襄阳虽然攻下，彭超的大军却在淮南遭到谢玄的北府兵的顽强抵抗，最终四战四败，退回长安。苻坚一怒之下，派了一辆囚车去迎接，吓得彭超直接在路上自杀。

统一大业受阻，苻坚非常郁闷。偏偏不久，幽州刺史苻洛反叛，苻坚急调阳平公苻融和吕婆楼的儿子吕光前往幽州，才稳住局面。

苻洛是苻坚的堂兄弟，在他之前，已经有好几波宗亲造反。先是公元 364 年苻生的弟弟、汝南公苻腾谋反。第二年，淮南公苻幼趁苻坚在外巡视，偷袭长安。又过了两年，晋公苻柳、赵公苻双、魏公苻廋、燕公苻武联合作乱。苻柳、苻廋、苻武是苻坚的堂兄弟，赵公苻双则是苻坚的亲弟弟。

苻氏宗亲是苻坚统治的中坚力量，他们的连续背叛导致整个关东几乎没有苻氏宗族镇守，苻坚不放心，就决定将十五万户氏族人从关中迁出去，由苻丕、苻晖、苻睿等人分别统领，散居到各地，如同古代的诸侯国一样。

离京那天，苻坚亲自送到霸上，并设宴与儿子们道别。那些被迫分离的关中氏人子弟，在向家人告别时，想到这一去再难相见，一个个哭得撕心裂肺。这伤感的场面，让侍宴的赵整不禁抚琴唱道："阿得脂，阿得脂，伯劳[①]的舅父是仇绥，尾长翼短不能飞。远徙氏人留鲜卑，一旦出现危急情况，应当告诉谁！"他似乎预感到什么。

_____

① 一种鸟，后借指离别的亲人或朋友。

战 无 不 克

攻战没有不取胜的。形容强大无比,可以战胜一切。

造　句:	这次的乒乓球比赛让我明白,
	拥有绝佳的心态和高超的击球
	技术,一定可以战无不克。
近义词:	战无不胜、攻无不克、百战百胜
反义词:	一触即溃、不堪一击、屡战屡败

---

① 这个故事的原文里还有成语"善始善终"(做事情有好的开头,也有好的结尾。形容办事认真)、"存亡继绝"(存,保存;继,接续。恢复灭亡的国家,延续断绝了的贵族世家)。

〖 草木皆兵 〗

《资治通鉴·晋纪二十七》

　　秦王坚与阳平公融登寿阳城望之，见晋兵部阵严整，又望八公山上草木皆以为晋兵，顾谓融曰："此亦劲（qíng）敌，何谓弱也！"怃然始有惧色。

译 文

　　前秦国主苻坚与阳平公苻融登上寿阳城观望，发现晋军布阵严整，又远眺八公山，恰好一阵微风吹过，茂盛的草木微微摇动，好像布满了伏兵，他扭头对苻融说："晋军看上去很强大啊，怎么能说他们软弱呢？"就怅然若失，开始有了恐惧的神色。

大秦天王梦断淝水

尽管前秦大军在淮南吃了败仗，苻坚仍然对统一天下信心满满。这天，他在太极殿会见群臣，和他们商量说："我在位快三十年了，通过努力统一了北方，唯一的遗憾就是南方的晋朝没有归服。我粗略地算了一下我的士兵，能有九十七万，我想亲自带着他们南征，大家觉得怎么样？"

秘书监朱肜迎合苻坚的意思说："如果陛下亲征，晋朝国君肯定吓得直哆嗦，不是乖乖投降就是仓皇逃窜！"

尚书左仆射权翼却说："晋朝国势虽然衰弱，但是他们并没有犯下什么大罪。况且，晋朝主理朝政的谢安与大将桓冲才识卓越，内外同心。臣以为不能出兵！"

苻坚沉默了许久后，说道："大家都说说自己的意见吧！"

大臣石越说："晋朝有长江天险，易守难攻，百姓又归心王室，恐怕不能讨伐！"

苻坚不屑地说："我坐拥百万大军，只要我一声令下，让所有士兵将他们的鞭子投进区区长江，就能让江水断流，长江天险有什么好怕的？"

支持和反对南征的人，各占一半，所以讨论了很久都决定不了。苻坚不高兴地说："这就好比在路旁盖房子，同过路的人讨论，人多口杂，永远办不成事。我还是自己决定吧！"他就让大家散了，单独留下自己的弟弟、阳平公苻融。

符融明察善断，在朝中威望很高，是王猛去世后符坚最信赖的人。他也不赞成出兵，并说出三个理由："首先，晋朝是中华正统，天意一定不会灭绝他们；其次，晋国内部没有发生灾祸；第三，我们频繁征战，士兵非常疲惫，百姓也渴望安定。刚刚在朝堂上说不能讨伐晋朝的人，都是为国家考虑的忠臣，希望陛下听取他们的意见。"

符坚脸色一变，说："连你都不支持我，我还能指望谁呢？我有百万强兵，财物兵器堆积如山；我虽然不是完美的君主，可也不是无能之辈。现在我们已经平定北方，乘胜去攻打晋朝，还怕灭不了它吗？"

符融见符坚固执己见，就哭着劝道："自古穷兵黩（dú）武的人，没有不灭亡的。现在最要紧的不是征伐晋朝，而是处理京城的危机。您宠爱的鲜卑人、羌人、羯人，如今充塞京城，这些人视我们为灭国之仇敌。您如果亲征，留下太子独守京城，这些人恐怕就要作乱了。这是我的愚蠢想法，您可以不当一回事。可王猛是一时英杰，您常常将他比作诸葛亮，难道您忘了他的遗言吗？"

想到王猛，符坚心中一痛，说："你先退下吧，我再想想。"然而，攻取东晋的念头在符坚脑中挥之不去，折磨得他辗转难眠。

冠军将军慕容垂知道后，就进言说："当年晋武帝要攻打吴国，支持的只有张华和杜预几人而已，如果听信众臣之言，难道他能统一天下吗？"

这话说到符坚心坎里去了，他兴奋地说："能和我一起平定天下的人，只有你呀！"于是征调各地兵马，筹备军用物资，准备攻打东晋。

前秦建元十九年（公元 383 年），符坚亲自统率各路大军共八十七万，大举南侵。他派符融、慕容垂等人率领二十五万人担任前锋，避开由桓冲重兵把守的荆州，攻打豫州的寿阳，又任命姚苌为龙骧将军，负责益州等地的军事行动，还勉励他说："当年我就是靠龙骧将军这个职位建立功业的，所以不轻易将这个官位授予人，你好好干吧！"

这年九月，苻坚抵达项城时，凉州的军队刚刚到达咸阳，蜀、汉的军队正顺流而下，幽州、冀州的军队则走到了彭城。前秦大军东西万里，水陆并进，光运输军粮的船只就有一万多艘。不久，苻融的前锋部队先期抵达颍口①，准备进攻寿阳。

东晋朝野震动，群臣汇集，商量对策。兖州刺史谢玄心急如焚，匆匆来到宫外，等着叔叔谢安出来。终于，谢安迈着与平常一样潇洒的步伐出来了。谢玄赶紧迎上去，压低声音问："我们怎么办呢？"

谢安淡淡地说："已经有安排了。"他没有再理谢玄，径直朝宫外走去。

当天下午，谢安把亲朋好友邀请到东山的别墅里，大家饮酒聊天，吟诗作赋，一片欢声笑语。谢安见谢玄坐立不安，就招呼他陪自己下棋，还说："今天你若赢了我，这别墅就归你了。"谢安的棋术一直不如谢玄，但谢玄没心思下棋，结果输了。谢安呵呵一笑，丢下急得上蹿下跳的谢玄，又登山漫游去了，到晚上才回来。

桓冲是桓温的弟弟，桓温死后，朝廷原本让他接任桓温的职位，但他对国家忠心耿耿，自愿出镇外地，所以一听说前秦大军南下，他也十分担忧，打算派三千精锐入城保卫京师。谢安拒绝了，说："朝廷士兵、武器都不缺，你的精兵应当留着保卫边境。"

桓冲有点儿恼怒，便派人打听谢安的应对策略。当他得知谢安安排弟弟谢石、侄子谢玄、儿子谢琰等人率领八万兵士抵御，不禁

---

① 今安徽颍上东南。

叹道:"谢安有当宰相的气量,却不懂带兵打仗的方法。大敌当前,他还围棋赌墅,尽情游玩,现在又派谢家这些没有多少作战经验的年轻人上阵。区区八万兵马,怎么能抵挡百万敌军?唉,这场战争的结局可以预料,我们就要受外族统治了!"

　　其实,秦军刚南下时,谢安就预料到寿阳局势危急,派将领胡彬带领五千水军前去援助。可是胡彬还没到达,寿阳就被秦军攻下。苻融又派部将梁成率领五万兵马,驻扎在洛涧①,沿河布防,抵挡东晋的援军。胡彬只得退守硖石,等待后续大军。谢石、谢玄等害怕

---

① 今安徽淮南市东淮河支流洛河。

梁成的兵力，便在距离洛涧二十五里的地方驻扎下来。

　　十月，孤军深入的胡彬没了军粮，就秘密地派人送信给谢石。不料，信被秦军截获，苻融就让人骑快马报告苻坚："现在晋军力量不足，容易打败，你快点儿来，晚了我怕他们逃走。"

　　苻坚兴奋极了，但他怕动静太大把晋军吓跑了，就留下主力军，亲自带着八千轻骑兵赶到寿阳。苻坚和苻融一合计，觉得秦晋兵力悬殊，秦军稳操胜券，便派了一名特殊的使者去游说谢石等人投降。

这名使者就是五年前被迫投降前秦的襄阳守将朱序，苻坚的本意是让他现身说法，劝降谢石。哪知朱序身在前秦，却时刻想回东晋，他把前秦的重要军情都告诉了谢石，还建议道："苻坚只带了八千骑兵前来，大部队还在路上。如果秦国的百万大军全部抵达，我们确实难以与他们抗衡。趁着各路大军还没有集合，我们要迅速击败他们的前锋，挫伤其士气。到那时，秦军自然会土崩瓦解。"

谢石听说大名鼎鼎的苻坚亲自到了寿阳，非常害怕，本想固守不战，拖垮对方，经谢琰劝说后，才决定按朱序的建议行事。

十一月，谢玄派部将刘牢之率领五千北府兵抵达洛涧。刘牢之乘夜袭击，大败梁成，并堵死秦军北归的渡口。东晋将士大受鼓舞，谢石趁机率军水陆并进，快速抵达淝水①，然后在淝水东面驻扎，而苻坚则退守淝水以西。秦、晋两军隔河相对，大战一触即发。

苻坚在苻融的陪同下登上寿阳城观望，发现东晋的军队布阵严整，他又远眺八公山②，恰好一阵微风吹过，山上茂盛的草木微微摇动，好像布满了伏兵。苻坚扭头对苻融说："晋军看上去很强大啊，怎么能说他们力量不足呢？"他怅然若失，脸上露出了恐惧的神色。

尽管心里开始打鼓，苻坚还是打起十二分精神，命令秦军紧逼淝水排列军阵，使晋军无法渡过。谢玄便派使者对苻融说："您这样部署军阵，是长久相持的打算，不是速战速决的办法。如果您能让兵阵稍微后撤，让我军渡河与你们一决胜负，不是挺好的吗？"

苻坚打算将计就计，便对将领们说："兵法里有'半渡而击之'的战术，我们可以稍微后撤一点儿，等他们渡河到一半，我们再出动铁甲骑兵攻杀，保准获胜！"大多数将领都反对，苻坚不听。

苻融于是挥舞战旗，指挥兵众后退。秦军经过洛涧之败，已经

① 即今安徽寿县之东肥河。
② 在今安徽淮南市西，俯瞰平野，地势险要。

人心涣散，将士们不知道后退是主帅的诱敌之计，以为又要败了，个个惶恐不安。朱序见状，趁机扯着嗓子高喊："秦军败了！"

这一喊如惊雷般在秦军中炸裂开来，原本缓缓后退的士兵，顿时疯了一般狂奔起来。时刻留意秦军动向的谢玄、谢琰立即率军渡河，向溃逃的秦军发起攻击。苻融想阻止秦兵后退，结果一不留神人和马一同被绊倒，没等他爬起来，一名晋兵就冲上来把他杀了。

失去了主帅，秦军彻底崩溃，谢玄等人乘胜追击。秦军将士慌不择路，听到刮风的呼啸声和鹤的鸣叫声，都以为是晋军的追兵来了，他们草行露宿，又冷又饿，死亡的人十有七八。苻坚也身中流箭，仓皇逃走。

东晋大军顺利收复了寿阳，谢石派人骑快马往京城报捷。当时谢安正在家中与客人下棋，他看完捷报，随手放在一边，摸起一枚棋子。客人猜到是前线送来的，见谢安什么表示也没有，忍不住问："战况怎样？"

谢安一边掷棋，一边慢吞吞地说："孩子们到底把秦人打败了。"客人高兴得手舞足蹈，棋也不下了，飞奔出去，要把这个好消息告诉大家。

等客人的背影消失在视线里，谢安才缓缓退回内宅，跨过门槛时，他再也按捺不住内心的兴奋，加快了脚步，以致踉跄起来，把脚上穿的木屐（jī）的齿也碰断了。

晋军大捷的消息传到荆州时，桓冲正在打猎。他知道自己从前说错了话，惭愧地对左右说："当初我低估了谢家这些年轻人啊！"

淝水之战是中国历史上著名的以少胜多的战例，拥有绝对优势的前秦败给东晋之后，逐渐走向衰亡，由前秦短暂统一的北方重新四分五裂，各方势力互相攻伐。东晋王朝虽然无力继续北伐，但也遏制住了北方少数民族的南侵，让江南地区得以安定。

成语说

资治通鉴

草 木 皆 兵

　　把远处山上的野草、树木都误认为对方的军队。形容极度惊恐、疑惧。

造　句：	自从看了那个恐怖片，他成天
	草木皆兵，疑神疑鬼，睡前总
	要查看一下床底。
近义词：	风声鹤唳、杯弓蛇影、疑神疑鬼
反义词：	若无其事、稳如泰山、镇定自若

---

① 这个故事的原文里还有成语"投鞭断流"（本意是把马鞭投入长江，就能截断水流。比喻人马众多，兵力强盛）、"筑舍道傍"（在路旁盖房子，同路人讨论事情。比喻人多口杂，办不成事）、"风声鹤唳"（听到风声和鹤叫声，都疑心是追兵。形容人在惊慌时疑神疑鬼）、"草行露宿"（走在野草里，睡在露天下。形容走远路的人艰苦和匆忙的情形）、"屐齿之折"（屐，木头鞋。形容内心喜悦之极）。

〖 凌霄之志 〗

《资治通鉴·晋纪二十七》

权翼谏曰:"……垂勇略过人,世豪东夏,顷以避祸而来,其心岂止欲作冠军而已哉!譬如养鹰,饥则附人,每闻风飙(biāo)之起,常有陵霄之志,正是谨其絛(tāo)笼,岂可解纵,任其所欲哉!"

译文

权翼劝谏符坚:"……慕容垂的勇猛和谋略超过常人,世代都是中原以东的豪杰,不久前因为躲避灾祸才来归附,难道他甘于当一个冠军将军吗!就像养育苍鹰,它饥饿的时候依附于人,每当听到狂风骤起,就有飞越云霄的志向,现在正是紧闭樊笼的时候,怎么能反而放纵它,任由它为所欲为呢!"

慕容垂建立后燕

　　苻坚一路逃亡，到达淮河以北时，饿得头昏眼花，当地百姓就送来水泡饭、猪骨头。苻坚吃完，赏给他们十匹布帛，十斤棉。这些人推辞说："我们是陛下的儿子，陛下是我们的父亲，哪里有儿子给父亲送饭还要报酬的呢！"苻坚听了潸然泪下，对左右说："以后我哪还有脸再治理天下呢！"

　　当时前秦的各路军队都已溃散，只有慕容垂统领的三万兵马毫发无损，苻坚便带着一千多人去了他那里。

　　慕容垂的亲信们都兴奋不已，他们早就把复兴燕室的希望寄托在慕容垂身上，而慕容垂也暗中怀有复国之志。慕容垂的世子^①慕容宝就说："这正是杀掉苻坚，复兴燕国的好时机啊。"

　　慕容垂却摇了摇头说："苻坚刚刚遭受重创，把自己的身家性命都交给我，我怎么能落井下石呢？假如上天抛弃他，不用担心他不灭亡。如今他处于危难之中，我要保护他以报答他的恩德。这样做既不违背我过去的心愿，也能以道义征服天下。"

　　范阳王慕容德急了，劝道："秦国强大的时候吞并了燕国，现在秦国衰弱，我们图谋他不过是报仇雪耻，谈不上违背心愿。哥哥，这种送上门来的机会，千万不能放弃。"

　　慕容垂神情坚定地说："当初我被慕容评陷害，冒死逃到秦国，

---

① 古代诸侯王法定继承人的正式封号。

苻坚对我恩深义重；后来我被王猛陷害，无法自辩，苻坚却能明察真相，宽厚待我。他的大恩大德我铭记于心。这次我把三万兵马都给他，就算报答了他的恩情，复国的事以后再说。"

就这样，苻坚率领慕容垂的军队北归，沿途还收拢残兵，到达洛阳时，已经聚起了十多万人。这时，北方的一些部落趁乱起兵，慕容垂就采纳三子慕容农的建议，向苻坚请求道："请允许我去镇抚招纳北方的叛军，顺路去邺城拜谒我父兄的陵庙。"苻坚爽快地答应了。

权翼却悄悄地劝苻坚："慕容垂的勇猛、谋略超过常人，只是因为躲避灾祸才来归附，难道他甘心一直做个冠军将军吗？就像养育苍鹰，它饥饿的时候依附于人，每当听到狂风骤起，就表现出凌霄之志。现在正是紧闭樊笼的时候，怎么能反而放纵它呢？"

苻坚说："你说得都对，可是我已经答应他了。再说，丕儿镇守邺城，不用担心。"

权翼无奈，打算悄悄除掉慕容垂。他邀请慕容垂到河桥以南的一个空仓房里会面，暗中在桥下布置了许多伏兵。慕容垂早有防备，用草绳编结成筏子，从凉马台①过了河，又让亲信程同假扮自己去赴约。权翼的伏军向程同发起攻击。程同拍马狂奔，得以逃脱。

慕容垂一行逃出虎穴，来到邺城。苻丕见慕容垂从北方来，怀疑他想作乱，就安排他住在西郊。慕容垂暗中联络前燕旧臣，为匡复燕国做准备。

恰逢丁零②部落的首领翟斌起兵，攻打驻守洛阳的平原公苻晖，苻坚就命令慕容垂率军讨伐。苻丕准备给慕容垂兵马，部将石越劝道："慕容垂在燕国德高望重，又一向有振兴燕室的心志，您再给他军队，不是为虎添翼吗？"

---

① 在黄河南岸，今河南偃师市北。
② 汉时为匈奴属国，游牧于我国北部和西北部广大地区。

苻丕却有自己的打算："国君的军队刚遭遇挫败，民心不稳，趁乱反叛的人很多。你看，丁零人一带头，才十几天工夫，响应的人就有好几千。慕容垂如同卧虎睡蛟，自从他来到邺城，我就没睡过一个安稳觉，生怕他制造变乱。现在主上让他去讨伐丁零人，不是很好吗？而且翟斌凶残暴虐，不好对付，最好他们两败俱伤，到那时我再收拾他们就容易了。"于是给了慕容垂两千老弱士兵和一些破旧的铠甲兵器，又密令心腹苻飞龙带领一千多氐族骑兵协助慕容垂，其实是要他找机会暗杀慕容垂。

慕容垂对苻丕的心思洞若观火[①]，一路上都在琢磨应对的办法。军队到了安阳，慕容垂就以兵力不足为借口，停下来招募兵士，仅仅十天时间，就得到八千人马。正好苻晖派人来催促，慕容垂就对苻飞龙说："现在我们距离贼寇不远，应当白天休息，夜间行军，以攻其不备。"

当晚，慕容垂就与慕容宝前后合击苻飞龙和他的骑兵，把他们全部杀死。第二天，慕容垂率领人马渡过黄河，他命人送信给还留在邺城的慕容农，让他们起兵响应。慕容农就带着数十名骑兵，穿着便服混出了邺城，前往列人县[②]，在那里召集原先臣服于前燕的鲜卑、乌桓等部众，举兵起事。

苻丕大惊，派石越率领一万多骑兵去讨伐，结果被慕容农打败，石越也战死了。石越是前秦猛将，轻易就被名不见经传的慕容农杀死，这让附近郡县人心骚动。

翟斌听说慕容垂起兵，也来投奔，在他的带动下，不少部族都来归附。慕容垂实力得到壮大，便正式起兵复燕，史称后燕。

燕王慕容垂考虑到洛阳地势容易四面受敌，就想攻取邺城据守，

---

① 意思是观察事物非常清楚，好像看火一样。
② 治所在今河北肥乡东北。

于是率兵东进。抵达邺城后，他下令架设云梯、开挖地道，准备夺城。

苻丕派使者大骂慕容垂："当年要不是秦国收留你，你都不知道死了多少遍。你这个恩将仇报的小人，我一定要亲手宰了你！"

左右都劝慕容垂杀了那名使者，慕容垂却淡淡地说："各为其主罢了！"命人将他放了。

但是，使者的话使慕容垂深受触动，夜里他辗转难眠，就坐起来写了一封信给苻坚："大王您待我恩重如山，我永生难忘。然而您的部属几次三番想谋害我，自从与您分别后，我遭受了种种不公正的待遇，真是一言难尽。现在我决心恢复燕国大业，和秦国结为友邦。我本想劝您的儿子苻丕主动撤回长安，把邺城还给我，可是他执迷不悟，我只能强行攻城了。战场上刀剑不长眼睛，如果不小心伤到他，我只能说声对不住了。"

苻坚这才追悔莫及，恨自己不听王猛的劝，早点儿除了慕容垂。他回信说："淝水之败，是我失德所致。北归时，你鞍前马后，忠心耿耿，我很感激。不料你竟然在这个时候叛乱，真是令人痛心啊！你已经六十岁了，却还要起兵，只怕将来失败时，你这颗长着白头发白胡子的脑袋悬挂在城门上，人们都要指着它痛骂啊！"

慕容垂没有回信，下令继续攻城。苻丕派人向晋阳守将张蚝、王腾求救，可是晋阳兵力不足，他们无法前来。苻丕又向东晋求助，可是晋将刘牢之的援兵被慕容垂打得落花流水。邺城孤立无援。

与此同时，原前燕国主慕容暐的弟弟慕容泓与慕容冲也召集鲜卑人起兵，建立西燕政权。苻坚命儿子苻睿与龙骧将军姚苌去征讨。结果，苻睿不听姚苌的劝阻，孤军深入，战败而死。姚苌十分害怕，派了两名将领到长安谢罪。一向仁厚的苻坚变得褊狭，不由分说地杀了这二人。姚苌更加恐惧，逃到渭北，在天水人尹纬的谋划下，

煽动五万多羌人叛变，自立为万年秦王，史称后秦。

慕容泓战胜苻睿之后，信心大增，索性纠集十多万人马围攻长安。他还派使者对苻坚说："慕容垂已经平定了关东，你识相的话就准备好车驾，把我的皇帝哥哥慕容暐送回来，以后我们两国还能以虎牢为界，和平共处。"

苻坚大怒，把慕容暐找去臭骂了一通："慕容泓把话说到这个份上了，你想走，我随时可以提供便利。你们慕容家的人，都是人面兽心！"

慕容暐不住地叩头谢罪，叩得额头鲜血直淌。苻坚的心又软了，说："这事也不能怪你，都是慕容垂、慕容泓、慕容冲那几个家伙干的。"他像从前一样对待慕容暐。

然而，慕容暐却起了杀心，他邀请苻坚参加他儿子的婚宴，试图在宴席上暗杀苻坚。偏巧那天下大雨，苻坚没去，事情却泄露了。苻坚瞋目切齿，指着慕容暐的鼻子痛骂："我待你还不够好吗？你竟然这样'报答'我！"一怒之下，他杀了慕容暐，又把城中所有鲜卑人，不分男女老幼，一律诛杀。

慕容冲悲愤至极，发动大军围困长安，并一次次地发起暴风骤雨般的攻击。苻坚身披甲胄，亲自督战，却被飞来的乱箭射得遍体鳞伤。

渐渐地，长安城中缺衣少食，一度出现人吃人的惨象。苻坚拿出私人财物，设宴犒劳将要上阵打仗的将士。他们每人分到几块肉，却都含在嘴里舍不得咽下，回到家后就将肉吐出来，喂给妻儿。许多地方守将冒着危险送粮救助苻坚，却大多被西燕军拦截杀掉。

由于关中的氐族人被大量迁出，苻坚召集不到可用之兵，就对太子苻宏说："陇地是我们氐人的根本，我先去那里筹集粮草，再召集各路兵马来救援。你守住长安，等我回来！"谁知苻坚刚走，长安城就陷落了，苻宏辗转投奔了东晋。慕容冲进城后，烧杀抢掠，十分残暴。

姚苌打探到苻坚的行踪，派人守在五将山①，将他活捉。姚苌逼苻坚交出传国印玺，遭到苻坚痛斥："小小羌贼胆敢威逼天子，五胡里面就没有你羌族的名称。传国印玺已经送到晋朝，你休想得到！"

姚苌不甘心，又派尹纬劝苻坚把天王位禅让给他。苻坚冷笑着说："禅让是发生在圣贤身上的事情，姚苌是恩将仇报的贼，怎么配呢？"他多次痛骂姚苌，以求速死。姚苌从苻坚那里得不到什么，就将他吊死在一座佛寺里。

前秦建元二十一年（公元385年），苻丕逃出邺城，在晋阳即前秦帝位。第二年，代王的孙子拓跋珪继位，自称魏王。淝水之战前奉命攻打西域的秦将吕光胜利归来，他得知苻坚的死讯后，便夺取凉州，建立后凉。鲜卑乞伏部首领乞伏国仁吞并附近各部落，建立西秦。中国北方重新陷入分裂。

① 在今陕西岐山东北。

成语说
资治通鉴

凌霄之志

原文为"陵霄之志"。陵，古同"凌"，在上、超越之意；霄，云。形容远大的志向。也作"凌云之志"。

造　句：	在开学典礼上，校长说："希望同学们从小立下凌霄之志，在校勤奋学习，长大后成为国家的栋梁之材。"
近义词：	壮志凌云、雄心壮志
反义词：	万念俱灰、心灰意冷

---

① 这个故事的原文里还有成语"人面兽心"（形容人的品行极其恶劣）。

〖 富于春秋 〗

《资治通鉴·晋纪三十》

　　拓跋珪沉勇有谋，幼历艰难，兵精马强，未易轻也。皇太子富于春秋，志果气锐，今委之专任，必小魏而易之，万一不如所欲，伤威毁重，愿陛下深图之。

译　文

　　何况拓跋珪有勇有谋，从小就历经艰难，意志顽强，现在又兵强马壮，陛下不应该轻视他。太子年轻气壮，意志果断，势头正盛，可是现在把伐魏的重任交给他，他一定会轻视魏国而简单地对付他们。万一结果不是我们希望的那样，太子的威望就会受损，同时又坏了大事。请陛下再仔细想想！

参合陂的哭声

当初，前秦消灭代国之后，将其一分为二，黄河以东划给独孤部首领刘库仁，黄河以西则分给了铁弗部的首领刘卫辰。代王拓跋什翼犍的孙子拓跋珪年纪还小，就随母亲贺氏从贺兰部①迁往独孤部。

刘库仁并没有因为代国灭亡、自己做了前秦的官员而变节，他尽心尽力地照料贺氏母子，还经常对自己的儿子们说："拓跋珪这孩子志向远大，将来一定会有出息，你们要好好待他。"

可惜好景不长，刘库仁在救援困守邺城的苻丕时，被叛乱的部将杀死，职位由他的弟弟刘头眷担任。刘库仁的儿子刘显不服，就杀掉刘头眷自立，又打算对拓跋珪下毒手。贺氏听说后，置办了一桌酒菜，热情地邀请刘显来喝酒，等他醉得不省人事，就让拓跋珪骑马逃走。

第二天早晨，贺氏故意惊动马厩中的马匹，然后自己哭得呼天抢地。刘显被吵醒后，惊讶地问："怎么回事啊？"

贺氏抹了一把眼泪，上前揪着他的衣服，高声质问："我儿子昨晚还在这里，现在找不到了，你们到底是谁杀了他？"

刘显完全不记得前一天晚上发生的事情，经贺氏这么一闹，他还以为自己真的趁醉将拓跋珪杀了，就没有派人去找。

---

① 中国古代部族，原依附于匈奴，在拓跋部兴起时，与拓跋部有姻亲关系。

拓跋珪顺利逃到贺兰部，投靠了舅舅贺讷。后来，刘显的部落发生内乱，贺氏趁机前来与儿子团聚。在贺氏的悉心呵护下，拓跋珪渐渐长大。

公元386年，十六岁的拓跋珪在贺兰部的支持下，召开部落大会，宣布即代王位，后又自称魏王，将都城迁往代国原来的国都盛乐①，史称北魏。拓跋珪即北魏道武帝。

北魏立国之初，强敌环伺，国内变乱不断，拓跋珪只得向后燕称臣。此后数年间，北魏在慕容垂的支持下，先后击败邻近的高车、柔然、铁弗等部落，实力大增。

渐渐地，拓跋珪的野心膨胀，有了灭掉后燕、统一北方的打算，便派堂兄拓跋仪出使后燕，探听虚实。

拓跋仪回来后，对拓跋珪说："慕容垂已经老了，朝政都交给太子慕容宝打理。慕容宝没什么才能，和范阳王慕容德的关系又很紧张。将来慕容垂一死，燕国肯定会发生内斗，到那时我们再攻打他们。现在姑且再等等。"拓跋珪便按下野心，与后燕继续保持友好往来。

过了几年，拓跋珪又派弟弟拓跋觚（gū）出使后燕，慕容宝相当傲慢，嫌这次进贡的东西太少，要求北魏再送些骏马过来。拓跋珪不答应，慕容宝就扣留了拓跋觚。拓跋珪立即与后燕断绝交往，还派使者联络西燕国主慕容永②，约定一起对付后燕。

慕容垂被激怒了，不顾年老体衰，亲自出兵消灭了西燕，斩杀慕容永，基本上收复了前燕最强盛时的国土，成为北方第一强国。至此，整个华北地区，只剩下北魏与后燕对峙。慕容垂想乘势进攻北魏，就召集大臣们商议。

---

① 在今内蒙古和林格尔西北。
② 慕容永是前燕皇室旁支，跟随慕容冲建立西燕。后来西燕内斗，皇位最终落到慕容永手中。西燕与后燕争夺正统地位，因此结下深仇。

　　大臣高湖劝谏道："魏、燕世代通婚，他们国内有难时，我们总是伸出援手，助他们渡过难关。我们对他们的恩德深厚，双方结好已久。虽然发生过向他们要良马被拒绝、扣留拓跋觚的事情，但错在我们。我们怎么能够突然向他们发兵呢？何况拓跋珪从小吃苦，有勇有谋，现在又兵强马壮，陛下不应该轻视他。太子固然富有春秋，势头正盛，可是微臣担心他轻敌好胜，坏了大事！"慕容垂觉得这些话很刺耳，一气之下撤了他的职。

　　后燕建兴十年（公元 395 年），慕容垂派太子慕容宝、辽西王慕容农、赵王慕容麟统领八万人马，从五原^①出发讨伐北魏。范阳王慕容德、陈留王慕容绍另外带领步骑兵一万八千人作为后继部队。

　　北魏长史张衮闻讯，向拓跋珪献计："慕容垂被消灭慕容永的胜利冲昏了头脑，对我们有了轻视之心，所以发动全国的兵力来攻打我们。我们不妨假装疲弱不堪，助长他们骄纵的气焰，到时候一举攻克他们。"拓跋珪采纳了他的意见，把所有的牲畜、物资迁到千里之外，然后在黄河南岸严阵以待。

　　慕容宝一路上没遇到什么抵抗，顺利收降了三万多户北魏的百姓。他得意扬扬地下令建造船只，准备渡河。结果，到了进攻的这天，突然狂风大作，后燕的几十艘战船被刮到黄河南岸，船上三百多名全副武装的士兵，只能束手就擒。奇怪的是，拓跋珪把他们都放了回来，慕容宝正要开口训斥他们，河对面突然传来后燕信使的喊声："太子，您父亲已经病死了，您为什么还不早点儿回去？"

　　原来，燕军出发时，慕容垂正在生病，便安排信使往返都城和前线，传递消息。拓跋珪得知后，暗中派人守在路上，只要有后燕的信使经过，就全都抓起来。慕容宝几个月都没有收到慕容垂的信，

────────────

① 今属内蒙古。

本就焦躁不安，这会儿听说父亲病逝，立即恐惧万分。后燕将士也惊骇不安。

随军的术士靳安就劝慕容宝："刚才我观察天象，发现天时不利，我们一定会大败，还是赶紧撤军吧。"可慕容宝不甘心就这么回去。靳安便退出营帐，哀叹道："看来这次我们要死在这荒凉的原野上了！"

于是，两军又相持了二十多天。天气渐渐冷了，后燕将士衣着单薄，偏偏这时军中又出了乱子，慕容麟的将领看不惯慕容宝，又以为慕容垂真的死了，打算起兵拥立慕容麟。事情泄漏后，参与此事的将领全被处死。慕容麟虽然没有参与，但慕容宝对他产生了怀疑。

经此折腾，慕容宝无心再战，他也担心父亲死后朝中生乱，就下令焚烧战船，撤退回国。这时黄河还没有冰冻，慕容宝觉得魏军无法渡河追击，就没有派出侦察部队。

谁知，燕军刚撤走，黄河上空就狂风大作，气温跌至冰点，河面很快封冻。拓跋珪大喜，率领两万精锐骑兵踏冰过河，追击慕容宝。

慕容宝的大军走了八天，撤到参合陂[①]时，忽然大风肆虐，飞沙走石，一大片黑气从将士们身后压了上来，瞬间把他们团团裹住。随军的高僧支昙猛不安地对慕容宝说："风云突变，这是魏军就要追到的征兆，应该派兵抵抗。"

慕容宝笑道："我们走了这么多天了，魏军怎么追得上？吹一阵黑风而已，你怎么吓成这样？"

支昙猛苦苦劝说，慕容宝就是不听。慕容麟见状，怒斥道："以

---

① 今内蒙古凉城东北岱海。

太子的英明神勇，加上强大的军队，足以横行大漠。拓跋珪的残兵弱马怎么敢跑这么远来追击我们？你胡说八道，扰乱军心，应该斩首示众！"

支昙猛哭着说："当初秦王苻坚拥有百万雄师，却在淝水惨遭失败，不正是由于骄傲轻敌、不相信天意吗？"

慕容德就劝慕容宝："还是听支昙猛的，做好防备吧。"

慕容宝这才不情愿地让慕容麟率领三万骑兵殿后，以防万一。然而，慕容麟根本不设哨兵，还到处游猎。慕容宝又派了一支骑兵打探北魏军的动静，这些骑兵只走出十几里地，便卸甲解鞍，倒在地上呼呼大睡，睡醒了回来报告说："没有追兵。"慕容宝于是放下心来，让燕军驻扎在参合陂东边的河岸上。

这天黄昏时分，日夜兼程的北魏大军追到参合陂西边。拓跋珪连夜部署，命令士兵咬着木棍，扎紧马口，神不知鬼不觉地接近燕军。

次日清晨，太阳刚刚升起，燕兵们伸着懒腰，准备起床，却发现北魏骑兵密密麻麻地站满了山头，顿时慌作一团。只见拓跋珪令旗一挥，北魏骑兵以排山倒海之势呼啸而下。燕兵仓皇逃窜中，被人撞，遭马踩，死伤无数。慕容宝见势不妙，单人骑马逃跑。

拓跋珪为了博取人心，打算将俘虏中有才能的人留下，其余的全都放回后燕。大臣王建劝道："燕国国势强大，人口众多，这次倾全国之力前来攻打，我们不过侥幸获胜。不如把俘虏全部杀死，将来我们再消灭他们就容易了。"拓跋珪便将全部俘虏活埋了。

慕容宝逃回国，才知道慕容垂还活着，他羞愧万分，就请求再次征讨北魏。慕容垂决定亲自讨伐北魏。第二年，他率领大军秘密出发，一路翻山越岭，出其不意地攻破北魏的平城。平城守将拓跋虔战死，手下人马全被慕容垂收编。其他部落首领听说后，都对北魏产生了叛离之心。拓跋珪惊惧之下，打算逃跑。

慕容垂乘着胜利的威势继续推进，路过参合陂的时候，看到后燕将士的尸骸堆积如山，就摆下香案祭奠。燕军将士都失声痛哭，哭声久久飘荡在山谷中。慕容垂惭愧、愤怒、悲伤、懊恼，各种情绪一齐涌上心头，他踉跄了几步，"哇"地吐出一大口鲜血。从这天起，慕容垂就一病不起，燕军只好撤回。拓跋珪这才解了围。

在回国的路上，慕容垂的人生走到了尽头。随着他的去世，曾经强大的后燕也轰然倒塌。慕容宝即位后，法令苛严，内乱不断，将领冯跋发动政变，取代后燕，建立北燕，范阳王慕容德则率领部众向东，以广固为都城，建立了南燕。

成语说
资治通鉴

富于春秋

指年少，年轻。

造　句：	新皇帝正值盛年，富于春秋，不太可能现在就考虑身后事。
近义词：	年富力强、年轻有为
反义词：	风烛残年、老态龙钟

〖 黍离之悲 〗

《资治通鉴·晋纪三十》

　　王恭入赴出陵，每正色直言，道子深惮之。恭罢朝，叹曰："榱（cuī）栋虽新，便有黍（shǔ）离之叹！"绪说国宝，因恭入朝，劝相王伏兵杀之，国宝不许。

译　文

　　王恭回来参加孝武帝的葬礼，态度严肃，说话耿直，让相王司马道子很忌惮。王恭退朝后，叹道："房屋的梁椽（chuán）虽然是新的，我却有了国家将亡的悲叹！"王绪向王国宝建议说，趁王恭上朝，让相王设下伏兵杀死他，王国宝没有答应。

王国宝小人得志

　　晋军在淝水之战中以少胜多，使国家转危为安，军事总指挥谢安的声名更加显赫，他乘势组织兵马北伐，收复了黄河以南的不少失地。不料，这反而为谢安惹来麻烦。而这个麻烦，跟谢安的女婿王国宝脱不了干系。

　　王国宝是辅政大臣王坦之的儿子，也是谢安的女婿，这样的家世地位，在东晋屈指可数。可惜，王国宝品行不端，谢安看他不顺眼，就只让他做了一名尚书郎。王国宝嫌官小，不肯去任职，希望另攀高枝往上爬。

　　当时，京城最有权势的人是孝武帝司马曜的同母弟弟、会稽王司马道子，官员们都削尖了脑袋巴结、投靠他，王国宝也动起了这个心思。

　　王国宝的表妹是司马道子的妃子，替王国宝说了不少好话，再加上王国宝本人又擅长阿谀奉承，渐渐地，他就成了司马道子的心腹。

　　为了报复谢安，王国宝经常在司马道子面前说谢安的坏话，还让司马道子挑拨谢安与孝武帝的关系。司马道子与孝武帝都嗜酒如命，经常在一起饮酒作乐，司马道子就趁机诋毁谢安，说他可能是第二个王莽。朝中一些巴结司马道子的人，也跟着说谢安的不好。孝武帝就开始猜忌、疏远谢安。

　　东晋太元十年（公元 385 年），谢安以大局为重，主动交出朝权，请求出镇广陵。四个月后，谢安患病回京，上书辞去职务，没几天就去世了。

孝武帝就把朝政大权完全交给了司马道子。可是，司马道子是一个离开酒就活不下去的人，他每天最重要的事情就是与孝武帝一起高歌痛饮，压根没心思打理朝政。这样一来，朝政混乱，法令不明，官吏的任用没有标准，设置的官职又杂又滥，冤假错案自然就跟着少不了。孝武帝还迷信佛教，花了大把的钱在上面，他宠信的三姑六婆、和尚、尼姑们争权夺利，公开行贿受贿。尚书令陆纳经常远远地望着皇宫，叹息道："好好的一个国家，小孩子要把它折腾坏了呀！"

司马道子可听不见这种良言，因为他身边有的是阿谀奉承的人，其中数王国宝最诣媚。这天，王国宝准备了一份奏章，内容是请求朝廷擢升司马道子为丞相，赐予皇帝专用的铜斧，并加以特别尊崇的礼节。递交前，他让朝中重臣挨个儿签名。大家忌惮司马道子，不敢不签。最后，这份奏章到了护军将军车胤①面前。

车胤性格刚正不阿，不齿于王国宝这种奉迎拍马的做法，就推开奏章，说："这是幼年的周成王尊敬他叔父周公的做法。当今皇上正当壮年，岂是成王可比？会稽王也不是周公，声望与事实不符。这份奏书，我没办法签字。"他还将此事禀告了孝武帝。

孝武帝得知这是王国宝的主意，就打心眼里讨厌他。中书侍郎范宁也十分厌恶王国宝，就劝孝武帝贬黜他。

王国宝很害怕，托人向孝武帝说情。没想到孝武帝大发雷霆，把说情的人杀了。王国宝更害怕了，就和司马道子一起诬陷范宁，将他赶出了京城。

---

① 车胤小时候干过一件让人称道的事情。当时他因为家里穷，没有钱买灯油，就用口袋将许多萤火虫收集起来，利用萤火虫发出的光照亮书本。后人称为"囊萤夜读"。

　　长舒了一口气的王国宝意识到最大的靠山不是司马道子，而是孝武帝，于是他开始疏远司马道子，转而使出浑身解数讨好孝武帝。孝武帝这才高兴起来，渐渐地宠信王国宝。司马道子怒不可遏，在一次朝会上，当众痛斥王国宝："瞧你那摇尾乞怜的样子，就像一条狗！"说着拔出佩剑朝他扔去。幸亏王国宝躲得快，才没被刺中。自此，王国宝与司马道子彻底翻脸了。

　　不过，司马道子仗着太后的宠爱，一如既往地放纵专横。每次陪孝武帝喝酒，他都醉得东倒西歪，有时竟然不注意君臣礼节，搞得孝武帝对他意见越来越大。

　　为了制约司马道子，孝武帝打算选拔几位名士到地方担任要职，就问太子的老师王雅："你觉得王恭、殷仲堪这两人怎么样？"

　　王雅说："王恭出身高贵，端庄严肃，殷仲堪则言行谨慎、文采出众。可是，他们缺乏干大事的谋略，又都心胸狭窄，自以为是。如果让他们独当一面，天下太平时，他们肯定能尽忠职守，可一旦有事，他们就会成为祸乱的根源！"

　　孝武帝没有听进他的话，还是任命王恭为青、兖两州刺史，镇守京口①，殷仲堪则被越级提拔为荆州刺史。司马道子不甘示弱，也在朝中培植了不少亲信同党，朝廷拉帮结派之风从此盛行。

　　司马道子有两个亲信，一个叫赵牙，原是一名戏子，另一个叫茹千秋，本是地方上的小吏，他们都依靠贿赂诌媚，得到司马道子的提拔。赵牙为司马道子建了一座豪宅，里面假山重叠，流水环绕。有一次，孝武帝去司马道子府中，忍不住说："你的住宅比皇宫还富丽堂皇，太过了吧！"说完不高兴地走了。司马道子吓了一跳，对赵牙说："如果皇上知道这宅子是你建的，你就死定了！"赵牙笑嘻嘻

---

① 今江苏镇江市。

地说："有您在，我怎么会死呢？"茹千秋则仗着司马道子，出卖官职、爵位，捞了上亿的好处费。有人向朝廷举报了这两人，孝武帝就更加讨厌司马道子了，只是迫于太后的压力，才没有废黜他。

孝武帝想进一步制约司马道子，就任用才名出众的王珣（xún）为尚书令。当晚，王珣梦见一位神仙给了他一支很大的笔，仅笔杆就有屋椽那么粗。醒来后，他对人说："一定会有大手笔的事发生。"

事情果然被王珣言中。孝武帝喝醉了喜欢开玩笑，这天，他醉醺醺地调戏宠妃张贵人："啊呀，你今年已经三十岁了，按道理应该废黜了，我喜欢年轻的美人。"张贵人既愤怒又害怕，就趁孝武帝睡着用被子把他闷死了，然后她收买左右侍从，对外声称："皇上在睡梦中受了惊吓，突然驾崩了。"

王国宝得到消息，连夜去敲皇宫的大门，打算进去撰写遗诏。王恭的哥哥、侍中王爽拦住他，厉声道："皇上刚驾崩，太子还没有赶到呢，你算老几？胆敢闯入者，格杀勿论！"王国宝吓了一跳，只好回家。

司马道子也不追究孝武帝的死因，只是安排王珣写哀册之类的文件。

东晋太元二十一年（公元 396 年），太子司马德宗即位，他就是晋安帝。安帝是个傻子，情况比当年的惠帝司马衷还要糟糕，他不会说话，吃饭、睡觉、穿衣也不能自理，朝政完全落到司马道子手中，人称"相王"。

王国宝见风使舵，又重新投靠司马道子。也不知道他用了什么办法，竟然再次迷惑了司马道子，成为其心腹，连他的堂弟王绪也跟着飞黄腾达。司马道子把朝中要事交给王国宝等人处理，自己继续沉迷在酒池肉林之中。

这天，王恭从京口回京参加国丧，听说了王国宝干的那些败坏

朝政的事，就很严肃地劝司马道子说："你要远离王国宝这种小人。"司马道子忌惮王恭，不敢接话。退朝后，王恭对左右的人叹道："房屋的梁椽虽然是新的，我却感受到了黍离之悲！"

王国宝得知后，就去找王绪商量对付王恭的办法。王绪说："明天王恭上朝时，让相王布下伏兵杀了他。"

"啊？怎么能诛杀国舅^①！"王国宝没有那个胆，就让司马道子想办法。

司马道子也想缓和跟王恭的关系，让朝廷内外团结一致，就对他推心置腹，真心相待。但是王恭不买账，每次谈到朝政，总是声色俱厉，司马道子恼羞成怒，暗暗对他起了杀心。

王恭也有所察觉，想利用拜谒皇陵的机会，动用军队诛杀王国宝，但又顾虑王国宝的死党、豫州刺史庾楷^②兵力强大，所以犹豫不决。

王珣知道后，就劝王恭说："不能这么干！毕竟王国宝没有犯下滔天大罪，你如果贸然杀了他，天下人会怎么说你？况且，你手握强兵，在京城动手，指不定人家说你叛乱呢！还是静观其变，顺应民心吧。"王恭就按兵不动。

孝武帝的葬礼结束后，王恭准备返回京口。临走前，他再次规劝司马道子："皇上还在守丧期内，相国您身上的担子更加繁重，希望您亲自料理军政要务，尽量放弃那些荒唐的爱好，远离奸佞小人。"司马道子听得脸上火辣辣的。

---

① 王恭是孝武帝皇后的哥哥。
② 庾亮的孙子。

原文为"黍离之叹"。黍，北方的一种农作物，形状类似小米；离，草木茂盛的样子；悲，怜悯。指对国家残破，今非昔比的哀叹。

造　句：	南唐后主李煜（yù）从小长在
	深宫，锦衣玉食，不知人间愁
	苦，等到被北宋灭国，他才深
	刻地体会到什么是亡国之痛，
	什么是黍离之悲。
近义词：	黍离麦秀

---

① 这个故事的原文里还有成语"正色直言"（态度严肃，语言正直，使人望而生畏）、"大笔如椽"（椽，放在檩子上架着屋顶的木条。像椽子那样大的笔。形容著名的文章。也指有名的作家）。

〖 郁郁不得志 〗

《资治通鉴·晋纪三十》

后出补义兴太守，郁郁不得志，叹曰："父为九州伯，儿为五湖长！"遂弃官归国，上疏自讼曰："先臣勤王匡复之勋，朝廷遗之，臣不复计。至于先帝龙飞，陛下继明，请问谈者，谁之由邪？"

译 文

后来，桓玄补任义兴太守，还是觉得怀才不遇而闷闷不乐，便叹息道："我的父亲曾是九州的盟主，而他的儿子只不过是五湖的小头目！"于是弃官回到封地。临行前，他呈上一道奏章，为自己申辩："我父亲辅佐晋室、平定祸乱的功劳，朝廷把它遗忘了，我不再计较。但是，先帝登上御座，陛下得以继承大统，请问一问那些谈论的人，这些是靠谁得来的呀？"

桓玄不当五湖长

王恭总算走了！王国宝长出了一口气，变本加厉地营私结党、收受贿赂。不过，每当想到手握强兵的王恭和殷仲堪，他都坐卧不安，便劝司马道子说："王、殷二人的兵权太大，您要稍稍控制他们。"

偏巧王恭正大规模地训练军队，准备北伐，司马道子怀疑他想作乱，下诏说："大夏天的，出兵会妨碍农业生产，还是以后再说吧。"

于是，朝廷内外流言四起，人心浮动。王恭知道是王国宝在背后使坏，就派了一名信使去见荆州刺史殷仲堪，想联合他一起讨伐王国宝。殷仲堪拿不定主意，就吩咐说："快去请桓玄来商量大事。"

桓玄是桓温的儿子，一向觉得自己家世显赫、才华超群，然而因为桓温晚年有篡位的迹象，朝廷对桓氏族人一直心存猜忌，不肯重用他。为此，桓玄曾经去拜见司马道子，希望得到重用。

当时司马道子喝得醉醺醺的，他努力睁开醉眼，当着桓玄的面对众人说："桓温当年想做国贼，你们说怎么样呀？"

桓玄吓得汗流浃背，跪地不起。后来，朝廷让桓玄当义兴① 太守。桓玄登高眺望太湖，感到郁郁不得志，叹息道："我的父亲曾是九州的盟主，而他的儿子只不过当五湖② 的小头目！"于是弃官回到

---

① 治所在今江苏宜兴市。辖境相当于今江苏宜兴、溧阳等地。当时属扬州。
② 这里指太湖。

封地南郡。

临行前，他上了一道奏章为自己申辩："我父亲辅佐皇室，平定蜀汉，收复洛阳，这些功绩朝廷都忘了，我也不再计较。但是，先帝登上御座，陛下得以继承大统，请问那些谈论的人，这些是靠谁得来的呢？"收到奏章的大臣吓坏了，不敢上报。

南郡是荆州的治所，桓玄的叔父桓冲曾经长期镇守荆州，在当地很有威望，桓玄便借此横行荆州。殷仲堪出镇荆州后，十分忌惮桓玄。当地的官员、百姓害怕桓玄，强过害怕殷仲堪。

有一次，殷仲堪在公堂里处理事务，桓玄骑着马在外面嬉笑打闹，还挥舞着手中的长矛，假装向殷仲堪刺过来。殷仲堪的部将刘迈见了，严肃地说："战马和长矛的确很有威力，但您这样做太过分了吧。"桓玄悻悻地走了。

殷仲堪就责怪刘迈："你疯了吗？要是桓玄半夜派刺客杀你，我怎么救得了你呢？你赶紧逃吧！"当晚，桓玄果然派人追杀刘迈。幸好刘迈跑得及时，才保住一条小命。桓玄也没再追究，因为他打算利用殷仲堪的兵力做一番事业，不想因为一个刘迈和殷仲堪翻脸。

所以，殷仲堪的使者去了没多久，桓玄就来了。他看完王恭的信，对殷仲堪说："王国宝早就想除掉你们了。现在他手握朝政大权，更可以为所欲为了。王恭是国舅，王国宝还不敢拿他怎么样，但你是先帝越级提拔起来的，很多人对你不服，如果王国宝想除掉你，你怎么办呢？"

这正是殷仲堪所担心的，他皱着眉头问："那你认为该怎么办呢？"

桓玄胸有成竹地说："王恭为人刚直，疾恶如仇，你应该与他联合，东西两边同时起兵，清除君王身边的恶人。我虽然没什么才能，但也愿意率领荆、楚两州的英雄好汉，为你打头阵。"

殷仲堪就给王恭回信，约定联合出兵的日期。王恭非常高兴，立即向朝廷上了一份奏章，揭发王国宝的罪状，并同时发兵，进京讨伐他。

司马道子收到王恭的奏章，十分吃惊，问王国宝："王、殷二人要举兵反叛，你知道这事吗？"王国宝推脱道："朝廷政务我都不曾参与，他们叛乱的事，我又怎会知道呢！"

辞别司马道子，王国宝派了几百人去竹里①守卫，偏偏遇上天降大雨，那些人都跑了。王国宝慌得六神无主，赶紧叫来王绪出主意。

王绪说："您可以假借相王的命令，召集王珣、车胤这两名有威望的大臣前来，杀掉他们立威，逼朝廷出兵讨伐王、殷二人。"

可是，王珣、车胤都是一身正气的名士，把他们骗来后，王国宝又不敢动手，还恭恭敬敬地向他们请教："我应当怎么来破解当前这个危局呀？"

王珣不紧不慢地说："王恭、殷仲堪与您并没有深仇大恨，他们所争的不过是一些权势与利益罢了。"

王国宝小心翼翼地问："莫非他们把我当成曹爽②？"

王珣淡淡地说："您哪有曹爽那么重的罪过，王恭又哪是司马懿那样的人呢？"

王国宝转而问车胤："我该怎么办呀？"

车胤竭力克制住自己的厌恶之情，说："如果朝廷派兵去攻京口，王恭一定会坚守。倘若京口还没有攻下，长江上游的殷仲堪又杀来了，您准备怎样对付呢？"

听他这么一说，王国宝彻底绝望了，便上了一道奏章，说："臣

---

① 在今江苏句容市北。东晋南朝时，为京口、建康的重要通道。
② 曹魏重臣，因为擅权，被司马懿诛灭。

请求解除一切官职，等待朝廷定罪。"奏章刚送上去，他就后悔了，又谎称安帝已经下诏恢复他的官职。

司马道子见事情闹大了，不想引火烧身，就把一切罪过都推到王国宝身上，派谯王司马尚之逮捕他。安帝下诏让王国宝自杀，又斩杀了王绪。王恭也见好就收，领兵返回京口。

殷仲堪虽然口头上答应王恭一起声讨王国宝，但是因为亲信江绩等人坚决反对，就犹豫着没有发兵。王国宝死后，他才上疏朝廷，发动军队。司马道子连忙写信阻止，殷仲堪便假模假样地回师荆州。

王恭本就仗着家族地位、才情品德，对同僚不大瞧得上眼，逼杀王国宝后，他变得更加骄狂，认为大臣们都不敢违背自己的意思。司马道子表面上尊崇王恭，心中却对他深恶痛绝，长子司马元显就提醒道："王恭、殷仲堪将来一定会成为祸患，要早作防备。"

司马道子觉得这孩子有见识，便任命他为征虏将军，把自己的卫队以及徐州的军政事务全交给了他。随后，司马道子与司马尚之、司马休之兄弟谋划，派王国宝的哥哥王愉任江州刺史，并分了豫州的四个郡给他管理，以巩固自己的势力。

这可就把豫州刺史庾楷惹火了，他向朝廷申辩。结果，朝廷不理，他就让人游说王恭一起讨伐司马尚之等人。王恭也怕自己的兵权被裁，便约殷仲堪一起行动。在桓玄的反复劝说下，殷仲堪最终决定响应起兵，并推举王恭为盟主。

朝廷听到风声，就到处设立关卡，加强戒备，导致各州之间交通阻塞。临近发兵时，殷仲堪托庾楷捎了一封信给王恭。信暗藏在箭杆里，王恭拔掉箭头，小心翼翼地从里面取出一幅绢绸，绢上密密麻麻写满了字。由于绢绸是斜纹织的，角上有些抽丝，好几个字模糊得无法辨认。王恭心中不免犯起了嘀咕："这封信会不会是庾楷伪造的？去年讨伐王国宝时，殷仲堪就没有按约发兵，说不定这次他还是这样。"所以庾楷一走，王恭就下令先行向建康进军。

司马刘牢之觉得这事有点儿不妥，就劝道："您是皇上的舅父，

司马道子是皇上的叔父，说起来都是一家人。上次司马道子杀了王国宝等人，又向您谢罪，对您的畏惧之心是有目共睹的。这次他把庾楷的辖地分给王愉，对您又有什么损害？您怎么能一次又一次起兵呢？"

王恭不屑地说："这些事情你不懂！你先下去，到时候给我好好打仗就行！"

刘牢之一向对自己的才能很自负，王恭的态度让他感到极大的羞辱。回到家，他把几个好朋友请来喝酒，愤愤地对他们说："我为王恭鞍前马后，却被他当成一介武夫使唤！"

司马元显听说此事，悄悄派心腹高素去游说刘牢之："王恭那样对你，你为什么还要替他卖命？"刘牢之没有吭声。高素又拿出司马道子写给刘牢之的信，许诺事成之后把王恭的职位、封号全部转授给他。刘牢之决定背叛王恭。

王恭的参军何澹之听到风声，就提醒王恭要提防刘牢之。王恭却因为何澹之历来与刘牢之有矛盾，没有相信他的话。不仅如此，大军出发前夜，王恭还备下酒席，宴请刘牢之等人。酒过三巡，他当众说："我要拜刘将军为我的义兄，将精锐部队与精良装备全部配给他，让帐下督颜延给他当前锋。刘将军你就加油干吧！"

第二天，刘牢之率军到了竹里，立即杀了颜延，向朝廷投降，并派儿子刘敬宣攻击王恭。当时王恭正在城外阅兵示威，毫无防备，被刘敬宣攻了个措手不及。王恭被活捉，送到建康斩首。临刑前，王恭从容地梳理着自己的胡须，神情自若地对监斩官说："我过于轻信刘牢之，才导致今天的结局。不过我的本意并不是要背叛朝廷啊，希望百世以后人们还记得有我王恭这个人。"

司马元显没有食言，让刘牢之接替了王恭的职位。紧接着，他又采用反间计，分化瓦解殷仲堪、桓玄与殷仲堪的得力干将杨佺期的同盟，导致三人大打出手。最终，桓玄消灭了殷、杨二人，吞并了他们的土地与军队。

桓玄很得意，却还不满足，又上疏朝廷，要求管辖江、荆二州。安帝下诏让他担任荆州刺史，管辖荆、司、雍、秦、梁、益、宁七州诸军事。桓玄再次上疏，坚持要求兼管江州。朝廷没办法，只好让他兼任江州刺史。桓玄得寸进尺，自作主张任命哥哥桓伟为雍州刺史、侄儿桓振为淮南太守，朝廷也不敢拒绝。自此，桓玄独霸荆楚之地。

郁 郁 不 得 志

　　郁郁，忧伤、愁闷的样子。因自己的抱负志向不能施展而忧郁苦闷。

造　句：林小强大学毕业，却在商场当了一名保安，因此常常郁郁不得志。	
近义词：怀才不遇、壮志难酬	
反义词：如愿以偿、天从人愿	

【 国破家亡 】

《资治通鉴·晋纪二十九》

　　卫辰少子勃勃亡奔薛干部，珪使人求之。薛干部帅太悉伏出勃勃以示使者曰："勃勃国破家亡，以穷归我，我宁与之俱亡，何忍执以与魏。"乃送勃勃于没弈干，没弈干以女妻之。

译　文

　　刘卫辰的小儿子刘勃勃逃到薛干部，拓跋珪知道后，派使者去索要。薛干部落的首领太悉伏把刘勃勃叫出来，对使者说："刘勃勃国家覆亡，家庭毁灭，无路可走才投奔我。我宁可和他一起死，也不忍心把他送给魏国！"太悉伏知道自己保护不了刘勃勃，就送他到后秦的权臣没弈干那里，没弈干就把女儿嫁给刘勃勃为妻。

拓跋珪兵围柴壁

　　前秦国主苻丕只当了两年皇帝，就兵败被杀，继位的是苻坚的族孙苻登。苻登时刻不忘替苻坚报仇，他设立了苻坚的牌位，放在一辆遮蔽得严严实实的车里，由三百名全副武装的士兵守卫。每当苻登想做一件事情，他一定要向苻坚的牌位汇报后再行动，就好像苻坚还活着一样。前秦将士受到鼓舞，都在头盔、铠甲上刻上"死""休"二字，表明与后秦死战的决心。苻登带着他们不停地追打后秦国主姚苌。姚苌总是能躲就躲，尽量不与他正面交锋。所以苻登虽然打了不少胜仗，却始终没有伤及姚苌的主力。

　　有一年，苻登前往新平取军粮，得知姚苌返回安定①，就让一万多前秦士兵围住他的军营，放声大哭。姚苌受不了，命后秦士兵用更响亮的哭声来回应他们。苻登一看哭不过他们，就暂时撤退，过一阵子又来侵扰。

　　姚苌不胜其烦，心想："苻登经常得胜，可能是得到苻坚的神灵护佑。"于是他也在军营中设置了苻坚的神像，并且祷告说："陛下，你的死不是我的错呀，当年在新平杀你，我只是执行我哥哥姚襄的遗命，他临终前嘱咐我要杀了你为他报仇。苻登只不过是您关系疏远的族孙，还一心想着为您复仇，我可是姚襄的亲弟弟，怎么敢不听从呢？今天我为您立这尊神像，希望您以后不要再追究我的

---

① 治所在今甘肃泾川北。

过错了。"

符登听说此事，就爬上军营中的指挥楼，向姚苌高喊："奸贼，你亲手杀死自己的君主，还有脸在这里立像求福！快滚出来，与我决一死战！"这么一喊，姚苌威风扫地，后秦的士气也变得低落，打起仗来还是输。姚苌觉得这招不管用，就把神像的头斩下来扔给了符登。

这以后，两军继续不断攻伐，谁也占不到谁的便宜。可是姚苌到底年纪大，被拖得筋疲力尽，又经常梦到苻坚的鬼魂来索命，就连病带吓，一命呜呼，他的儿子姚兴继了位。

符登闻讯，喜不自禁："姚兴这个黄口小儿，我折一根树枝就能将他打残。"他立即率兵攻打后秦。

姚兴可不是黄口小儿，他老早就参与政事，也有丰富的作战经验。面对强敌，他临危不乱，命辅政大臣尹纬率领兵马迎战。最终，两军在废桥[①]展开对决。尹纬抢先占据要塞，切断水源。前秦人马缺水，渴死了不少，符登想尽快结束战斗，便向尹纬发起一次又一次的进攻。尹纬见时机成熟，下令反攻。秦军招架不住，被打得丢盔弃甲，符登一人骑马逃进山林。姚兴闻报，亲自率军追击，终于抓住并杀死符登。前秦就此灭亡。

姚兴乘势向西推进，开始蚕食东晋的领土，并顺利攻下洛阳。淮河、汉水以北的地方势力纷纷归附后秦。接着，姚兴又消灭了吕光的后凉，逼降了南凉[②]、北凉[③]和西凉[④]，将势力推进到黄河以西。然而，就在他准备向东扩张时，却接二连三地受到北魏的攻击。

后秦和北魏之所以会结下梁子，源自一场失败的求亲。原来，

① 今陕西兴平市西北。
② 由吕光的部将、鲜卑族将领秃发乌孤建立。强盛时据有今甘肃西部和青海一部分。
③ 建康太守段业（后被匈奴贵族沮渠蒙逊取代）建立的政权。
④ 汉朝飞将军李广的后裔李暠（hào）建立的政权。因占据凉州西部，后世称为西凉。

拓跋珪见后秦日益强大，就派大臣贺狄干带着一千匹骏马出使后秦，求娶姚兴的女儿。姚兴得知拓跋珪已经册立慕容氏为皇后，就拒绝了他的请求，还扣留了贺狄干。拓跋珪很生气，出兵把臣服于后秦的黜弗、素古延等部落收拾了一遍。而最终促使后秦、北魏直接兵戎相见的，是一个叫刘勃勃的匈奴人。

刘勃勃是铁弗部首领刘卫辰的小儿子。铁弗部与北魏是世仇，当初，拓跋珪在后燕慕容垂的支持下，大败铁弗部。混乱中，刘卫辰被部将杀死，军队溃散。拓跋珪就诛杀了刘卫辰的家属、亲戚以及部将等五千多人，把他们的尸体扔进黄河。当时年仅十岁的刘勃勃死里逃生，投奔了薛干部落。

拓跋珪派使者前去要人。薛干部的首领太悉伏把刘勃勃叫出来，对使者说："刘勃勃国破家亡，走投无路才投奔我。我宁可和他一起死，也不忍心把他送给魏国！"拓跋珪大怒，率兵袭击了薛干部。太悉伏知道自己保护不了刘勃勃，便送他去了后秦。

刘勃勃成年后身材伟岸，仪表堂堂，又能言善辩，受到高平公没弈干的器重，还娶了他的女儿。姚兴也觉得刘勃勃是一个奇才，便任命他为安北将军，负责镇守朔方。

拓跋珪正愁没有理由再次攻打后秦，这下可要好好利用刘勃勃这条漏网之鱼！北魏天兴五年（公元402年），拓跋珪兵分两路攻打后秦：一路由拓跋遵率领，袭击没弈干的部队；另一路由贰尘率领，进犯河东郡。

拓跋遵的大军抵达高平，没弈干吓得带着刘勃勃弃城而逃。魏军就洗劫了没弈干留在城中的物资积蓄，获得四万多匹马、九万多头牲畜，还把当地百姓迁到北魏去居住。而贰尘将河东郡搅了个天翻地覆，直接威胁到后秦的都城——长安，以致关中地区的各个城池，即使大白天也城门紧闭。

姚兴非常愤怒，就调集各地的军队，让义阳公姚平带领四万步骑兵先出发，自己则亲率大部队紧跟其后。拓跋珪不甘示弱，在乾壁城①积蓄粮食，训练军队，准备抵御。

姚平指挥作战很有水平，他集中优势兵力，对乾壁城发起暴风骤雨般的袭击，苦战六十多天后，终于攻克乾壁，获得大量物资。姚平很兴奋，就召集将领，商讨下一步的作战方案。

这时，一名探子来报："魏将长孙肥带着八万骑兵杀过来了，拓跋珪也快到了。"姚平一惊，派出两百精兵去侦察魏军的动静。半天后，一名侦察兵上气不接下气地跑进来报告："拓跋珪来了，把我们的侦察兵都抓走了！"

姚平知道拓跋珪这次是来拼命的，心中不免有点儿发慌，就撤出乾壁城。哪知刚到汾河东岸的柴壁②，就给长孙肥追上，姚平被迫进入柴壁。

姚兴得到消息，带领部队赶去救援。一路上，他反复研究柴壁的地形图，打算一抵达柴壁就占据汾水西岸的天渡，先把粮草运进城。

拓跋珪召集众将商讨对策，有人建议道："兵法上说，把军队驻扎在地势高的地方，容易被敌人围困；驻扎在地势低洼的地方，容易被敌人囚禁。现在秦军同时犯了这两个错误，我们应该赶在姚兴之前，抢占天渡，那样就可以轻松拿下柴壁。"

拓跋珪连连点头，马上下令在柴壁四周修筑一重又一重的围墙，一方面防备姚平向外突围，一方面阻挠姚兴向内进攻。

这时，魏将安同提醒拓跋珪："汾水东岸有一个叫蒙坑的地方，东西绵延三百多里，四周没有道路与它相通。我认为姚兴抵达后，

---

① 在今山西襄汾北。
② 今山西襄汾西南、汾河东岸的柴庄。

会从汾水西岸进逼柴壁，到那时秦军内外呼应，威力极大，恐怕我们修筑的围墙无法阻挡他们。"

拓跋珪忙问："你有应对的办法吗？"

安同说："假如我们在汾水上搭建浮桥，让主力军渡河到西岸，在那里筑起围墙抗拒秦军的进攻，准保能赢。"

拓跋珪当即安排搭建浮桥，让魏军渡河扎营，以逸待劳。姚兴抵达离柴壁三百里的蒲坂^①后，由于畏惧北魏的强大兵力，拖延了很久才让军队向前推进。

几天后，秦军从汾河西岸逼近柴壁，结果在蒙坑遭遇守候多时的魏军。双方展开激烈的交战，秦军稍落下风，伤亡一千多人，被迫撤退四十多里，把主力驻扎在汾水西岸。拓跋珪则把部队分派到四周各个险要的关卡，日夜紧盯着姚兴的大军，不让他们接近柴壁城。

两军相持不下，困在柴壁城的姚平迟早会弹尽粮绝。姚兴很担忧，打算摧毁魏军的浮桥，于是命人找来一些树枝、木材，捆绑在一起，然后投入汾水，试图冲撞浮桥。北魏将士却拿出长钩，把它们捞起来，晾干后用来取暖、煮饭，末了还冲秦军高喊："谢谢你们的礼物，太实用了。"姚兴气得七窍生烟，又无计可施。

柴壁城内，姚平的处境越发艰难，粮草耗尽，箭矢用完，但他不敢出城交战，也一直不见姚兴的援军冲进来。眼看天气越来越冷，前秦将士根本没有御寒的衣服，他决心孤注一掷，便召集将领，对大家说："我们不能死守在这里，必须冲出去！"

当天晚上，姚平率领所有士卒从西南向外突围。姚兴也在汾水西岸摆开阵势，他让将士燃起烽火，擂动战鼓，齐声呼喊，以响应

———————————

① 在今山西永济市西南。

姚平。

姚兴听着柴壁城内传出的厮杀声，指望姚平能突围出来；而姚平听着城外鼓声喧天，指望姚兴能向魏军的包围圈发动进攻，接应自己出城。双方就这样叫喊呼应，却都不敢逼近魏军的重重包围。

姚平失望极了，只得强行突围，可是一连几次都被魏军阻挡。天快亮了，姚平却万念俱灰，他登上城楼，望了望汾河西岸姚兴的大军，晨曦之中，援军似乎近在咫尺，却又远在天涯。

折腾了一夜的前秦将士个个筋疲力尽，他们望着姚平，见他从城楼上下来，缓缓走向汾水。有人预感到什么，惊呼了一声。几乎就在同时，姚平纵身一跳，顿时不见了踪影，唯有滚滚汾水奔流不止。将士们见主帅自尽，都泪流满面，很多人跟着跳入水中。

拓跋珪连忙派人将这些投河的秦兵一一钩住，捞起。其余两万多名秦兵只好束手就擒。

姚兴眼睁睁地看着这一切，却什么也做不了，不由得捶胸顿足，号啕大哭。他身后的将士也跟着恸哭，哭声震撼山谷，久久不能平息。

柴壁一战，北魏阻止了后秦向东扩张的势头。过了几年，后秦主动送回贺狄干，与北魏重修旧好。

成语学习①

国 破 家 亡

国家覆灭，家庭毁灭。

造　句：那是一段山河破碎，国破家亡的苦难史，也是中华民族艰苦卓绝的斗争史。	
近义词：山河破碎	
反义词：国泰民安	

〖 自新之路 〗

《资治通鉴·晋纪三十三》

谢琰以资望镇会稽，不能绥怀，又不为武备。诸将咸谏曰："贼近在海浦，伺人形便，宜开其自新之路。"

译 文

谢琰家世显赫，名望也高，当时的人都觉得他能安定地方。但是谢琰到任后既不抚慰百姓，也不训练军队。部将都劝他说："孙恩这些盗贼就在附近的海域，正在窥探我们的态度，应该给他们提供一条悔过自新的道路。"

海盗祖师爷

　　孙恩是东晋末年著名的海盗头目，祖上是西晋中书监孙秀。孙家世世代代尊奉"五斗米道"。永嘉之乱后，孙家人流亡江南。孙恩在会稽出生，从小跟随叔父孙泰向钱塘人杜子恭学习道术。杜子恭死后，孙泰继续传授法道，吸引了很多信徒。后来，有人把孙泰推荐给晋孝武帝，说他懂得修身养性、长生不老的秘方，孝武帝就让他做了官。等到王恭起兵讨伐王国宝时，孙泰预感到东晋气数将尽，开始招兵买马，打算起事。

　　有人揭发了孙泰的阴谋，朝廷便诛杀了孙泰一家。混乱中，孙恩逃到东海的一个小岛上躲了起来。许多愚昧的信徒以为孙泰没死，只是像蝉一样脱了层壳，于是纷纷出海给孙恩送钱财、粮食。有了信众的资助，孙恩很快就纠集了一百多名亡命之徒，日夜谋划复仇。

　　机会很快就来了。孝武帝驾崩后，继位的安帝是个傻子，朝权被会稽王司马道子把持。偏偏司马道子患了病，又成天喝得酩酊大醉，他的儿子司马元显索性夺了权。司马元显年轻气盛，不经过慎重考虑，就征召免除了奴隶身份的佃（diàn）客[①]到京城居住，作为朝廷的后备兵源。这个政令触犯了许多世家豪强的利益，招致他们的不满，孙恩趁人心不稳，伺机从海岛杀出，先攻克上虞[②]，接着进逼会稽。

---

① 依附世家豪强的农民。
② 治所在今浙江绍兴市上虞区。

会稽内史王凝之是右军将军王羲之的儿子，也信奉"五斗米道"，他既不出兵迎击，也不设防戒备，每天只是去道堂磕几个头，念几遍咒语。这可把他的妻子谢道韫（yùn）急坏了。

谢道韫是名相谢安的侄女，从小就聪慧有才。有一次，天降大雪，谢家的孩子在一起赏雪，谢安有意考他们写诗作文的能力，就指着纷飞的雪花问道："白雪纷纷何所似？"侄子谢朗抢着答："撒盐空中差可拟。"意思是说跟往空中撒盐差不多。谢道韫则想了想，悠然道："未若柳絮因风起。"谢安大笑，抚着她的头说："将雪比作被风吹得漫天飞舞的柳絮，真好！"

谢道韫不仅有咏絮之才，还很关心天下大事，她听说海盗正在攻打会稽，可丈夫只顾求神问道，心里十分着急，便劝他积极练兵备战。王凝之却不紧不慢地说："不要慌，我已经请来了得道大仙，借来鬼兵把守各处要塞。"谢道韫无奈，只得亲自招募家丁，每天带着他们训练。

孙恩很快来了，王凝之吓得丢下谢道韫就往城外逃，结果刚出城就被孙恩抓住杀了。谢道韫悲愤极了，拔出佩刀，率领家丁和女眷冲出家门，在亲手杀死对方几个人后，才被抓住。孙恩早就仰慕谢道韫的才名，又见她临危不惧，就派人送她回去了。

攻下会稽后，孙恩自称征东将军，开始大肆招兵买马。他逼迫当地百姓追随他，如果不愿意，就连他们的孩子也一起杀掉，手段十分残忍。海盗队伍每到一个地方，就大肆抢掠财物，烧毁房屋，驱赶百姓前往会稽，有的妇女刚刚生育，不能走路，就被他们丢到水里。

当时荆州、江州、豫州等地都被当地的镇将控制，京口以及长江以北则被刘牢之的北府兵把持，东晋朝廷能直接管辖的只有三吴地区。而三吴地区有八个郡起兵响应孙恩，十天之内，聚集了十几

万人。建康及附近的几个县也盗贼四起，孙恩的不少党羽还潜入京城，百姓因此惶恐不安。

朝廷只好宣布全国戒严，命令司马道子父子与徐州刺史谢琰等人讨伐孙恩。刘牢之也带着北府兵赶来支援，他联合谢琰，进击孙恩，屡战屡胜，一鼓作气打到了浙江^①。

北府军中有一个叫刘裕的年轻人，先祖是彭城人，后来迁到京口。他刚出生时，母亲就病死了，父亲刘翘因为家里穷，怕养不活，想把他扔掉。幸好刘裕的姨母及时赶来，断了自己不到一周岁的儿子刘怀敬的奶，来喂养刘裕。因为这段经历，刘裕便被人叫作"寄奴"。刘裕小时候没机会读书，长大后只能靠卖草鞋为生，又沾染上了赌博的不良习气，村里人因此瞧不起他。后来，刘裕听说当兵赚钱多，便投身北府军，当了一名小头目。

这天，刘裕带领几十个士兵去打探敌情，路上遇到孙恩的一支数千人的军队。身边的士兵吓得直往后退，刘裕却挥舞着大刀冲上去拼杀。由于双方力量悬殊，同去的士兵全部被杀死，刘裕也在打斗中跌到河岸下，孙恩的士兵冲下桥去想杀死他。刘裕不顾伤痛，仰面奋击，就在他力不能支时，幸好刘牢之派出的一队士兵找来，才逼退孙恩的军队。刘裕因此威名大振。

一开始，孙恩踌躇满志，打算攻到建康，推翻东晋朝廷，便对下属说："天下再也不会有什么大事了，我们一起攻到建康去，大家都弄个官当当。"后来他听说刘牢之带兵攻到浙江边上，就改口说："即使割据浙江以东的地区，与朝廷抗衡，也是不错的。"等到刘牢之渡过浙江，孙恩再次改口："我不认为逃走是一件耻辱的事情。"他强迫二十多万百姓跟他走，路上故意让人扔掉抢来的金银财宝，

---

① 这里指今浙江境内的钱塘江。

以争取逃跑时间。这一招果然管用，北府兵看见那些财物，都停下来争抢。孙恩得以顺利逃回海岛。

朝廷担心孙恩再来，任命谢琰为会稽太守。谢琰家世显赫，个人名望也高，人们都觉得他能安定地方。但是谢琰有点儿轻敌，到任后既不好好抚慰百姓，也不训练军队，部将都劝他说："孙恩这些盗贼就在附近的海域，窥探我们的态度，应该给他们提供一条自新之路。"

谢琰不以为然地说："当年苻坚号称百万大军，还不是来淮南送死？孙恩只是一个小毛贼，惨败后逃命还来不及，怎么可能再跑出来送死？如果他真的再回到陆地，那是老天爷准备灭他了。"

东晋隆安四年（公元 400 年），孙恩再次进犯会稽周边的郡县，被谢琰击退。没过几天，孙恩又来攻打，官军没想到他来得这么快，毫无防备，所以吃了败仗。

孙恩乘胜打到会稽城下。当时，谢琰正准备吃饭，他放下筷子，说："我先出去斩了这个贼人，回来再吃。"他跨上战马，出城迎战，却惨败被杀。

消息传到京城，东晋朝廷震惊不已，忙派几位将领统兵抵御。孙恩打不过，又逃回海岛。朝廷便命刘牢之在沿海一带屯兵、修筑工事，防范孙恩一伙。

隆安五年（公元 401 年），孙恩又一次向陆地进攻，逼近海盐。刘裕在海盐的旧城上修筑阵地抵抗。孙恩几乎每天都要对刘裕的阵地发动进攻，结果屡战屡败，损失了不少人马。然而，城内的刘裕也担心自己的兵力太少，时间一长抵挡不了，就乘夜将战旗全部放倒，又让精锐将士埋伏起来。

第二天一早，孙恩的士兵远远看见城门大开，只有几个老弱残兵站在城头上，就笑嘻嘻地冲他们喊道："发生什么事啦？刘裕跑哪

里去了？"

那些老弱残兵装着没好气地回答："那个胆小鬼昨天夜里就逃啦！"

孙恩的士兵大喜，争先恐后地拥入城中，结果进了刘裕的埋伏圈，被杀得晕头转向，抱头鼠窜。孙恩领教了刘裕的厉害，知道一时半会儿攻不下海盐，就撤军了。

一个月之后，孙恩又率领十多万士兵，一千多艘战舰，杀气腾腾地赶往丹徒①。丹徒离建康只有一百多里，朝廷惊恐万分，急忙安排都城内外戒严，让文武百官取消休假，随时待命。

刘裕闻讯，率领近千名北府兵，倍道兼行，几乎与孙恩同时赶到丹徒。丹徒守军听说孙恩兵多又残暴，而刘裕的援军不到一千，顿时丧失了斗志。刘裕为了激励将士，带头杀向孙恩。北府兵虽然刚刚经过长途跋涉，却神勇无比，杀得孙恩的人马狼狈不堪。

然而，狡猾的孙恩并没有退兵，他很快就重整军队，绕开刘裕直扑建康。司马元显只好硬着头皮率军迎战，却连战连败。城中人心惶惶，司马道子吓得只会到庙里祭祀祈祷。

危急关头，谯王司马尚之领着精锐部队及时赶到。孙恩大惊，又听说刘牢之的大军也杀来了，就从海路回军。刘裕一路追击，再次打得孙恩抱头鼠窜，最后逃回海岛。

第二年，孙恩再次进犯临海郡②，被临海守将辛景打败，他从三吴地区抢掠的百姓在战乱中全被杀死。孙恩穷途末路，只好跳海自杀，他的妹夫卢循组织残余的人马，继续对抗东晋朝廷。

---

① 今属江苏。
② 今属浙江。

罪犯自己改正错误、重新做人的出路。

造　句：	黄晓民把人打成重伤后想逃
	跑，后来经过家人苦口婆心地
	劝说，他最终选择了投案自
	首，从而走上自新之路。
近义词：	悔过自新

① 这个故事的原文里还有成语"咏絮之才"（形容女子特别有才华）、"倍道兼行"（倍、兼，加倍；道，指行程。每天加倍行进，一天走两天的路程。形容加速急行）。

【 口尚乳臭 】

《资治通鉴·晋纪三十四》

长史卞范之曰："明公英威振于远近，元显口尚乳臭，刘牢之大失物情，若兵临近畿，示以祸福，土崩之势可翘足而待，何有延敌入境，自取穷蹙者乎！"

译 文

长史卞范之说："桓公您威震天下，司马元显却是个嘴里还有乳臭的小孩子。刘牢之已经丧失民心，如果我们抢先把大部队开拔到建康附近，向他说明利害关系，就可以踮起脚尖等待对方的土崩瓦解。怎么会有把敌人引入腹心重地，自己找穷困的日子过的人呢？"

桓玄坐塌了江山

从一个小小的五湖长，到拥有荆楚之地，桓玄只花了十年时间。他志得意满，打算索要更多权力，便密切关注朝廷内外对自己有利的细微变化。当他听说孙恩逼近京师时，便打着进京勤王的旗号发兵，以此挟制朝廷。司马元显如临大敌，正赶上孙恩撤军，就让桓玄回师。

桓玄哪里肯听，这时他已经把哥哥桓伟调到江州当刺史，镇守夏口，让心腹刁畅都督八郡，镇守襄阳，还增设武宁郡和绥安郡，安置蛮族，招纳各地流民，充实自己的兵力。朝廷征召广州刺史刁逵、豫章太守郭昶（chǎng）之进京，想让他们抗衡桓玄。结果两人都被桓玄拦住，不让去。

桓玄自以为拥有东晋三分之二的疆土，就多次让人呈上他可以做君主的天命符兆，以此迷惑百姓。他还写信指责司马元显："当初，王恭诛灭王国宝之后，并没有乘势控制朝权，对您也没有丝毫不敬，您却说他不忠。现在朝中的达官贵人，有谁众望所归？大家心里都有数！以上这些话，朝中那些大臣都不敢说，只有我有胆量揭露事实！"

司马元显非常害怕，就和谋士张法顺商议对策。张法顺说："桓玄仗着出身高贵，说话做事向来霸道，现在他独霸荆楚一带的广大地区，而您掌握的只有三吴地区罢了。三吴之地经过孙恩之乱，已经一片荒芜，百姓积蓄耗尽，生活困窘。桓玄深知这点，一定会趁

机作乱。"

司马元显忙问："我该怎么办呢？"

张法顺说："桓玄刚把荆州弄到手，当地百姓还没有完全顺服，趁这个时候派刘牢之为前锋，您亲自带兵前去征剿，一定可以消灭他。"司马元显就让他找刘牢之商量发兵一事。

刘牢之却有自己的盘算，他平时就厌恶趾高气扬的司马元显，担心他消灭桓玄之后，转而收拾自己，便打算保存实力。他和张法顺聊了一会儿，就敷衍说："桓玄现在兵力强大，征讨他并不容易。不过既然王爷有令，我一定冲锋在前。"

张法顺看出刘牢之的心思，回去后对司马元显说："刘牢之和我们不是一条心，不如将他杀掉，否则，恐怕他要坏我们的大事。"

司马元显摇了摇头，说："当初要不是刘牢之，我不会那么顺利扳倒王恭。而且，这次讨伐桓玄，还要仰仗他的北府兵呢。"

东晋元兴元年（公元 402 年），司马元显出兵讨伐桓玄，任命刘牢之为前锋。出兵前，张法顺对司马元显说："骠骑司马桓谦兄弟经常为桓玄提供情报，应该先把他们斩了。"

司马元显却说："桓谦是桓冲的儿子，受到荆州百姓的拥戴，杀了他会失去民心的。"

张法顺又建议道："这次我们出兵讨伐桓玄，成功的关键在前锋部队，但是刘牢之为人反复无常，万一他那里发生什么变故，我们就完蛋了。您不妨借刘牢之的手杀掉桓谦兄弟，如果他照做，证明他没有二心；如果他不干，我们还可以早做打算。"

司马元显还是摇头："如果没有刘牢之和他的北府兵，我们拿什么对抗桓玄？现在我们还没出兵就诛杀自己的大将，这是自取灭亡的做法。"他不仅一再拒绝张法顺的建议，还调桓谦任荆州刺史，打算以此收买西部地区的人心。

桓玄本以为朝廷正处在多事之秋，一定没有闲工夫讨伐自己，所以当他得知朝廷即将出兵时，大吃一惊，打算把所有的军队集结到江陵抵御。

长史卞范之劝道："桓公您威震天下，司马元显却是一个口尚乳臭的小孩子。刘牢之也已经丧失民心，如果我们抢先把大部队开拔到建康附近，向他说明利害关系，就可以踮起脚尖等待对方的土崩瓦解。怎么反而把敌人引入腹心重地，这不是自找苦吃吗？"

桓玄听从了他的意见，上奏揭露司马元显的种种罪行，向各郡传递檄文，然后挥师东进。司马元显非常害怕，便躲起来喝闷酒，好几次刘牢之找他，都扑了个空，直到安帝出来为朝廷大军饯行，才匆匆见了他一面。

几天后，桓玄抵达姑孰，把驻守在那里的司马休之打败，抓住了谯王司马尚之。司马元显慌了，连忙命刘牢之进攻桓玄。

桓玄早就听说刘牢之很会打仗，便让刘牢之的亲戚何穆去游说他诛除司马元显父子。刘牢之正想答应，他的儿子刘敬宣却说："现在国家的安危取决于您与桓玄。桓玄仗着父辈遗留下来的权势与威望，占据了晋国大部分土地，如果这次放过他，恐怕将来他要凌驾于朝廷之上。到那时再想铲除他，就更加困难了。"

刘牢之的外甥何无忌和部将刘裕也反对联合桓玄。刘牢之却愤怒地说："你们说的这些我当然知道！我今天消灭桓玄易如反掌，可是桓玄一死，司马元显能容得下我吗？你们不要多说了，我主意已定！"于是他派刘敬宣去拜见桓玄，请求投降。

失去了刘牢之的支持，司马元显父子很快束手就擒。桓玄将他们五花大绑，一条条列举二人的罪状，然后杀了他们。

桓玄掌握了朝权，便任命刘牢之为会稽内史，催他即刻上任。刘牢之赶紧召集亲信，对他们说："桓玄要夺我兵权，大祸就要临头

了！我打算去广陵，联合我女婿高雅之，发动兵变诛灭桓玄，你们跟我一起去吗？"

刘裕率先站出来说："将军您本来拥有精兵强将，可是还没打就投降了，所以桓玄能够消灭司马元显，从而威震天下，让民心归服。您现在要去广陵，怎么可能顺利到达呢？我打算脱下军装，回京口做个普通百姓。"说完大步流星出了营帐。一向与刘裕交好的何无忌也跟了出去。

另一名部将刘袭跟着说道："这个世上不能做的事，没有比谋反更大的了。您从前反王恭，后来反司马元显，现在又要反桓玄。一个人连续三次谋反，将来凭什么立足天下？"说完也起身离去。其他将领见状，纷纷跟了出去。

刘牢之很害怕，就派刘敬宣去京口接家属，准备一起逃跑。过了约定的日期，刘敬宣还没有回来，刘牢之以为谋反的事情泄露，家人都被桓玄诛杀，便率领余下部属仓皇北逃。走到半路，他越想越绝望，就上吊自杀了。

孙恩的姐夫卢循听说东晋朝廷内乱不堪，又从海岛跑出来侵犯沿海郡县。桓玄听说刘裕在讨伐孙恩的战役中立了不少功，就征召他去攻打卢循。刘裕把原来的北府兵召集起来，一路追击，将卢循赶回了海岛。

桓玄将所有的功劳都揽到自己头上，先后逼迫朝廷封他为豫章公、桂阳公、楚王。不久，桓玄盯上了皇帝的御座，又担心已经掌管了北府兵，且功劳越来越大的刘裕会阻挠，便派桓谦前去打探他的口风。

见了面，桓谦直截了当地问刘裕："楚王功勋卓著，威望很高，朝中大多数官员都认为应该让他当皇帝，您觉得怎么样？"

刘裕此时已有讨伐桓玄的想法，便故作谦逊地答道："楚王的家世与才能，当今世上无人能比，现在晋室衰微，天下百姓早就将希望寄托在他身上，趁着这个机会接受禅位，又有什么不可以的呢？"

桓谦大笑着说："刘将军您说可以，那就一定可以了。"

桓玄大喜，恨不得马上登基称帝，不过在那之前表面功夫还是要做的。他上奏安帝请求允许他回到封地，又让安帝亲手写诏书挽留他，还唆使手下人造谣，说钱塘临平湖的湖水突然大涨，各地都出现了祥瑞，让文武百官一起庆贺，以此作为自己接受禅让的吉兆。

"以前改朝换代时，都有隐士不肯出来做官，"桓玄心想，"如果我受禅时独独没有，该是多大的耻辱呀！"于是派人四下探访，结果找到西晋隐士皇甫谧的后人皇甫希之，便暗中给他提供一切生活所需，让他隐居到深山老林去，然后以朝廷的名义征召他出山做官，但是他要故意坚决推辞，朝廷再下达诏书，称赞他的美德。当时不少人都说皇甫希之是冒充隐士的"充隐"。

公元 403 年，桓玄称帝，建立桓楚政权。举行登基大典那天，桓玄春风满面，心想："父亲当年没有当成皇帝，我这个做儿子的替他当了。"他美滋滋地刚把肥硕的身躯挪上御座，却听"轰隆"一声，御座突然塌陷。

桓玄惊得脸都绿了，群臣也相顾失色。幸亏有个大臣机灵，说："陛下您的恩德太过深重，连大地也难以承受呀！"桓玄这才高兴起来。

可是，皇位到底是从司马氏手中篡夺来的，桓玄做贼心虚，经常疑神疑鬼。第二年春天，长江波涛汹涌，江水灌进都城，不少百姓被巨浪卷走，灾民的哭喊声惊天动地。桓玄害怕得睡不着觉，喃喃地说："这些奴才要造反了。"

成语学习①

口尚乳臭

嘴里还有奶腥味。表示对年轻人的轻视。

造　句：起初，李将军仗着自己身经百战，不大瞧得上这位口尚乳臭的小将，没想到他一连打了好几场胜仗。这让李将军刮目相看，在庆功宴上，他感慨地说："真是后生可畏呀！"	
近义词：乳臭未干、年少无知、黄口孺子	
反义词：后生可畏、少年老成、老谋深算	

---

① 这个故事的原文里还有成语"跂足而待"（踮起脚等待。比喻很快就能实现）。

【 龙行虎步 】

《资治通鉴·晋纪三十五》

　　玄后刘氏，有智鉴，谓玄曰："刘裕龙行虎步，视瞻不凡，恐终不为人下，不如早除之。"玄曰："我方平荡中原，非裕莫可用者；俟关、河平定，然后别议之耳。"

译 文

　　桓玄的皇后刘氏有识人的智慧，她对桓玄说："刘裕这个人，走路的姿势好像猛虎与蛟龙，连眼神都与众不同，恐怕将来不会甘居人下，不如趁早除掉他。"桓玄说："我正要北伐中原，除了刘裕没有其他人可用了。这事还是等到平定关中、河南一带再说吧。"

草根英雄灭桓楚

　　桓玄为人苛刻，热衷于炫耀自己的才干，当了皇帝后更是如此。官员写的奏章，如果偶尔有一个字写得不端正，或一个词语用得不恰当，他一定要指出并纠正过来，以显示他的聪明与博学。有一次，尚书在回答诏书时，把"春蒐（sōu）①"误写成"春菟（tù）"，就因为这么一点儿小错误，经手过的尚书左丞以下的官员，全都被降级或免官。有时候，桓玄心血来潮，会亲自挑选官员入宫值守，或指派小官吏干一些鸡毛蒜皮的小事，因此每天的诏书又多又乱，有关部门来不及办理，日子一长，待处理的公文便堆积成山。

　　没多久，桓玄又爱上了打猎，每次随行的车队与随从浩浩荡荡，旌旗插满了方圆几十里的田野。如果队形乱了或者让猎物跑了，相关人员都要被捆起来。他还大兴土木，建造宫殿，并且要求在短时间内完工。因此，从朝官到百姓都骚动不安，盼望变乱的人越来越多。

　　刘裕见民怨沸腾，坚定了讨伐桓玄的决心。不久，桓玄召他进京。刘裕犹豫了一下，还是去了。两人见面后，刘裕一离开，桓玄就感慨地对司徒王谧说："刘裕的身材、气度都不像普通人，真是人中豪杰啊！"

　　王谧是名相王导的孙子，以前就认识刘裕，还曾经救过他一命。

---

① 古代天子或王侯在春季围猎。

原来，刘裕年轻时喜欢赌博，经常输得血本无归。有一次，他欠下了大富人刁逵三万钱赌债，这对于当时卖草鞋为生的刘裕可是天文数字，他就是卖一辈子草鞋也还不起。刁逵便将刘裕绑在树上狠狠地抽打。恰好王谧来拜访，见刘裕长相不凡，就对刁逵说："不过是区区三万钱，怎么能把人往死里打呢？"然后替刘裕还了钱，还勉励他说："你现在虽然穷，将来一定会有一番作为的！"

想起往事，王谧就说："是啊，刘裕一直与众不同。"桓玄见王谧也夸赞刘裕，就对刘裕更热情了，经常召他一起出游，赏赐给他许多东西。

桓玄的皇后刘氏有识人的智慧，她私下观察刘裕的一举一动后，不安地对桓玄说："刘裕走起路来龙行虎步，连眼神都充满霸气，恐怕将来不会甘居人下，不如趁早除掉他！"

桓玄却摇头说："我正要北伐中原，除了刘裕没有可用的人了，等关中、河南一带平定后再说吧。"

所以，刘裕得以安全地离开建康。临走前，他约何无忌一起回京口，商量讨伐桓玄、恢复晋室的大计。京口是北府兵的根据地，何无忌在那里见到许多老战友。当天晚上，他的好朋友刘毅来找他，一进门就说："桓玄篡位，天怒人怨，是时候讨伐他了！"

何无忌故意说："现在桓氏的势力很大，怎么能打他们的主意呢？"

刘毅不以为然地说："天下的事，的确有强弱之分，可是，如果倒行逆施，强大的一方也容易变得弱小。现在我担心的是没有合适的人当我们的领袖。"

何无忌淡淡地说："普天之下，哪怕草莽河泽之中，也还是有英雄的。"

刘毅说："我所知道的英雄，就只有刘裕一个。"

何无忌很高兴，立即拉着他去找刘裕，一起制定了起兵计划。参加的还有孟昶、刘裕的弟弟刘道规、诸葛长民、王元德等人。

元兴三年（公元 404 年）春，刘裕以打猎为名，聚集一百多名北府兵，在京口起事。他们装扮成皇帝的信使，混入城中杀死地方长官，再召集民众，声称晋安帝已经在寻阳①重新恢复正统，他们都接到密诏，奉命诛杀桓玄等逆党。大家信以为真。

刘裕顺利占领京口后，觉得军中大事应当规范起来，便问何无忌："我们急需一个主簿人选，负责军中的文书工作，你觉得谁合适？"

何无忌脱口而出："刘道民。"

刘裕笑道："我也认识他。快派人去请！"

刘道民是刘穆之的别名，他博览群书，见识不凡。这天一大早，刘穆之听到京口方向人声鼎沸，就出来到路边张望，恰好与刘裕的信使相遇。刘穆之读完刘裕的亲笔信，两眼直勾勾地盯着前方，一句话都不说，呆呆地站了很久，才跟信使去见刘裕。

刘裕问："我们刚刚起兵，万事开头难，所以军中急需一位负责文书工作的人。你看谁合适啊？"

刘穆之从容地说："文官必须具备真才实学，在这样仓促的情况下，没有人比我更合适了。"

刘裕拍了拍他的肩，笑道："你能屈尊来做这份工作，我们的事情一定能成功。"

接着，大家推举刘裕为盟主，把征讨桓玄的檄文传到四方，各地纷纷起兵响应，很快聚集起一千七百多人，驻扎在竹里。

消息传到京城，桓玄愁得眉头紧锁，左右便劝道："刘裕的手下

---

① 治所在今湖北黄梅西南。

都是乌合之众，成不了气候的，陛下为什么这么担忧呢？"

桓玄苦着脸说："刘裕是当世雄才。当年他家穷得叮当响，可是他赌博时，一次却敢下百万的赌注。何无忌很像他的舅舅刘牢之，骁勇精明。他们几个人联合起来做大事，怎么能说不会成功呢？"话虽如此，他还是打起十二分精神，派猛将吴甫之、皇甫敷带领精兵迎战。

两军在江乘①相遇。刘裕手持一柄长刀，身先士卒，大叫着冲向吴甫之的军阵。吴甫之的士兵被刘裕的气势吓得纷纷退避，刘裕乘势砍死吴甫之，又追杀到罗落桥，结果皇甫敷带着几千人冲上来，将他里三层外三层围得严严实实。

刘裕且战且退，最后被逼到一棵大树下。皇甫敷狞笑数声，问："你打算怎么死？"说完拔出长戟要刺他。刘裕怒目圆睁，大声痛斥皇甫敷。皇甫敷被震慑住了，竟然不敢靠近。千钧一发之时，刘裕的部下及时赶到，一箭射中皇甫敷的额头。刘裕趁机上前，一刀结果了他的性命。

派去的两员猛将都战死，桓玄慌忙请来巫师，希望借法术制服刘裕的军队。他问左右："难道朕真的要失败吗？"大臣曹靖之答道："百姓叫苦连天，上天大发雷霆，微臣也很害怕呀。"桓玄不甘心，又命桓谦等人率兵抵御。

刘裕派弱兵登山，手拿着旗帜分道而行，造成士兵很多的假象。桓谦的将士暗自心惊，他们中大多数人在北府军中服过役，面对往日的老战友，都丧失了斗志。而刘裕手下将士个个以一当百，很快击溃了桓谦的军队，进入建康城。

"外面都是刘裕的将士，不知道有多少人！"听了报告，桓玄惊

---

① 治所在今江苏句容北。

得从御座上弹了起来，等冷静下来，便假称要亲自率兵迎击刘裕，实际上却劫持晋安帝向西逃窜。

一路上，桓玄心情沉重，吃不下饭，只是抱着小儿子流泪。逃到寻阳之后，他的情绪才稳定一些，亲自撰写《起居注》①，详细地叙述了刘裕起兵一事，还自我评价说："朕胸有韬略，举无遗策，只是手下的军队不听指挥，才导致溃败逃散。"他每天沉迷于写这些东西，完全没时间与手下官员讨论局势与对策。《起居注》写好了，他还公开展示，让远近的人都来围观。

二十天后，桓玄挟持安帝来到江陵，投奔了亲信桓石康，并重新设置了文武百官。他害怕接下来的逃亡路上自己的命令得不到贯彻，就加重了刑罚，部属们都怨声载道。有大臣规劝他，他就愤怒地说："就是这些兔崽子打仗不得法，导致军队失利，我只好回到楚国的旧都。现在他们又说三道四，我不用强硬的手段怎么纠正他们的错误！"荆楚的郡县长官听说桓玄西撤，纷纷上表问安，桓玄却一概拒绝，说："你们重新上表，祝贺我迁到新都。"

荆楚是桓氏的根据地，不过一个月，桓玄就纠集了两万兵马，带着大批的楼船、器械，顺江东进，准备与刘裕决战。刘裕命刘毅、刘道规、何无忌等人率领军队迎击。

最终，双方在峥嵘洲展开遭遇战。当时刘毅的军队不足一万人，大家都有些畏惧，想退守寻阳。刘道规激励众将士说："桓玄虽然兵马众多，但经历了几场失败，早就人心离散。决定胜负的关键是勇气，不是人数的多少。"他挥师挺进，刘毅紧随其后，将士们受到鼓舞，便拼尽全力搏杀。刘毅又顺风放了一把火，把桓玄的军粮和装备烧了个精光。桓玄的军队彻底崩溃。

---

① 皇帝的言行录。

桓玄连夜逃回江陵，准备前往汉中。部将毛脩之劝他去蜀地，桓玄忙不迭地答应了，拖着滚圆的身躯，艰难地爬上了一艘船。慌乱中，桓玄忘了一件重要的事情：毛脩（xiū）之的叔父是益州刺史毛璩（qú），而毛璩一向忠于晋室，对桓玄恨之入骨。

小船箭一般行驶在江中，两边是密密层层的芦苇，眼看离蜀地

越来越近，桓玄稍稍安心。突然，芦苇丛中杀出来一群人，正是毛璩的人马，为首一人高喊："放箭！"无数支利箭飞向桓玄，船上的卫兵纷纷中箭，桓玄也中箭倒下，眼睁睁地看着对方一名将领抽出佩刀，跳上船来。

桓玄强忍住疼痛，摘下玉做的头饰，递给那名将领看，并说："你是什么人？竟敢刺杀天子！"

那名将领不屑地回道："什么天子？哼，我杀的不过是天子的盗贼！"说完，挥刀砍落他的脑袋。历时八十天的桓楚政权就此谢幕。

随后，晋安帝在江陵复位。第二年，刘裕、刘毅等人消灭桓氏盘桓在荆楚一带的残余势力，把安帝迎回了建康。刘裕因功受封为侍中、车骑将军，镇守京口。

龙 行 虎 步

行走时如龙似虎般矫健敏捷。形容仪态威严。

造　句：天安门广场的仪式开始了，国
旗护卫队的战士抬头挺胸，龙
行虎步，护送五星红旗进入
广场。接着，在雄壮的国歌
声中，鲜艳的五星红旗冉冉
升起。
近义词：器宇不凡、气宇轩昂
反义词：低三下四、卑躬屈膝

① 这个故事的原文里还有成语"且战且退"（一边作战，一边退却）、"举无遗策"（举，行动；遗策，失策。行动上从来不失策）。

【 兵连祸结 】

《资治通鉴·晋纪三十六》

　　尚书张华曰："侵掠邻国，兵连祸结，此既能往，彼亦能来，非国家之福也。陛下慈亲在人掌握，岂可靳惜虚名，不为之降屈乎！"

译　文

　　尚书张华说："侵略掠夺相邻的国家，兵祸就会连绵不断，我们既然可以去抢他们，他们也就可以来抢我们，这不是国家的福分呀！陛下的慈母、妻子正在受人掌握，怎么可以只看重虚无的名号，不肯为了她们降低声名、委曲求全呢？"

气吞万里破南燕

在建立南燕之前，慕容备德^①曾经担任前秦的张掖太守，和母亲公孙氏、哥哥慕容纳生活在一起。淝水之战时，慕容备德随苻坚南征，留下一把金刀向母亲作别。此后，他追随慕容垂起兵反秦，征战南北，与母兄失去了联系。建立南燕后，慕容备德派使者前往张掖寻访亲人，谁知使者刚到那里就被强盗杀了，一直到南燕建平四年（公元 403 年），一名从长安前来的老部下才为他带来母兄的消息。

当初，慕容垂起兵的消息传到张掖，新任太守苻昌就处死了慕容纳，一同被杀的还有慕容纳和慕容备德的所有儿子。公孙氏因为年老得以免死，慕容纳的妻子段氏有孕在身，也没有马上被处死。

监狱里有一个叫呼延平的狱吏，受过慕容备德的恩惠，便乘着黑夜带她们逃到后凉。段氏生下儿子慕容超后，就过起了隐姓埋名的生活。慕容超十岁时，公孙氏病逝，临终前把金刀交给他，说："孩子，将来如果你有机会回到东方，就将这把金刀还给你的叔叔。"慕容超这才知道自己的身世。后凉被后秦平灭后，段氏母子与呼延平迁居到长安。不久，呼延平去世，段氏为了报答他的恩情，让慕容超娶他的女儿为妻。

骤然听到亲人的死讯，慕容备德悲痛得直吐鲜血，不过，哥哥

---

① 慕容德建立南燕后，为了让国人避讳容易些，改名慕容备德。

留有遗腹子的消息又令他稍感安慰，便命亲信前往后秦查访，最终辗转联系上了慕容超。

慕容超担心身份暴露，不敢告诉母亲与妻子，便成天装疯卖傻，把自己弄得像个乞丐。长安人都觉得他又傻又贱，只有东平公姚绍心存疑惑，对姚兴说："这人身材魁梧，相貌不凡，我怀疑他不是真疯，陛下不如给他一个小官当当，把他拴住。"姚兴便召见慕容超，问了一些问题。慕容超故意答非所问。姚兴就对姚绍说："他空有一副好皮囊，什么本事都没有。"就把慕容超放了。

南燕建平六年（公元 405 年），慕容超只身逃回南燕，一见面他就将金刀献上。慕容备德抚摸着金刀，失声恸哭。当天，慕容备德就封慕容超为北海王，并精心挑选贤能人士教导他，准备培养为接班人。慕容超非常聪明，每天想尽办法让叔叔开心，出宫办事也谦恭有礼，朝廷内外对他赞不绝口，于是被册立为太子。

这年冬天，慕容备德病逝，慕容超成为南燕第二任皇帝。可是，这时的慕容超就像变了一个人似的，他把旧臣慕容钟、段宏都外放到地方，重用亲信公孙五楼。公孙五楼在朝中安插了很多亲信，凡是巴结他的就可以得到快速提拔。百姓为此编了句歌谣："要想封侯，巴结五楼。"

封孚等老臣多次规劝慕容超："慕容钟是皇室重臣，段宏也是皇亲国戚，他们能力强、名望高，应当辅佐朝政。"慕容超却总是左耳朵进右耳朵出。

有一次，慕容超当众问封孚："你觉得朕可以和前朝的哪位君主相比？"

封孚不客气地说："桀、纣。"

慕容超既惭愧又气愤。封孚却从容地朝殿外走去，大臣鞠仲拦住他，斥责道："你怎么可以这样和天子说话？还不快回去谢罪！"

封孚缓缓地说："我今年已经七十多了，没有别的愿望，只希望死得有意义罢了！"说完，头也不回地出宫去了。慕容超顾忌封孚的名望，没有治他的罪。

慕容超虽然对国事不上心，却很重视亲情，他思念滞留在后秦的母亲与妻子，就让人出使后秦，想接回她们。

姚兴自然不肯轻易放人，他说："只要答应我几个条件，接人回去完全没问题：第一，你们燕国要做我们的臣属国；第二，将秦国人①留下的宫廷乐师和歌舞伎送来，或者送给我一千个江南百姓。"

慕容超和大臣们商议，左仆射段晖最先反对："陛下，您不应该因为个人亲情，随便降低国家的尊贵名号。况且，皇家御用的音乐是前代君王遗留下来的，怎么能拱手送给别人？我觉得最好出兵到晋朝抢点人送给他们。"

尚书张华说："侵略邻国，兵连祸结，我们这次去抢他们，他们下次就会来抢我们，这不是国家的福分！名号不过是虚无的东西，能换回慈母与妻子，为什么不答应呢？"慕容超便一股脑儿答应了后秦的要求。

慕容超的母亲与妻子顺利来到南燕，新的烦恼也跟来了：宫廷乐师与歌舞伎送给了后秦，南燕自己就不够了。慕容超想起段晖的建议，便到晋朝边境抢来两千多人，交给相关机构训练。

东晋朝廷被激怒了，决定北伐南燕。义熙五年（公元409年）夏天，东晋大将刘裕率军从水路到达下邳，留下船舰、笨重的军用物资后，全军步行挺进到南燕境内的大岘山下。左右担心地说："翻过这座山，就进入燕国腹地。如果燕人守住山中险要的地方，或者割尽地里的庄稼，再固守城池，那我们就完了。"

---

① 这里指前秦。

刘裕胸有成竹地说："燕人生性贪婪，没有长远规划，前进时就想着多抢些财物，后退时又生怕踩坏田中快要成熟的禾苗。他们认为我们孤军深入，一定不能坚持太久，因此最多派重兵驻守临朐（qú）①、广固，一定不会像你们担心的那样。"大家都半信半疑。

慕容超听说晋军压境，便召集大臣们商议对策。公孙五楼很冷静，一下提出了上、中、下三种对策："晋军轻装前来，肯定希望速战速决，我军应当据守大岘山，阻止他们进入，时间一长，他们肯定锐气尽失，再选些精兵沿海滨南下，切断晋军的粮道，另外让一支军队在他们背后偷袭。这是上策。中策是命令各地固守城池，再割光田野里的庄稼，断绝敌军的补给。一个月之内，我们就可以控制他们了。让敌人进入大岘山，我们出城迎战，这是下策。"

慕容超说："从天象上看，这次我们将不战而胜。晋军远道而来，一定疲惫不堪，自然不能耽搁太久。我们燕国占有五州之地，百姓富庶，骑兵强壮，怎么能够割光庄稼向晋军示弱呢？不如放他们进山，再派骑兵践踏，他们肯定不堪一击。"

公孙五楼等人苦劝，慕容超就是不听，太尉慕容镇便说："如果陛下认为平地有利于骑兵作战，就应该冲出大岘山，主动迎战，即使我们不能取胜，也可以退守山中。"慕容超还是摇头。

南燕君臣还在没完没了地讨论，东晋大军已经顺利过了大岘山。刘裕看着远方平原上快要成熟的禾苗，指着上天，一脸掩饰不住的喜悦之情。左右觉得好奇，问他："现在一个敌人都没看见，您高兴什么呢？"

刘裕说："我们已过大岘山的险关，将士们再无退路，只能拼死一战了；禾苗还在田野中，我们不用担心粮草供给了。哈哈，现在

---

① 治所即今山东临朐。

燕国已经完全落入我的手心了。"

晋军继续挺进到临朐附近，将前来抵御的公孙五楼击败。慕容超大惊，亲自率领四万精兵救援临朐。刘裕排兵布阵，用四千辆战车作为左右的屏障，形成方阵缓缓向前推进，在临朐城南与南燕军队交战。双方一直杀到夕阳西下，仍然没有决出胜负。刘裕便派部将胡藩悄悄绕到南燕军队的后面，迅速攻入临朐城。

守在城中的慕容超大惊，单人匹马先逃出城。燕军见自己的君主都跑了，自然没了斗志，也跟着退回广固。晋军乘胜追到广固，攻克了外城，慕容超只好退入内城。刘裕下令将内城围起来，又命人修筑了长长的围墙，墙高足足三丈，还沿着城挖了三道壕沟，日夜派兵把守。接着，他找来能工巧匠，制造飞楼、悬梯、木幔等攻城器械。

在晋军猛烈的围攻下，南燕大臣不是被俘，就是投降。慕容超见形势不妙，就派人求和，表示愿意割地，做东晋的藩臣，却遭到刘裕的拒绝。

和谈没指望，慕容超又派尚书令韩范带兵突围，向后秦求救。可是姚兴正焦头烂额呢，当年被后秦收留的匈奴人刘勃勃改姓赫连①，夺了岳父没弈干的部落，起兵反叛，建立大夏国。大夏的军队经常骚扰后秦的边境，放纵士兵四处抢掠，吓得百姓大白天关门闭户。

在这种情况下，姚兴哪有空管南燕的事情呢？不过南燕刚刚向自己称臣，现在他们有难，怎么着也要表示一下。姚兴就让将领韩范带着一万人马去增援。不料，他们刚走到半路就被大夏军队打败，韩范只得孤身往回走。

---

① 意思是"赫赫与天相连"。

姚兴赶紧派使者对刘裕说："慕容氏与我们友好结盟，你们攻打它就是不给我面子。我们秦国已经在洛阳聚集了十万精锐骑兵，如果你不立即撤军，休怪我不客气了。"

刘裕识破姚兴只是虚张声势，便对使者说："你回去告诉姚兴，我本打算攻克燕国之后，让战士们休养三年，再去攻打秦国。既然姚兴自己想送上门来，那就让他快点儿来吧！"使者听了，吭哧了半天，说不出一句话来。

而东晋朝廷不断从江南增发援兵，或者派使者前来慰问，每次到达的前一天夜里，刘裕都暗中派兵迎候，第二天一早，就命人扛着大旗，敲着锣鼓，声势浩大地进入外城。内城的人不清楚东晋到底来了多少援兵，认为坚守下去没有希望，因此每天都有一千多人拿着武器、背着粮食归降刘裕。

这时，韩范因为没有搬来救兵，怕在慕容超那里交不了差，索性投降了刘裕。刘裕高兴极了，亲自带着韩范绕城一周，然后命投降的南燕士兵一齐对城内高喊："赫连勃勃已经打败姚兴，他不会来救你们了。"南燕人听了，心都凉了半截。

广固内城的粮食马上就要吃完了，不少百姓还得了病，公孙五楼决定最后搏一把。他命人挖了一条地道，出来袭击刘裕的军队，却被打得灰头土脸，又缩了回去。

这天，慕容超乘坐辇车登上城头，见城下密密麻麻的晋兵，原本就愁云密布的脸更加灰暗了。左右都劝他投降，他叹息道："国家兴亡，都是天命。我宁可高举利剑战斗而死，也决不口衔璧玉投降求生。"

第二年春，刘裕向广固内城发起总攻，一名南燕大臣在绝望中偷偷打开了城门。晋军蜂拥而入，活捉了慕容超，杀了王公以下三千多人。南燕就此灭亡。

兵，指战争。战争连续不断，灾祸接踵而来。

造　句：从西晋八王之乱爆发到十六国	
混战的一百多年里，中国北方	
兵连祸结，生灵涂炭，到处是	
"白骨露于野，千里无鸡鸣"	
的惨象。	
近义词：兵荒马乱	
反义词：安居乐业	

【 势均力敌 】

《资治通鉴·晋纪三十六》

穆之曰:"……刘、孟诸公,与公俱起布衣,共立大义以取富贵,事有先后,故一时相推,非为委体心服,宿定臣主之分也;力敌势均,终相吞噬(shì)。扬州根本所系,不可假人。"

译 文

刘穆之说:"……刘毅、孟昶等人,与您都是从平民百姓起家的,当年一起倡导大义,谋求富贵。因为举事的顺序有先有后,所以当时他们都推举您做了盟主,可是,他们对您并不服气,和您也没有定下君臣的名分。所以,当他们的力量和您相当,地位也差不太多的时候,终究是要互相吞并的。到那时,扬州一地就可以决定成败,您怎么可以把它拱手让给别人?"

两个赌徒的较量

当初，刘裕与刘毅等人结盟起兵，平定了桓玄，朝廷论功行赏，刘毅的官职仅次于刘裕。刘毅觉得自己的才能不在刘裕之下，地位却比他低，心中很不痛快，所以处处要和刘裕争高低。

恰逢扬州刺史王谧去世，职位出现空缺，刘毅想让好朋友谢混①担任此职，也有人建议由刘裕兼任。朝廷拿不定主意，就派大臣皮沈去丹徒征求刘裕的意见。

皮沈先拜见了刘裕的心腹刘穆之，把两个方案都告诉了他。刘穆之假装肚子疼，对皮沈说："你等会儿啊，我先上个厕所。"出了门，他悄悄写了一封短信，让人给刘裕送去。

刘裕打开一看，上面只有一句话："皮沈说的话，您千万不要答应。"他满腹疑虑。等到皮沈来了，刘裕就对他说："你远道而来，一定很辛苦，先到外面休息一下吧。"然后派人把刘穆之找来，问什么意思。

刘穆之说："司马氏早就失去了对朝政的控制，现在天命已经发生了转移。您剿灭桓玄，挽救了晋室，就应当凭借此功入主中央。当初，刘毅、孟昶等人因为您率先倡导起兵，所以推举您为盟主，但是他们对您并不服气，和您也没有定下君臣的名分。将来一旦他们与您势均力敌，终究是要互相吞并的。到那时，扬州一地就可以

---

① 名相谢安的孙子。

决定成败，您怎么可以把它拱手让给别人？"

刘裕恍然大悟，便问："我应当怎么回复朝廷呢？"

刘穆之建议道："您可以这样说：'最近我将抽时间前往京城，认真和你们探讨此事。'等您到了京城，他们一定不敢越过您，将这个职位给别人。"刘裕照着他的话去做，刘毅只好妥协，朝廷便命刘裕兼任扬州刺史。

后来，刘裕出兵北伐，一举消灭南燕，让东晋王朝在北方扬眉吐气。消息传回东晋，大家都欢天喜地，可是刘毅心里更不是滋味了。适逢卢循再次起兵，击破了何无忌的军队，进逼建康，刘毅便主动请求迎击，想建立更多军功。可是军队还没出发，他就病了。等刘毅病好准备出发时，刘裕北伐也快回来了，还让刘毅的堂弟刘藩捎来一封信，上面说："我过去和卢循这伙强盗多次交手，知道他们狡猾多变，不容易对付。还是等我回来把战舰准备好，你与我一起攻打他们吧。"

刘毅读了信，怒气冲冲地对刘藩说："过去我们因为刘裕有些战功，才推举他做临时的盟主。你以为我真的不如他吗？"说完，他把信扔在地上，然后率领两万水军去讨伐卢循，结果几乎全军覆没。

这时，刘裕的北伐大军刚回来，将士们伤的伤、病的病，而建康原有的兵力不过几千人，孟昶与诸葛长民等人都认为再战一定会失败，决定护送安帝前往长江以北避难。

刘裕不同意，说："朝廷的军队打了败仗，人心本就不稳，如果再往江北撤移，国家马上就会土崩瓦解，即便侥幸到达，又能支撑多久呢？"

孟昶怒道："卢循的兵马多达十几万人，敌强我弱，为什么要让将士们白白送死！"

刘裕态度强硬地说："我们的士兵虽然少，但是决一死战足够了。如果能够驱逐强盗，那我们君臣一同庆贺；如果不幸战败，我将以死报国。"

孟昶见意见不被采纳，有些恼羞成怒："这次我军必败。与其到时候受辱而死，不如现在先杀了我吧。"

刘裕朝他吼道："你等我打完这一仗，再死也不迟！"说完带兵出战，并击溃卢循。最终，卢循兵败自杀。

晋安帝很高兴，设宴慰劳刘裕，并让大臣们赋诗颂扬。刘毅觉得自己军功虽然比不过刘裕，可是写诗作文却比他强太多，便先吟了一句："六国多雄士，正始出风流。"意思是说武将云集的六国，不如曹魏正始年间的名士风流有韵致。刘裕一向不读书，见他如此卖弄，便淡淡一笑。

酒席散了，大家又聚到刘裕的府中玩樗蒲游戏，赌注下得非常大，一次输赢可达几百万钱。大家都小赌一把就退下去，只剩下刘裕与刘毅在场上较量。刘毅手气不错，依次掷出四黑一白的"雉"，他提起衣服，兴奋地对同座说："不是不能掷'卢'，只是不想那样做罢了。"刘裕觉得他太轻薄，就抓起五枚色子揉搓了一会儿，说："让老兄来回答你。"说完轻轻一抛，四枚色子都黑面朝上，另一枚色子滴溜溜转动着。只听刘裕厉声喝道："着！"那枚色子黑面朝上停下来，成了最高彩"卢"。刘毅脸色铁青，却强作镇定地对刘裕说："就知道您不会让我！"

其实刘裕一直让着刘毅，并没有因为他打了败仗就改变态度，还特意安排他出任荆州刺史。由于东晋偏安江南一隅，面临严重的边境威胁，朝廷被迫在边境设置了许多军镇，其中荆州的地理位置尤其重要。刘毅出任荆州刺史，算得上独霸一方，但和刘裕一比，他就闷闷不乐。他曾经私下对人说："真遗憾没有遇到刘邦、项羽这样的人物，不然可以跟他们逐鹿中原！"

宁远将军胡藩看出刘毅的野心，便问刘裕："您觉得刘毅甘心永远做您的部下吗？"

刘裕沉默了很久才说："您认为应当怎么办？"

胡藩说："趁早除掉他。"

刘裕摇了摇头："刘毅有复兴晋室的功劳，目前还不到杀他的份上。"

刘裕对刘毅心存善念，刘毅却被忌妒蒙住了心，他自从到了荆州，就有意结交名士，培植亲信势力，多次阻挠刘裕推行的政令与人事任命，还擅自将原来的僚属、部众一万多人抽调到荆州，以扩充自己的势力，与刘裕对抗。刘裕对此洞若观火，却一直隐忍不发。

义熙八年（公元412年），刘毅病重，他担心自己死后党羽的处境危险，就向朝廷上书，请求派刘藩来做自己的副手。刘裕知道到了撕破脸皮的时候，便假装答应，趁刘藩入京辞行时，将他抓住并逼其自杀，然后亲自率军征讨刘毅。

出发前，刘裕问众将领："谁能担当前锋？"一名将领最先站出来，朗声道："我愿为先锋。"刘裕一看，主动请缨的是王镇恶，高兴地说："太好了！"

王镇恶是前秦丞相王猛的孙子，前秦亡国之后，他投奔了东晋，居住在荆州，读了不少兵书，擅长军事谋略。刘裕攻打南燕时，有人推荐了王镇恶。一番交谈后，刘裕对左右的人说："所谓名将家里出名将，你们看王镇恶就知道了。"打这以后，王镇恶跟随刘裕南征北战，立下不少战功。

"王镇恶的长处是多谋善断，最好能找一个有经验的猛将配合他。"这么一想，刘裕又对龙骧将军蒯恩说："你以前常常充当前锋，既熟悉战阵，又胆略过人，你和王镇恶一起担任前锋，率领一百艘船先出发。如果敌人可以战胜，就进攻他们；如果不能取胜，就把他们的舰船烧毁，驻扎在水边等我到来。"

蒯恩与王镇恶日夜兼程向荆州进发。由于刘藩死亡的消息还没有传开，王镇恶就对外宣称是刘藩的军队，所以一路上没有遇到阻拦。当部队抵达豫章口时，距离刘毅所在的江陵城只有二十里，王镇恶决定突袭，就命令将士们离船登陆，步行前往江陵城。另外，他还安排了一队人马前往江津，烧毁对方的舰船。

距离江陵城还有五六里时，打头阵的蒯恩碰见刘毅的心腹将领朱显之。朱显之听说这是刘藩的军队，便问道："刘藩在哪儿呢？"

蒯恩回答："在后面！"

朱显之就一边往后走一边寻找，结果走到队伍的尽头也没有看到刘藩。他见士兵们扛着盾牌等作战工具，又望见远处江津方向火光冲天，并传来密集的鼓声，顿时醒悟过来："不是刘藩！是刘裕！"他立即转身，飞一般地朝江陵城跑去，快到城下时，连声大叫："关闭城门！快！"

城门还没关上，王镇恶的军队就冲杀过来了。双方从中午打到傍晚，最终外城的守军溃散，刘毅带着一些人马退守内城。

王镇恶派人送了几份文件进去，想劝刘毅投降，包括安帝的诏书、赦免刘毅的文件以及刘裕写给他的亲笔信。刘毅看也不看，就丢进火里烧掉，命令手下将士拼死奋战。王镇恶只好向内城发起猛攻。

城内不少将士与王镇恶的将士是旧相识，他们一边交战，一边打听："刘裕来了吗？"王镇恶的士兵回答："来了！"这个消息顿时像乌云一般笼罩在城内将士的心头。刘毅见士气低迷，只好率领三百名侍卫从北门出来，先后与王镇恶、蒯恩的人马发生激烈交战，终于突围出城。

刘毅仓皇地逃到城北的牛牧寺时，又累又饿，便打算投宿，他

命人在寺门上拍了很久，才有一位白发老僧应门。老僧不认识刘毅，听他们说明来意后，拒绝得很干脆："当初，我们寺中有一位僧人，因为收留桓玄的族人，被追来的刘毅杀了。从此，我们寺里定下铁规：绝不再收留陌生人。"

刘毅隐约记得有这么一回事，便哀叹道："我真是自作自受啊！"绝望中，他跑到寺旁的一棵树下，上吊自杀了。

江陵平定二十天后，刘裕才率领大部队赶到，他大大封赏王镇恶与蒯恩等先锋将士，又下令减少赋税，放宽刑罚，荆州百姓都很高兴。

势 均 力 敌

均，均等；敌，相当。双方的势力均等，力量相当，不分上下。也作"力敌势均"。

造　句：张亮与王明都是重量级的拳击手，可以说是势均力敌，今天的比赛，他们恐怕要激战一番，才能决出胜负。	
近义词：棋逢对手、不相上下、旗鼓相当	
反义词：天差地远、泰山鸿毛、众寡悬殊	

【 决断如流 】

《资治通鉴·晋纪三十九》

　　刘穆之内总朝政，外供军旅，决断如流，事无拥滞。宾客辐凑，求诉百端，内外谘禀，盈阶满室；目览辞讼，手答笺书，耳行听受，口并酬应，不相参涉，悉皆赡举。

译　文

　　刘穆之在内总管朝廷政务，在外供应军旅的给养，遇事当机立断，快如流水，因此一切事情，没有堆积迟滞的。各方宾客从四面八方集中到这里，各种请求诉讼千头万绪，内内外外，咨询禀报，堆满台阶，充斥屋子。他竟然能够眼睛看讼书，手写答复信件，耳朵同时听属下的汇报，嘴里也应酬自如，而且同时进行的这四种工作互相之间又不混淆错乱，全都处置得当。

刘裕摆起了却月阵

后秦国主姚兴称得上是一代英主。他重用才德兼备的叔父姚绪和姚硕德，打击贪官污吏，崇尚节约，深得人心；又在境内大力提倡儒学，兴办学校，许多著名的学者慕名而来，讲学授徒，远道而来的求学者竟达上万人。在姚兴的精心治理下，后秦成为与北魏并驾齐驱的强国。

可是，柴壁一战沉重地打击了姚兴，使他丧失了夺取中原的信心。从那以后，姚兴在精神上转向信仰佛教，任命高僧鸠（jiū）摩罗什为国师，像侍奉神灵那样尊重他，还亲自带领大臣听他讲授佛经。为了方便鸠摩罗什翻译佛家经文，姚兴专门为他建了一座逍遥园，又造了大量的佛塔、寺院，吸引各地僧人前来坐禅修行。所谓上行下效，朝廷公卿以下的官员也都信奉佛教，老百姓十有八九也信佛，后秦境内一片祥和。

谁知好景不长，大夏国迅速崛起，赫连勃勃带着骑兵频繁侵扰后秦。后秦被迫应战，却败多胜少，国家也因此走向衰落。偏偏姚兴晚年经常害病，而太子姚泓性格懦弱，缺少治国的才能，姚兴宠爱的三子姚弼便兴兵作乱。姚兴虽然强撑病体平定了叛乱，但也油尽灯枯，走到生命的尽头。

姚兴一死，姚泓的兄弟姚懿与姚恢先后谋反，邻近的西秦与大夏国趁火打劫，后秦境内的羌人首领也跟着起兵叛变。面对如此混乱的局面，刚登基的姚泓一筹莫展，在朝堂上与大臣相对流泪。但

是，对于姚泓来说，更麻烦的还在后面。

义熙十二年（公元416年），东晋太尉刘裕决定趁后秦内忧外患，出兵北伐。

每次出征，刘裕都留刘穆之总管朝廷政务，负责军需供给。刘穆之精力充沛，决断如流，从四面八方涌来的宾客、文书充塞屋子，他竟然能够眼睛盯着文书，手里写着回复信件，耳朵同时听着属下的汇报，嘴里也回应自如，并且四种工作互不混淆，全都处置得当。

刘裕非常倚重刘穆之，这次依旧留他镇守后方，命王镇恶和檀道济打头阵，自己则率领主力军，带着辎重、粮草，走水路出发。

王镇恶和檀道济的先锋部队连战连捷，很快攻占了洛阳。按照刘裕的计划，他们必须先在洛阳休整，等待刘裕的主力军前来会合，再一起进攻潼关。谁知王镇恶和檀道济被胜利冲昏了头脑，竟然不等刘裕就向潼关进发，结果遭到秦将姚绍的顽强抵抗。好在晋军将士浴血奋战，再次大破秦军，拿下了潼关。姚绍被迫撤退到潼关附近的定城，凭借险要地势与晋军对峙。经过几番恶战，晋军依旧不能击败姚绍，眼看军粮就要耗尽，王镇恶只好连续派使者向刘裕请求支援。

此时，刘裕的大部队还在路上，因为潼关险峻，水军难以顺利到达，所以他打算向北魏借道经过，就命大将王仲德率领一支水师，开通巨野被淤塞的旧河道，先进入黄河，逼近北魏的军事要地滑台①。滑台守将尉建听说刘裕亲自来了，吓得弃城而逃。王仲德进入滑台后，宣告四方："我们本来打算以七万匹布帛为报酬，向魏国借道，没想到魏国守将突然弃城逃跑。"

此时，北魏开国皇帝拓跋珪已经去世，继位的是他的儿子拓跋

---

① 在今河南滑县东。

嗣。拓跋嗣很生气，让魏将叔孙建、公孙表带兵渡过黄河，在滑台城下杀死尉建，将他的尸体丢进黄河喂鱼，再派使者进城诘问王仲德："你们为什么进犯我国？"

王仲德非常有礼貌地回复道："太尉刘裕派我渡过黄河来到洛阳，是想清扫晋朝祖先的陵墓，并不敢向你们发起进攻。尉建自己弃城逃跑，我军才暂时借用这座空城休整。我们马上就要向西进发了，相信这件事对晋、魏两国的关系没有什么妨碍。你们有什么必要锣鼓喧天、战旗高扬地示威呢？"

拓跋嗣不想跟他多费口舌，就派叔孙建直接去质问刘裕。刘裕谦逊地说："洛阳是我们晋国的旧都，却被羌人占据了。我们想向你们借一条道，前去讨伐他们，不敢对你们有什么不利的举动。"

正好后秦也派使者前来求援，拓跋嗣就召集百官商讨。群臣都说："刘裕嘴上说要讨伐秦国，心里却不知道打的什么算盘。而且我们两国互结姻亲，现在秦国有难，我们不能不出兵相助。应当派兵切断黄河上游，阻止晋军前进。"

博士祭酒崔浩却主张借道，他说："刘裕一向有吞并秦国的野心，如果这个时候我们阻挠晋军前进，刘裕一生气，把矛头转向我们，我们岂不是替秦国挨打了吗？现在我们的死敌柔然动不动就来侵犯，老百姓又缺少粮食，如果再与刘裕为敌，局势就更坏了。不如借水道给晋军，我们再出兵在黄河东部驻防，堵住他们的退路。如果刘裕伐秦成功，一定会感激我们借路的恩德；如果失败，我们也会有援救秦国的美名。"

拓跋嗣决定折中他们的意见，既让晋军从水路通过，又严防他们来攻。他命司徒长孙嵩等人率步骑兵十万屯守黄河北岸，每天安排几千骑兵沿岸随刘裕的军队前行，死死盯住晋军的动静。

刘裕为此大伤脑筋，偏偏王镇恶派来求援的使者一个接一个到达，他怒气冲冲地打开战船的北窗，指着岸上的魏兵，对使者说："我早就跟王镇恶说了，要他在洛阳等我，他却轻率地深入敌境。现在岸上的魏国人盯得这么紧，我怎么派得出军队救他？"

王镇恶无奈，只得亲自前往弘农，向当地百姓说明情况，百姓争相捐献各种物资，前锋部队的粮饷才得到补充。

当时正是春天，黄河风高浪急，晋兵怕船上的辎重有闪失，便用长绳牵引舰船，沿黄河南岸前行。有时候绳子绷断，战船便漂到北岸。北魏骑兵见了，冲上来对晋兵一阵砍杀，还把各种辎重抢走。刘裕派精兵上岸去攻打魏兵，可是他们一上岸，魏兵就骑马溜了，等晋兵回到船中，他们又跑来骚扰。天天如此，以致刘裕的行军速度非常慢。

"只有击退岸上的魏军，我们才能顺利前进！"刘裕苦思冥想，打算摆一个新月阵对付他们。他命大将朱超石与丁旿（wǔ）率领几千名勇士、百辆战车，带着强弓利箭，登上黄河北岸，在距离黄河一百步的地方布下阵形。这个军阵由战车排列而成，背靠黄河，形状很像新月，中间向外凸出，两端如同新月尖一样连接黄河。每辆战车上坐七名勇士，共七百名，阵中心竖立一根白羽毛为令旗，由丁旿执掌。

北魏军不明白晋军的用意，没有采取行动。等到丁旿令旗一举，早已准备好的朱超石就率领两千名勇士，手执强弩、长矛、大铁锤飞奔而来。长孙嵩吃了一惊，连忙带着三万骑兵，冲向新月阵。晋军勇士立即搭弓射箭，冲在最前面的魏兵倒下了，但又一批魏兵冲了上来。朱超石下令把长矛截成三四尺长，用大锤锤击，一根断矛能刺穿三四名魏兵。由于弧形的迎击面小，北魏军越向前，受到的杀伤也就越大，他们抵挡不住，只好退后。

晋军得以渡河西上，到达洛阳。为了防止北魏骑兵再次袭击，刘裕在那里停留了两个月。之后，他命部将沈田子率领一千多人进入关中，屯兵青泥^①，时不时骚扰、迷惑后秦大军，他自己则前往潼关。

姚泓想亲自统兵抵御刘裕的大军，又怕沈田子的军队从背后偷袭，就带着几万人突然来到青泥，打算先灭了沈田子。

晋将傅弘之大惊，说："敌众我寡，我们不是他们的对手。"

沈田子却说："用兵之道，贵在出奇制胜，而不在人多。秦军刚到，没有建立营地，布好战阵，我们主动挑战，定能成功。"他转身对将士们说："各位，我们走了这么远的路，来到这里，就是为了与敌军决一死战。我们升官封侯的机会来了，大家加油干！"晋军将士被这么一激励，顿时热血沸腾，手执短兵器就冲杀出去。秦军来不及布阵，慌乱中被斩杀了一万多人。姚泓仓皇逃回霸上。

捷报传来，王镇恶也不甘落后，率领水军乘坐特制的艨艟^②小舰逆流而上，攻打长安。这种舰两头尖，船身狭长，上面用生牛皮盖着，只留下射击用的小孔，士兵们都坐在里面。岸上的后秦人看到河中飞速行驶的战舰，却看不到划船的人，都惊讶地说："难道是神仙下凡帮助晋人？"

不久，王镇恶率领水军抵达了长安北面的渭桥，他安排将士们好吃好喝了一顿，然后命令他们："拿上兵器马上登岸，最后上岸的人斩首。"大家争先恐后上了岸，空了的小舰瞬间被湍急的水流卷走。

王镇恶鼓舞将士们说："现在我们的战舰、衣服、粮食全都被黄河水卷走了。今天除了死战，我们别无选择。战胜了，可以建立功名；失败了，则死在异国。兄弟们，努力吧！"说完带头向前冲。守

① 今陕西蓝田南。
② 古代具有良好防护的进攻性快艇。

卫渭桥的秦兵被打得节节败退，姚泓亲自率兵来救，也溃不成军。

最终，长安被晋军攻陷，姚泓只好投降，后秦就此灭亡，黄河以南的地区纳入东晋的版图。

义熙十三年（公元417年）冬天，刘裕率军浩浩荡荡地抵达长安，打算稍作休整后，继续征服西北。不料，从南方传来了刘穆之病死的噩耗，刘裕如五雷轰顶，悲痛不已，他担心后方大乱，便匆匆率军南归。

决策、断事犹如流水。形容决策迅速、顺畅。

造　句：	她是个优秀的领导者，遇事决断如流，做事雷厉风行。
近义词：	斩钉截铁、当机立断
反义词：	优柔寡断、举棋不定